RE NOVIUM | TRAUNER

Starten Sie Ihre DigiBox zum Buch!

- **www.renovium-digibox.ch**
- Einmal kostenlos registrieren
- Ihre DigiBox mit Lizenz-Key auf der Innenseite des Umschlages freischalten

Die innovative **Lehr- und Lernplattform** für Ihren **digitalen Mehrwert**.

www.renovium-digibox.ch

Ihr interaktives E-Book in der DigiBox

Das Plus zum gedruckten Buch

+ **Angereichertes E-Book**
+ **Multimediale Inhalte**
+ **Vielfältige Zusatzmaterialien auf einen Blick**
+ **Einfache Navigation**
+ **Für verschiedene Endgeräte (PC, Mac, Tablet, Smartphone)**

Spannendes Lernen an jedem Ort.

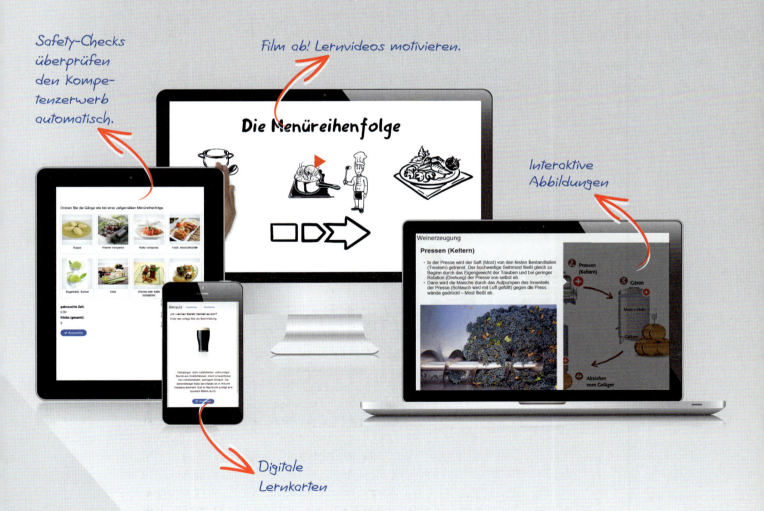

Safety-Checks überprüfen den Kompetenzerwerb automatisch.

Film ab! Lernvideos motivieren.

Interaktive Abbildungen

Digitale Lernkarten

Impressum

Barista
 inkl. digitalem Zusatzpaket
1. Auflage 2019

RE NOVIUM | TRAUNER

Das Autorenteam

TINA WAGNER LANGE
Mitglied der Geschäftsleitung von Länggass-Tee in Bern (Schweiz), Teespezialistin sowie Gründerin und Leiterin der Teeschule unter dem Dach von Länggass-Tee

CHRISTIAN CAPREZ
Dipl. Hotelier Restaurateur SHV/VDH, Specialty Coffee Association (SCA) Coffee Diploma, Coffee-Farm-Training in Zentralamerika, Kaffeeberater, Referententätigkeit

MARTIN A. ERLACHER
Unterrichtstätigkeit am Gewerblichen Berufs- und Weiterbildungszentrum St. Gallen/Schweiz, Internationaler Chef Experte SwissSkills und WorldSkills Chef Experte Disciple d'Escoffier, Referententätigkeiten im In- und Ausland

DANIEL THOMET
Bildungsexperte und Berufsbildungsverantwortlicher für Lernende, Studierende und Berufsbildende/Lernort Praxis/Schweiz, Referententätigkeiten im In- und Ausland

WILHELM GUTMAYER
Unterrichtstätigkeit an der Tourismusschule Krems/Österreich und am Internationalen Institut für Tourismus und Management (ITM), Lektor an der Fachhochschule für Tourismus und Freizeitwirtschaft (IMC-Krems), Schulungstätigkeiten in Kooperation mit Kultur Kontakt Austria an Tourismusschulen in Ost- und Südeuropa

Aus Gründen der besseren Lesbarkeit wird stellvertretend nur die männliche Form verwendet. Selbstverständlich gelten alle Aussagen für beide Geschlechter.

Herzlichen Dank für die fachliche Mitarbeit
Kaffeemacher GmbH, Münchenstein, Roger Bähler, Jenny Nydegger (Turm Handels AG, St. Gallen), Conrad A. Fischer (RE NOVIUM), Roman Monn (RE NOVIUM / Gewerbliches Bildungszentrum Weinfelden), Corinne Früh (Gewerbliches Berufs- und Weiterbildungszentrum St. Gallen), Urs Stieger (Aus- und Weiterbildung im Gastgewerbe), Sandra Bettoni-Lanz (Allgemeine Gewerbeschule Basel), Stephan Herter (Berufsfachschule BBZ Solothurn-Grenchen), Urs Schmid (Allgemeine Berufsschule Zürich), Nico Di Lonardo (Allgemeine Berufsschule Zürich)

Copyright © 2019 by
RE NOVIUM | TRAUNER
ReNovium GmbH, Kirchbühlweg 51,
3007 Bern, Schweiz

Alle Rechte vorbehalten. Die Verwendung der Texte und Bilder, auch auszugsweise, ist ohne schriftliche Zustimmung durch **RE NOVIUM | TRAUNER** urheberrechtswidrig. Dies gilt insbesondere für die Vervielfältigung, Übersetzung oder Verwendung in Kursunterlagen und elektronischen Systemen. In diesem Buch werden eingetragene Warenzeichen, Handelsnamen und Gebrauchsnamen verwendet. Auch wenn diese nicht speziell als solche ausgezeichnet sind, gelten die entsprechenden Schutzbestimmungen. Alle Informationen in diesem Buch wurden nach bestem Wissen und Gewissen kontrolliert und geprüft. Weder Autoren noch Verlag können jedoch für Schäden haftbar gemacht werden, die im Zusammenhang mit der Verwendung des Buches stehen.

Lektorat/Produktmanagement:
Mag. Christoph Schacht, Birgit Prammer, Mag. Karin Gollowitsch
Korrektorat: Maja Pesic
Grafik und Gestaltung:
Daniel Hauer, Sandra Bauer, Bettina Victor
Coverbild: ©Xesai / istockphoto.com
Fotos: stock.adobe, shutterstock
Herstellung:
TRAUNER Druck GmbH und Co KG, Linz, Österreich

ISBN 978-3-906121-32-1

www.renovium.ch
www.trauner.at

Ziele und Aufbau des Buches

Der Anspruch an wirklich guten Kaffee und Tee ist in den letzten Jahren immens gestiegen. Gastronomen mit Köpfchen haben längst erkannt, dass exzellente Produkte die Visitenkarte des Hauses sind und den Umsatz steigen lassen.

Ein profundes Wissen über Kaffee, Tee & Co. hat also nur Vorteile. Nutzen Sie Ihre Chance und begeistern Sie Ihre Gäste bei der Beratung – egal ob traditionell oder innovativ.

Wesentliche Elemente und verwendete Symbole

Die **Ziele** am Anfang jedes Kapitels zeigen Ihnen, was Sie nach der Bearbeitung können sollen. Sie sind mit den Farben Blau, Rot, Schwarz nach der Kompetenzstufe gekennzeichnet.

Meine Ziele

Nach Bearbeitung dieses Kapitels kann ich
- Blau (Wiedergeben, Verstehen)
- Rot (Anwenden)
- Schwarz (Analysieren und Entwickeln)

Zur Erarbeitung der Kenntnisse und Fertigkeiten sowie zur Kontrolle des Lernerfolgs stehen Ihnen Selbsteinschätzungstests und zahlreiche Übungen zur Verfügung.

Sogenannte **Safety-Checks** im digitalen Zusatzpaket (www.renovium-digibox.ch) ermöglichen Ihnen, selbst festzustellen, inwieweit Sie in Ihrem Lernprozess erfolgreich sind.

 Sprachlautschrift (Buchstaben für Buchstaben nachsprechen)
Diese «Sprachlautschrift» dient als Unterstützung für die richtige Aussprache von Fremdwörtern in der landesüblichen Form. Sie ist meist bei der ersten Nennung des Fremdwortes zu finden.

 STARTEN SIE IHR DIGITALES ZUSATZPAKET ZUM BUCH!

In der **DigiBox** finden Sie Ihr persönliches E-Book und die Zusatzmaterialien zum Buch:
- www.renovium-digibox.ch aufrufen
- Einmal kostenlos registrieren
- Ihr digitales Zusatzpaket mit dem Lizenz-Key auf der Rückseite des Buches freischalten

Folgende Piktogramme unterstützen das Lehren und Lernen mit dem Buch:

 Wissenswertes und Tipps

 «Achtung!» und besonders wichtige Ergänzungen

 Verknüpfungen zu anderen Kapiteln oder Büchern

 Diskussionsaufgaben

 Schriftliche Aufgabenstellungen

 Downloads

 Rechenaufgaben

 Videos, die mithilfe eines QR-Codes bzw. in der DigiBox aufrufbar sind

 Zusatzmaterialien, Filme und Safety-Checks aus der DigiBox

Wir wünschen Ihnen ein intensives Arbeiten, spannende Übungen und Diskussionen und viel Erfolg beim praktischen Umsetzen!

Ihr Autorenteam

Vorwort

Sowohl Lernende wie auch Lehrende haben ihre eigenen Vorstellungen, wie Unterrichtsmittel sein sollten. Sie sollen ansprechend, abwechslungsreich, bestens strukturiert, unterhaltsam und natürlich auf dem neusten Wissensstand sein. Dadurch haben es Unterrichtsmittel per se nicht leicht, mit den Attributen «gut» oder gar «ausgezeichnet» verbunden zu werden.

Dem Zeitgeist entsprechend von A bis Z exzellent umgesetzt: Das trifft beim vorliegenden Unterrichtsmittel zu. Es beinhaltet und umfasst alles, was von modernen Lehr- und Lernarrangements erwartet wird. Die Inhalte wurden von Autoren mit profundem Know-how hinsichtlich der Anforderungen an die beiden Berufe Restaurantfachfrau/Restaurantfachmann EFZ und Restaurantangestellte/Restaurantangestellter EBA erarbeitet und methodisch-didaktisch nach aktuellen Standards umgesetzt. Kurzum, da waren Profis am Werk, die wissen, welche Kompetenzen und Techniken heute in unserer Branche von Berufsleuten erwartet werden und welche Methoden die besten sind, um Lernende zum Erfolg zu führen und sie auf ihrem Weg zu gefragten Berufsleuten tatkräftig zu unterstützen.

In unserer Zeit, in der Digitalisierung in aller Munde ist und in allen Lebensbereichen zum Thema geworden ist, wäre es fatal, wenn sich ein Verlag, wie dies noch vor nicht allzu langer Zeit üblich war, nur auf das gedruckte Wort stützen würde. So stehen den Lernenden diese umfassenden Unterrichtsmittel auch in bestens ausgearbeiteten elektronischen Versionen zur Verfügung.

Im Namen von Hotel & Gastro *formation* Schweiz danken wir dem ReNovium Verlag herzlich für diese beeindruckenden Unterrichtsmittel, die einen echten Mehrwert bringen – ein Angebot, das unserer Branche guttut.

Die Unterrichtsmittel sind wertvolle Ecksteine bei der Neuausrichtung der Berufe Restaurantfachfrau/Restaurantfachmann EFZ und Restaurantangestellte/Restaurantangestellter EBA, mit der wir schweizweit im Herbst 2019 starten werden.

Urs Masshardt, Präsident   Max Züst, Direktor

Inhaltsverzeichnis

I Kaffee — 7

Geschichte des Kaffees — 8
1 Ursprung — 9
2 Verbreitung — 11
3 Der Name — 12
4 Der Barista — 12

Der Kaffeeanbau — 15
1 Der Kaffeebaum — 15
1.1 Voraussetzungen — 15
1.2 Botanik — 16
1.3 Kaffeeanbauarten — 19
1.4 Pflege der Pflanze — 20
2 Sorten und Anbaulage — 22
2.1 Kaffeesorten — 22
2.2 Wichtige Produktionsländer — 23
2.3 Anbaulagen — 24

Ernte und Aufbereitung — 26
1 Ernte — 27
1.1 Erntezeiten — 27
1.2 Terroir — 27
1.3 Reifeprozess — 28
1.4 Erntemethoden — 28
2 Aufbereitung — 31
2.1 Unwashed, natural coffee, Naturals (trockene Aufbereitung) — 31
2.2 Washed coffe (nasse Aufbereitung) — 32
2.3 Semi-washed/semi-dried coffee (halbtrocken aufbereiteter Kaffee) — 34
2.4 Pulped Naturals — 34
2.5 Honey-Processed — 34
2.6 Reinigen und Sortieren — 35
2.7 Sensorische Prüfung im Erzeugerland — 38
3 Kaffeesorten aus den Regionen — 39
3.1 Die wichtigsten Produktionsländer in Afrika und Arabien — 40
3.2 Die wichtigsten Produktionsländer in Asien und Australien — 42
3.3 Die wichtigsten Produktionsländer in Süd-und Mittelamerika sowie in der Karibik — 45

Handel und Verarbeitung — 49
1 Handel — 50
1.1 Abfüllung — 50
1.2 Einkauf — 51
1.3 Transport — 51
2 Verarbeitung — 52
2.1 Röstablauf — 52
2.2 Verschiedene Röstverfahren — 55
2.3 Röststufen (Röstgrade) — 56
3 Endverpackung — 58
4 Spitzensorten — 59

Kaffee und seine Wirkung — 62
1 Inhaltsstoffe — 63
2 Wirkung von Kaffee — 66

Kaffeeprodukte und ihre Zubereitung — 69
1 Einkauf und Lagerung von Kaffee — 70
2 Kaffeeprodukte und Ersatzstoffe — 71
2.1 Sortenreine Kaffees (Single Origins) — 71
2.2 Kaffeemischungen (Blends) — 71
2.3 Naturmilder Kaffee — 71
2.4 Schonkaffee — 72
2.5 Entkoffeinierter Kaffee — 72
2.6 Löslicher Kaffee (Schnell- oder Instantkaffee) — 74
2.7 Kaffee-Ersatzmittel — 75
2.8 Aromatisierte Kaffees — 76
2.9 Portionenkaffee, Kaffeepads und -kapseln — 76
3 Zubereitungsarten — 78
3.1 Faktoren, die den Kaffee beeinflussen — 78
3.2 Zubereitungsverfahren und deren Maschinen — 82
3.3 Zubereitung eines Espresso — 93
3.4 Milchschaum — 96
3.5 Zucker — 100
3.6 Kaffeekulturen – Getränke und Spezialitäten — 100

Kaffeeservice und Kaffeebeurteilung — 107
1 Gästebetreuung — 108
1.1 Kaffeeservice — 108
1.2 Harmonie von Kaffee, Getränken oder Speisen — 109
1.3 Zehn Irrtümer über Kaffee — 109
2 Kaffee-Sensorik und Cupping — 111
2.1 Die sensorische Analyse — 111
2.2 Wahrnehmung über die fünf Sinne — 113
2.3 Die Sensorik biem Kaffee — 114
3 Kalkulation — 116

II Tee — 119

Geschichte und Anbau von Tee — 120
1 Ursprung des Tees — 121
1.1 Verbreitung von Tee — 121
1.2 Der Name «Tee» (oder «Cha») — 122

2	Die Teepflanze	123
2.1	Teesorten	123
2.2	Anbau von Tee	123
2.3	Ernte von Tee	124
2.4	Teeanbauländer	125
2.5	Teeproduktion in der Übersicht	129

Verarbeitungsarten von Tee — 131

1	Teeverarbeitung im Überblick	132
1.1	Schwarzer Tee	134
1.2	Oolong	135
1.3	Grüner Tee	137
1.4	Weisser Tee	138
1.5	Gelber Tee	139
1.6	Heicha (postfermentierter Tee) inkl. Pu Erh	140
1.7	Spezielle Möglichkeiten der Endverarbeitung von aufbereitetem Tee	141
2	Teequalitäten und spezielle Teeprodukte	143
2.1	Teequalitäten nach Blattgrössen	143
2.2	Spezielle Teeprodukte	145

Teeinhaltsstoffe und Wirkung von Tee — 146

1	Teeinhaltsstoffe	147
2	Wirkung von Tee	147

Teekulturen, Zubereitung und Service von Tee — 149

1	Teekulturen	150
1.1	China – Gong Fu Cha	150
1.2	Japan – Matcha	150
1.3	Arabische Halbinsel und Nordafrika – Thé à la Menthe	151
1.4	Russland – Rauchtee	151
1.5	Grossbritannien – Afternoon Tea	152
1.6	Ostfriesland – Ostfriesen-Tee	152
1.7	Indien – Chai	153
1.8	Tee in der Schweiz	153
2	Umgang mit Tee	154
2.1	Einkauf und Lagerung von Tee	154
2.2	Grundsätze zur Teezubereitung	154
2.3	Praktische Teezubereitung in der Gastronomie	156
3	Tee und Gäste	158
3.1	Wie verkaufe ich Tee?	158
3.2	Wie serviere ich Tee?	159

Kräuter-, Gewürz- und Früchteaufgüsse — 160

1	Sorten und Charakteristiken von Aufgüssen	161
2	Zubereitung von Aufgüssen	163

Tee- und Aufgussangebote in der Gastronomie — 165

1	Teeangebot	166
1.1	Konzeptbeispiel	166
1.2	Die Teekarte	167
1.3	Kräuter-, Gewürz- und Früchteaufgüsse in der Getränkekarte	170

III Kakao und Milch — 171

Kakao- und Schoggi-Getränke — 172

1	Herkunft und Aufbereitung	173
1.1	Herkunft	173
1.2	Aufbereitung	173
2	Kakaoprodukte und ihre Zubereitung	175
3	Einkauf, Lagerung und Service	176
3.1	Einkauf und Lagerung von Kakaoprodukten	176
3.2	Verkauf und Service von Kakao und Schoggi-Getränken	176

Milch und Milchmischgetränke — 178

1	Trends bei Milch	179
2	Milch in der Gastronomie	179
3	Einkauf, Lagerung und Service	182
3.1	Einkauf und Lagerung von Milch	182
3.2	Verkauf und Service von Milch	183

Stichwortverzeichnis	185
Literaturverzeichnis	190
Bildnachweis	191

I Kaffee

Kaffee ist mehr als nur ein köstliches Getränk. Mit seinem betörenden Duft und seinen belebenden Aromen steht Kaffee im Zentrum der modernen Kultur, die mittlerweile den gesamten Globus umspannt. Kaffee ist nach Erdöl der zweitwichtigste Exportrohstoff weltweit.

Daher ist es kein Wunder, dass sowohl die Ansprüche der Kaffeegeniesser immer höher werden als auch die Fachkräfte mehr zum Thema wissen und bieten wollen. Das Schönste an diesem Getränk ist seine Vielseitigkeit – mit viel Know-how und entsprechender Aufmerksamkeit kann es sehr individuell präsentiert werden.

- **Geschichte des Kaffees** .... Seite 8
- **Der Kaffeeanbau** .... Seite 14
- **Ernte und Aufbereitung** .... Seite 26
- **Handel und Verarbeitung** .... Seite 49
- **Kaffee und seine Wirkung** .... Seite 62
- **Kaffeeprodukte und ihre Zubereitung** .... Seite 69
- **Kaffeeservice und Kaffeebeurteilung** .... Seite 107

Geschichte des Kaffees

💬 Warum hat Kaffee trotz jahrhundertelanger Geschichte kein angestaubtes, sondern – im Gegenteil – ein besonders trendiges Image? Diskutieren Sie in der Gruppe.

💡 Weltweit sind rund 25 Millionen Menschen im Anbau, mit der Verarbeitung und dem Vertrieb von Kaffee beschäftigt.

Kaffee ist das wichtigste Agrarprodukt im globalen Nord-Süd-Handel und nach Erdöl der weltweit zweitwichtigste Exportrohstoff.

In einigen Ländern ist Kaffee das am meisten gehandelte Produkt und sorgt als Exportgut für die Mehrheit der Devisen-Erträge, wie in Burundi mit mehr als 70 %.

Die Entdeckung des Kaffees ist so abwechslungsreich und vielfältig wie das Getränk selbst.

Meine Ziele

Nach Bearbeitung dieses Kapitels kann ich
- die Herkunft des Wortes Kaffee erläutern;
- über den Ursprung und die Verbreitung von Kaffee Auskunft geben;
- den Begriff Kaffee in anderen Sprachen nennen;
- die typischen Arbeiten eines Barista erläutern und Auskunft über die möglichen Weiterbildungsangebote geben.

1 Ursprung

Die Geschichte des Kaffees ist eine über tausendjährige Erfolgsstory. Viele Legenden ranken sich um die Geburtsstunde des schwarzen Lebenselixiers.

Die faszinierende Geschichte des Kaffees begann aller Wahrscheinlichkeit nach in der **Provinz Kaffa**, im abessinischen Hochland von Südwest-Äthiopien, wo noch heute wild wachsende Kaffeebäume zu finden sind.

In einer Erzählung wird von Hirten berichtet, die eines Abends zufällig entdeckten, dass ihre Ziegen noch sehr munter waren, wenn sie an einer bestimmten Stelle geweidet hatten. Die Hirten beklagten sich bei den Mönchen eines nahe gelegenen Klosters. An der Stelle, wo die Tiere grasten, fanden die Mönche dunkelgrüne Sträucher, die grüne, gelbe und rote kirschartige Früchte trugen, von denen die Tiere geknabbert hatten. Sie kosteten, warfen dann aber die bitter schmeckenden Samen enttäuscht ins Feuer, wo sie ihren köstlichen Duft verbreiteten. Die Mönche bereiteten sich daraus einen Aufguss zu und konnten nun, ohne das geringste Bedürfnis nach Schlaf, nachts wachen, beten oder angeregte Unterhaltungen führen.

Eine andere Geschichte besagt, dass im Hochland von Abessinien (heutiges Äthiopien) in den Bergwäldern des alten Königreichs Kaffa die grünen Bohnen zuerst von Nomadenstämmen gekaut wurden.

Etwa ab dem 9. Jahrhundert n. Chr., vielleicht auch schon etwas früher, gewann man aus den Früchten dieser wild wachsenden Pflanze ein Getränk. Möglicherweise wurde anfangs der vergorene Saft der Kaffeekirschen mit Wasser verdünnt getrunken. Erst später entdeckte man, dass die zerstossenen Beeren viel ergiebiger zubereitet werden konnten und ungleich mehr Aroma hervorbrachten.

Traditionelle Kaffeezeremonie in Äthiopien

Ursprung des Kaffees

Der berühmte persische Arzt und Philosoph IBN SINA (AVICENNA) soll die Wirkung des Koffeins als hervorragend stimulierendes Arzneimittel schon 1015 erkannt und die Kaffeebohne als Heilmittel verwendet haben.

Von der Provinz Kaffa aus gelangte der Kaffee zuerst in den Jemen, dann nach Arabien und Ägypten. Das schwarz-bittere Getränk mit den anregenden Eigenschaften war schon seit der frühen Antike im Morgenland ein Bestandteil des täglichen Lebens und in allen sozialen Schichten verbreitet. In Mekka entstanden die ersten Kaffeehäuser mit der Bezeichnung «Kaveh Kanes». Bereits im 11. Jahrhundert waren in der islamischen Welt weder Kaffee noch Kaffeehäuser wegzudenken.

💡 Muslimische Pilger verbreiteten das stärkende, Sinne schärfende und belebende Getränk in den Metropolen der arabischen Welt. Ab dem 16. Jahrhundert wurde Kaffee in Kaffeehäusern im ganzen Osmanischen Reich und bis nach Konstantinopel (dem heutigen Istanbul) im Westen ausgeschenkt.

Mit Karawanentransporten versorgte das jemenitische Volk zu Beginn des 16. Jahrhunderts ganz Arabien mit Kaffee. Um 1530 entstanden auch Kaffeehäuser in den syrischen Städten Damaskus und Aleppo. Mit der Eröffnung des ersten Kaffeehauses in der Hauptstadt Konstantinopel im Jahr 1554 erreichte diese Institution erstmals den europäischen Kontinent.

2 Verbreitung

Kaffee kommt ursprünglich aus Italien, meinte Emma immer. Im Gespräch mit Kollegen kommen aber mehrere Länder auf. Emma ist sich plötzlich nicht mehr sicher.

Die europäische Bevölkerung musste lange auf ihren ersten Kaffee warten. Denn die Araber erklärten den Kaffeeanbau zum Staatsgeheimnis und die Ausfuhr keimfähiger Pflanzen war strengstens verboten. Als im 16. Jahrhundert der Handel von Bohnen zwischen Morgen- und Abendland zunahm, löste das Erscheinen des Kaffees in der alten und neuen Welt grosse Begeisterung aus.

💡 Mokka ist – wie ein Espresso – ein kleiner schwarzer Kaffee.

Im südarabischen Hafen **Mocha** – daher der Name Mokka, siehe Karte S. 9 – im heutigen Jemen wurden die Schiffe europäischer Handelshäuser beladen. 1626 brachte Pietro della Valle den Kaffee nach Rom und Venedig. Um die Mitte des 17. Jahrhunderts gelangte Kaffee in die grossen europäischen Seehandelsstädte. Sowohl keimfähige Bohnen als auch Pflanzen wurden nach Europa geschmuggelt, wo man die Kaffeesträucher zuerst in Glashäusern und Orangerien züchtete.

💡 Aus Angst vor Konkurrenz durch den Kaffee, versuchten europäische Weinbauern Ärzte gegen dieses neue Getränk aufzubringen.

Doch bald begannen die Europäer Kaffee in ihren tropischen Kolonien auszupflanzen. Die Besitzungen in Südamerika, in der Karibik, in Afrika, Ceylon, aber auch im javanischen Batavia in Niederländisch-Indien wurden in Kürze zu den wichtigsten Anbaugebieten der Welt.

Handelswege zur Kolonialzeit

➕ **WissensPlus**

Die Handelsreisen während der Kolonialzeit, wie z. B. durch den französischen Kapitän de Clieu, beschleunigten die Verbreitung des Kaffees.

Dadurch verloren die Araber das Handelsmonopol und Kaffee entwickelte sich zu einem der meistgehandelten Rohstoffe der Welt. Mit steigendem Bedarf verbreitete sich im 18. und 19. Jahrhundert der plantagenmässige Kaffeeanbau über den Tropengürtel der Welt. Der Kaffeestrauch wurde überall dort kultiviert, wo es die klimatischen Verhältnisse und die Bodenbeschaffenheit gestatteten.

Kaffeegeniesser im Lauf der Geschichte

- MADAME POMPADOUR, die ihn in feinstem Porzellan servieren liess.
- Papst CLEMENS VIII., der durch seine Segnung den Kaffee «christlich» machte.
- HONORÉ DE BALZAC, der Unmengen Kaffee getrunken haben soll, ebenso wie Voltaire.
- BEETHOVEN, der ein Freund von starkem Kaffee war, zählte genau 60 Bohnen für die Zubereitung einer Tasse seines Lieblingsgetränks.
- JOHANN SEBASTIAN BACH, der dem Kaffee sogar eine eigene Kantate widmete.
- JOHANN STRAUSS Vater und FERDINAND RAIMUND, die Stammgäste im gleichen Kaffeehaus waren.

> «Allzeit Kaffeezeit»: Seit 400 Jahren hat Kaffee einen fixen Platz in der europäischen Kultur. Doch der rabenschwarze Trank war nicht immer so angesehen. Religiöse Fanatiker zogen gegen das «Gebräu des Satans» zu Felde, bis Papst CLEMENS VIII. mit folgenden Worten der Hatz ein Ende bereitete: «Dieser Trank ist viel zu köstlich, sodass es eine Sünde wäre, ihn nur Ungläubigen zu überlassen.»

MME POMPADOUR   CLEMENS VIII.   VOLTAIRE   BEETHOVEN

Überall in Europa entstanden Kaffeehäuser, die nicht immer unumstrittene Versammlungsstätten und deshalb anfangs für Frauen verboten waren. Das Kultgetränk aus dem Orient hatte schliesslich den Okzident erreicht. In Konstantinopel, dem heutigen Istanbul, zählte man um 1570 bereits 600 Kaffeehäuser. Dem Trend folgend eröffneten weiter westlich die ersten Kaffeehäuser. Das erste Kaffeehaus Europas wurde 1645 in Venedig eröffnet. Danach folgten Häuser in Oxford (1652), in London und Marseille (1659) sowie weitere in Städten wie Amsterdam, New York, Paris, Prag oder Hamburg.

Orient = auch als Morgenland bezeichnete östliche Welt (Asien).

Okzident = auch als Abendland bezeichnete westliche Welt.

Im 18. Jahrhundert waren Kaffeehäuser wichtige Treffpunkte für Künstler, Schriftsteller, Geschäftsleute, die aufstrebende bürgerliche Gesellschaft und den Adel. Der Pole GEORG FRANZ KOLSCHITZKY eröffnete das Kaffeehaus «Zur blauen Flasche» in Wien. Zuvor hatte JOHANNES DIODATO das kaiserliche Privileg für die Kaffeezubereitung und ein Kaffeehaus erhalten. Im 19. Jahrhundert breitete sich der «Wiener Kaffeehaustyp» weiter aus, sodass aus dem Wiener Kaffeehaus eine österreichische Institution wurde.

> In Europa wurde Kaffee begeistert aufgenommen, weil er aufregend und neu war, auch wenn er anfangs nicht allen schmeckte.

> Die Wiener Kaffeehauskultur wurde in das UNESCO-Verzeichnis des immateriellen Kulturerbes aufgenommen.

WissensPlus

Auch die berühmte Versicherungsgesellschaft Lloyd's entstand aus den vom Kaffeeduft durchzogenen Sälen der Londoner Börse. EDWARD LLOYD war Cafétier und versorgte seine Gäste nebenbei mit kommerziell verwertbaren Daten über auslaufende Schiffe – ganz nach dem Motto: Im Kaffeehaus bleiben nur Kaffeerezepte geheim. Das zog die entsprechende Gästeschicht an und so entstand ein weltweit agierendes Unternehmen, in dem die Kaffeekultur auch heute noch hochgehalten wird.

Wiener Kaffeehauskultur um die Jahrhundertwende

In der Schweiz war es der Orientreisende JOHANN JAKOB AMMANN, der den «Türkentrank» 1618 öffentlich bekannt machte. Ab Mitte des 17. Jahrhunderts breitete sich das exotische Getränk, das ausschliesslich von Männern konsumiert wurde, auch in der Schweiz aus. Aus medizinischen, moralischen und ökonomischen Gründen sorgte es bald für heftige Kontroversen.

3 Der Name

Die Bezeichnungen für Kaffee klingen alle sehr ähnlich. Aber woher stammt der Begriff?

Das Wort Kaffee ist international verständlich.

Der Ursprung des Wortes Kaffee geht auf das arabische Wort **qahwa** (anregendes Getränk, ursprünglich auch Wein) zurück, mit Bezug auf die Ursprungsregion Kaffa (bis 1998 eine Provinz im Südwesten von Äthiopien). Die türkische Bezeichnung **kahve** gelangte zuerst in den italienischen Sprachgebrauch (caffè), weiter ins Französische (café) und mit angepasster Schreibweise als Kaffee in den deutschen Sprachgebrauch.

4 Der Barista

Lukas lässt sich gerade zum Jung-Barista ausbilden, zusätzlich zu seiner Grundausbildung als Restaurantfachmann. Er überlegt aber schon jetzt, sich später ganz dem geschichtsträchtigen Getränk zu widmen.

💡 **Coffee Diploma System**
Die Kaffeeindustrie ist ein umfassender Sektor, der zahlreiche und breitgefächerte berufliche Aufstiegsmöglichkeiten bietet. Mithilfe des Kaffee-Diplom-Systems kann der individuell am besten geeignete Ausbildungsweg gewählt werden. Das Coffee Diploma System (CDS) der SCA (Speciality Coffee Association) besteht aus insgesamt drei Levels und sechs Modulen.

Barista ist eine Tätigkeitsbezeichnung für jemanden, der in einer Espressobar bzw. in einem Café für die Zubereitung des Kaffees verantwortlich ist, er ist sozusagen der **Barkeeper im Bereich Kaffee.** Der Barista bringt, ähnlich wie der Weinsommelier, fachmännisches Wissen mit und ist speziell in der Zubereitung und Herstellung von Kaffee ausgebildet.

Kaffee ist ein wichtiger und gewinnbringender Verkaufsartikel in allen gastronomischen Sparten – von der kleinen Bar bis zur Spitzengastronomie. Gerade deshalb ist es wichtig, die Gäste diesbezüglich beraten und überraschen zu können.

Mit dem Können und der Umsicht eines Barista steht und fällt das Ergebnis der angebotenen Kaffeespezialitäten. Ein Barista arbeitet ständig im öffentlichen Raum, d. h., er ist ununterbrochen in Kundenkontakt. Daher sind sein Erscheinungsbild und seine Umgangsformen direkt wirksam, positiv wie auch negativ.

Der Titelerwerb ist direkt vergleichbar mit dem eines Sommeliers. Diesen erreicht man nach einer entsprechenden Ausbildung, genügend Praxiserfahrung und abgeschlossener Prüfung, bei einer von der SCA-Schweiz (Speciality Coffee Association) anerkannten Schule. Die Ausbildung beinhaltet eine schriftliche und praktische Prüfung und man schliesst je nach Dauer und Tiefe als Home Barista, Barista Intermediate oder Barista Professional ab. Nach einer erfolgreich bestandenen Prüfung ist er berechtigt den entsprechenden Titel zu tragen.

Was ein Barista können und wissen sollte, finden Sie im digitalen Zusatzpaket beschrieben.

Aufstiegschancen bieten folgende Weiterbildungen:
- Autorisierter SCA- und CSP-Trainer (AST)
- Lizensierter Q-Grader auf Arabica/Robusta
- Sensorik-Lizenz auf Kaffee

Der Kaffeeanbau

💡 **Warum erfrieren Kaffeepflanzen rasch?**
Die aufgehende Sonne lässt den auf den Pflanzen liegenden Morgentau verdunsten. Weil der verdunstende Tau der Umgebung Wärmeenergie entzieht, sinkt die Temperatur der Blätter. Obwohl die Lufttemperatur bereits steigt, können die jungen Blätter und Knospen erfrieren.

Die «Geisha» zählt zu den aussergewöhnlichsten und aromatischsten Kaffeesorten, die durch eine dichte Vielfalt von Aromen besticht

Streng genommen ist die Kaffeepflanze ein Strauch und kein Baum. In der Fachsprache spricht man jedoch immer von einem Kaffeebaum.

Kaffeeanbaugebiete liegen allesamt in tropischen Breitengraden. Das regionale Anbaugebiet – der vorhandene Boden und das vorherrschende Klima – sowie die Anbauart beeinflussen den Geschmack des Kaffees. Weitere Kriterien sind die Bodenstruktur, die Mineralien, das Tageslicht, die Varietät (Sorte), Düngung und Unterhalt. Zudem spielen Bepflanzungsmethoden, Kultivierung/Züchtung, Feuchtigkeit und Luftqualität sowie das Alter des Kaffeebaums, dessen Standort und Anbauhöhe eine Rolle.

Meine Ziele

Nach Bearbeitung dieses Kapitels kann ich
- die Voraussetzungen für Kaffeeanbau nennen;
- zahlreiche Kaffeeanbauländer in verschiedenen Kontinenten aufzählen;
- den Kaffeebaum und dessen Entwicklung beschreiben;
- sagen, welche Schädlinge und Krankheiten die Kaffeepflanze gefährden;
- Informationen über biologisch angebauten Kaffee wiedergeben;
- unterschiedliche Sorten von Kaffeebohnen mit deren Charakteristiken beschreiben;
- Unterschiede zwischen Hoch- und Tieflandkaffee erläutern;
- die wichtigsten Kaffeeanbauländer nach ihrer Produktionsmenge reihen.

1 Der Kaffeebaum

Lukas bewundert eine neue Zimmerpflanze seiner Mutter. Die erklärt ihm zu seiner Verwunderung, dass es eine Kaffeepflanze ist. Niemals hätte Lukas die roten Kirschfrüchte mit Kaffee in Verbindung gebracht.

💡 Geografisch gesehen gibt es weltweit drei Kaffeeanbauregionen mit relativ ausgeglichenem Klima:
- Afrika (Ostafrika, Zentralafrika und Nordsüdafrika)
- Asien (Südostasien und der indonesische Raum)
- Südamerika

1.1 Voraussetzungen

Der **Kaffeebaum** ist eine tropische bzw. subtropische, immergrüne Pflanze und benötigt eine Jahresdurchschnittstemperatur von 15–25 °C. Temperaturen unter 11 °C können die Pflanze gefährden, bei Temperaturen nahe dem Gefrierpunkt wird sie nachhaltig geschädigt.

Zum Gedeihen des Kaffeebaums sind ein feuchtwarmes Klima, lockere, humusreiche Böden und regelmässige Niederschläge erforderlich. Ausreichend Regen gewährleistet beste Wachstumsbedingungen und eine gute Ernte.

Schutz vor direkter Sonneneinstrahlung und Wind sorgt für gutes Mikroklima. In vielen Plantagen werden deshalb Schattenbäume (z. B. Bananen, Mandarinen, Zitronen oder Kakaobäume) gepflanzt. Schattenbäume sind meistens dort zu finden, wo u. a. die Sonneneinstrahlung Schaden bei den Pflanzen versursacht und die Feuchtigkeit konserviert werden möchte. Meistens gibt es in höheren und/oder trockenen Lagen Schattenbäume.

💡 Der **Kaffeebaum** (Coffea) aus der Familie der Röte-Gewächse (Rubiaceae) ist zu einer Kulturpflanze geworden, die hauptsächlich in Plantagen angepflanzt wird. Coffea-Gewächse sind Gehölze, die bis über 25 m hoch werden können.

Die besten Wachstumsbedingungen für Kaffee findet man innerhalb des 23. Breitengrades nördlicher Breite sowie des 25. Breitengrades südlicher Breite. Hier herrscht rund um den Äquator ein feucht-trockenes Wechselklima, das sich besonders dadurch auszeichnet, dass es genügend Niederschlag gibt und keine extremen Temperaturen herrschen. Die Kaffeepflanze benötigt zu ihrem Gedeihen ein ausgeglichenes Klima, das im sogenannten **Kaffeegürtel** vorherrscht.

💡 Die Niederschlagsmenge in den Kaffeeanbaugebieten beträgt zwischen 1500 und 2000 mm pro Jahr. Zum Vergleich: Der Jahresniederschlag in der Schweiz liegt bei durchschnittlich 854 mm.

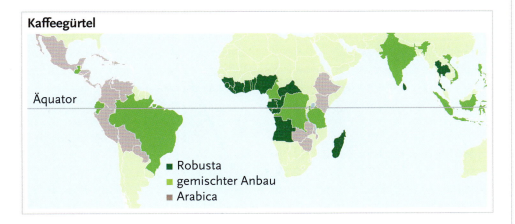

Die Kaffeepflanze stellt hohe Ansprüche an ihre Umgebung. Wind und Bodenzusammensetzung müssen in ganz bestimmter Weise aufeinander abgestimmt sein, um hervorragende Qualität und hohe Erträge zu garantieren. Hierbei stellen die beiden Sorten Arabica und Robusta (siehe S. 22) unterschiedliche Ansprüche.

I Kaffee

Einflüsse auf die Qualität und den Ertrag der Kaffeepflanze

💡 Ein Kaffeebaum benötigt von der Einpflanzung bis zur Ernte in der Regel vier bis sechs Jahre. Dank immer häufigeren Hybriden (künstlichen Kreuzungen zwischen Sorten und Arten) wird dieser Zeitraum auf drei bis vier Jahre verkürzt.

Wichtige Kaffeeanbauländer	
Mittelamerika und Karibik	Costa Rica, Dominikanische Republik, El Salvador, Guatemala, Honduras, Haiti, Jamaica, Kuba, Mexico, Nicaragua, Panama, Puerto Rico
Südamerika	Brasilien, Bolivien, Ecuador, Guyana, Kolumbien, Peru, Venezuela
Afrika	Äthiopien, Burundi, Kongo, Elfenbeinküste, Jemen, Kamerun, Kenia, Madagaskar, Malawi, Ruanda, Sambia, Simbabwe, Tansania, Uganda
Asien	China, Indien, Indonesien, Vietnam, Philippinen, Osttimor
Australien und pazifischer Raum	Australien, Hawaii, Papua, Neuguinea

Kaffeebohnen werden sorgfältig in die Erde gelegt.

1.2 Botanik

Neue Pflanzen werden entweder direkt aus Samen (Kaffeebohnen) oder Stecklingen in der sogenannten Nursery (Aufzucht oder Pflanzschule) gezogen. Dort werden viele Tausende sorgfältig ausgesuchte Kaffeesamen, sogenannte Pergaminos, in Reihen in die Erde gelegt. Dabei wird die Furche der Bohne nach unten auf den Boden gelegt, damit bei der Keimung der Setzling gut aus dem Boden kommt. Die Bohne wird anschliessend mit einer Schicht nährhaltiger Muttererde bedeckt. Eine gute Beschattung des Saatgutes und eine gleichbleibende Feuchtigkeit sorgen für eine gute Keimung. Nach sechs bis acht Wochen spriessen dünne Triebe aus dem Boden, an deren Spitze sich der Samen befindet.

Unter der Aussenhülle der Pergaminos wachsen die Blätter der Pflanze heran. Sobald die Blätter kräftig genug sind und sich ausbreiten wollen, löst sich die Aussenhülle ab. Zu diesem Zeitpunkt sind die Pflanzen etwa vier bis fünf Zentimeter gross. Hat sich fünf bis sechs Wochen später das erste Blattpaar der kleinen Pflanze entwickelt, werden nur die kräftigen Setzlinge in Einzelbehälter umgepflanzt. Diese Behälter kommen dann in die leicht schattigen Pflanzschulbeete. Dort werden sie sorgfältig gepflegt, gedüngt und bewässert.

Wurzeln der Triebe

Vom Samen zur Jungpflanze in Bildern

Nach insgesamt acht bis zehn Monaten haben sich die Jungpflanzen gut entwickelt, verdichtet und eine Grösse von etwa 50 cm erreicht. Nun kann die Anpflanzung auf der Kaffeeplantage erfolgen. Wenn die Pflanzen eine Höhe von 30 bis 50 cm erreicht haben, werden sie in Abständen zwischen zwei und drei Metern in die Plantage ausgepflanzt. Nach drei bis vier Jahren Pflege tragen die jungen Sträucher erstmals Blüten.

Vom Samen zum Setzling

Blüte

Die Blüte setzt nach der Trockenperiode unmittelbar nach den ersten Regenfällen ein. An einem voll blühenden Strauch können zwischen 30 000 und 40 000 Blüten entstehen.

Die fünfgliedrigen Blüten sind weiss und erinnern in Duft, Farbe und Form an Jasmin. Sie stehen gehäuft in den Blattachseln, verblühen in relativ kurzer Zeit und sind nur wenige Stunden befruchtungsfähig. Nach drei bis vier Tagen fallen die Blüten ab.

Kaffeeblüte — Blütenblatt, Stempel, Staubgefäss, Griffel, Samenanlage im Fruchtknoten

Nur Arabicas können sich selbst befruchten.

Unterscheidung der Blüten

Arabica: Die Blüten wachsen längs dem Ast entlang wie Zotteln (traubenartig).

Robusta: Die Blüten sind eher schneeballförmig angeordnet.

Von der Blüte zur Frucht

Bis auf die Arabica-Kaffeeblüte sind alle anderen Arten auf die Fremdbestäubung angewiesen, d. h., sie benötigen Wind und/oder Insekten für die Fortpflanzung. Nach der Befruchtung entwickeln und reifen je nach Varietät und Klima bzw. Höhenlage in sechs bis zehn Monaten die kirschenähnlichen Früchte.

I Kaffee

💡 **Woraus besteht die Kaffeebohne?**
- Kohlenhydrate
- Fettstoffe und Öle
- Wasser
- Proteine
- Säuren
- Koffein (Alkaloide)
- Mineral- und Aromastoffe

Entwicklung der Kaffeefrüchte

Die Farbe der «Kaffeekirschen» wechselt während der Reifephase von Grün über Gelb zu Rot und im überreifen Zustand zu Schwarz.

Fruchtfleisch-Pulpe = wird bei den gewaschenen und Pulped-Natural-Aufbereitungen mechanisch abgelöst.

Silberhäutchen (Silverskin) = erstes Häutchen auf der Kaffeebohne, es fällt während des Röstens bereits vor dem First Crack ab.

Pergamentschicht mit Schleimhaut-Mucilage = bei der Pulped-Natural-Aufbereitung bleibt diese Schicht während des Trocknens an der Kaffeebohne.

Die sogenannten **Perlbohnen** (Peaberries) werden in Kenia, Tansania und in Brasilien (caracol) heraussortiert und extra verkauft (z. B. Kenia PB). Es gibt aber auch Züchtungen, die sich auf diese milden Bohnen spezialisiert haben (z. B. in Sambia oder El Salvador).

Arabica-Kaffeekirsche und deren Bohnen

Früchte

Die Kaffeefrucht, wegen ihres Aussehens oft als Kirsche bezeichnet, ist eine zweisamige Steinfrucht.

Entwicklung der Kaffeefrüchte

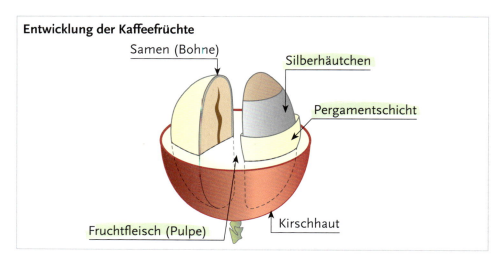

Die reife Frucht hat in der Regel eine rote Haut, kann aber abhängig von der Sorte auch eine gelbe Haut aufweisen. Sie wird von einem weichen, weissgelblichen, zuckerhaltigen Fruchtfleisch, der Pulpe, umschlossen.

In der Frucht sind in der Regel zwei Samen enthalten, die üblicherweise als **Kaffeebohnen** bezeichnet werden. Sie liegen mit ihren Innenseiten flach aneinandergepresst und weisen mit ihren Rundungen nach aussen.

Charakteristisch ist die Furche an der flachen Seite. Wenn nur eine Bohne vorhanden ist, spricht man von einer **Peaberry-Perlbohne** bzw. **caracol** (ca. 10–15 %). Diese wachsen häufig am äusseren Ende der Kaffeepflanze, man vermutet, dass sie in dieser Position nicht richtig versorgt werden können. Wenn drei Bohnen enthalten sind, spricht man von einer **Terziere,** ebenfalls eine natürliche Mutation. Die Kaffeekirsche kann gelb, rot oder seltener auch orange sein.

Jeder Samen wird von einer dünnen, fest anhaftenden Schale geschützt, dem Silberhäutchen. Beide Kaffeebohnen, jede für sich, sind zusätzlich von einer locker aufsitzenden, dünnen und blassgelben Hülle, der Pergamenthaut, umgeben. Die Kaffeebohne liefert das kräftige Nährgewebe für den dünnen gekrümmten Keimling, der am unteren dem Fruchtstiel zugekehrten Ende des Samens sitzt.

Die Kaffeebohnen sind rundlich bis länglich, manchmal auch spitz zulaufend und ihre Farbe ist im frischen Zustand gelblich-grau, grünlich-grau, grünlich-blau oder blau-grau. Es kann allerdings auch zu abweichenden Samenbildungen kommen (z. B. nur ein Samenkorn oder beide Samenkerne zusammengewachsen).

Nur Arabica-Kaffeebäume wachsen im Hochland zwischen 1600 und teils bis über 2400 m ü. M., daher auch die Klassifizierung SHG Coffee («Strictly High Grown»). In dieser Höhenlage vollzieht sich das Pflanzenwachstum langsamer als bei den Kulturen in den Tieflagen. Je länger die Reifephase, je kühler das Klima, desto härter sind die Samen und desto mehr Zeit bleibt den Bohnen für die Entwicklung der Inhaltsstoffe. Durch die langsame Reifung erhöht sich die Aromavielfalt und die Säure in den Bohnen. Vor allem bei der Sorte Arabica zeigt sich die Qualität auch am bläulichen Rohkaffee.

Einige Sorten sind bei ihrer Vollreife knallgelb, wie die Varietät (Sorte) Yellow Bourbon (Arabica).

1.3 Kaffeeanbauarten

Kaffee gedeiht überall, wo die klimatischen Voraussetzungen stimmen. Er kann unter schattenliefernden Bäumen, in praller Sonne, sowohl im Flachland als auch an Berghängen angebaut werden. Deshalb wurden in den unterschiedlichen Kaffeeanbauländern **unterschiedliche Anbautypen** entwickelt. Es gibt den beschatteten und den unbeschatteten Anbau, das sogenannte Intercropping (Misch- oder Zwischenanbau) den Terrassen-Anbau (Costa-Rica-Anbau) sowie den Anbau für eine maschinelle Ernte in flachen Gebieten wie z. B. in Brasilien oder Vietnam.

Gartenanbau

Diese Anbauvariante ist vor allem in Äthiopien anzutreffen, wo der wild wachsende Kaffee beheimatet ist. Die Gegebenheiten und Anforderungen für den Kaffee sind optimal. Die Bäume werden kaum gepflegt und zurückgeschnitten.

Schattenanbau/Mischkultur

Arabica-Pflanzen sind im Gegensatz zur «robusteren» Canephora der Sonne mässig zugetan. Deshalb werden sie in den meisten Ländern zwischen anderen Pflanzen angepflanzt, sogenannten **Schattenbäumen.**

> **Beispiele für Schattenbäume**
> Avocadobäume, Bananenbäume, Zitrusbäumen oder der Poro (ein klassischer Schattenbaum in Costa Rica)

Die Schattenbäume gleichen auch die Temperaturschwankungen zwischen Tag und Nacht aus. Sie wirken der Bodenerosion entgegen und spenden natürlichen Dünger. Durch den Schatten wächst die Pflanze langsamer, weshalb der Ertrag bei dieser Methode etwas geringer, aber gleichmässiger ausfällt. Das langsamere Wachstum steigert allerdings auch die Qualität.

Im Passiv-Organic-Anbau wird der Kaffee direkt im Urwald gepflanzt. Ein Eingriff der Menschen erfolgt nur über das Beschneiden der Schattenpflanzen.

Terrassenanbau

Beim Terrassenanbau wird eine ganz eigene Technik angewendet. Wie der Name schon sagt, werden die Kaffeebäume hier treppenartig angelegt.

Terrassenanbau in Kolumbien

I Kaffee

Bei Kaffee-Monokulturanbau (hier in Brasilien) wird maschinell geerntet.

Plantagenanbau/Grossproduktionen

Durch die direkte Besonnung wachsen die Kirschen besonders schnell, weshalb die Ertragsmenge hoch ausfällt. Die Kaffeebäume können auch dicht nebeneinander gepflanzt werden. Die **intensive Bewirtschaftung** der Böden erfordert auch einen höheren Einsatz an Dünger. So eine intensive Bewirtschaftung wird benötigt, wenn die Kaffeepflanze Früchte geben soll.

1.4 Pflege der Pflanze

Um den Ertrag zu steigern, wird die Kaffeepflanze im Laufe ihrer Lebenszeit mehrfach zurückgeschnitten. Das **Zurückschneiden** führt im Folgejahr zu einer kleineren Ernte, steigert aber langfristig Produktion und Qualität. Durch den ständigen Beschnitt werden die Kaffeebäume auf eineinhalb bis drei Meter Höhe gehalten, um die Pflanze besser pflegen zu können.

Selektives Pruning: Zurückschneiden der Pflanze

Arten des Zurückschneidens	
Selektives Pruning	**Kompletter Rückschnitt**
Bei der Pflanze werden nur ausgewählte Teile zurückgeschnitten.	Die Pflanze wird bis auf den Stamm zurückgeschnitten.

Der Boden rund um die Pflanzen wird regelmässig gejätet. Dünger verhindert das Auslaugen des Erdreichs. Ausserdem wird auf ausreichende Wasserzufuhr geachtet.

Eine weitere Arbeit auf der Plantage ist das Entfernen von Kaffeebäumen, die geringe Ernteergebnisse liefern. Ersatz bilden meist neuere Züchtungen, die sowohl widerstandsfähiger gegen Schädlinge als auch ertragsreicher sind. So kann der Einsatz von umweltbelastenden Mitteln verringert werden.

Blattrost = Pflanzenparasiten.

Schädlinge und Krankheiten

Die **Bekämpfung der Pflanzenschädlinge** ist ein wichtiges Thema im Kaffeeanbau. Aufgrund des tropischen und subtropischen Klimas sind die Pflanzen häufiger Schädlingen und Krankheiten ausgesetzt als im gemässigten Klima. Deshalb muss ein sinnvoller Pflanzenschutz betrieben werden, der biologische, chemische und anbautechnische Massnahmen umfasst.

Nematoden = mikroskopisch kleine Fadenwürmer.

Schäden bei Kaffeepflanzen		
Von Pilzen hervorgerufen	**Tierschädlinge**	**Bodenschäden**
Beispiele Blattrost, Mikropilzbefall, Blattfleckenkrankheiten oder Blattfall	**Beispiele** Würmer, Läuse, Larven, Maden, Käfer, der Kaffee-Zünsler, Wurzelälchen (Nematoden)	**Beispiele** Welkekrankheit (durch Humusarmut hervorgerufen)

Der Kaffeekirschenkäfer (Hypothenemus hampei)
Er ist der am weitesten verbreitete Schädling bei unreifen Kaffeekirschen und verursacht keine Schäden an Blättern, Zweigen oder Stämmen, sondern frisst Gänge in die Kaffeekirschen. Er befällt beide kommerziell angebauten Kaffeearten.

Kaffee aus Bio-Anbau bzw. Fair-Trade-Anbau

Beim biologischen Anbau dürfen keine chemischen Dünge- und Pflanzenschutzmittel zum Einsatz kommen. Die Bezeichnung «Bio-Kaffee» resp. «Kaffee aus biologischem Anbau» darf nur verwendet werden, wenn die Bearbeitung von anerkannten Organisationen geprüft und zertifiziert wurde.

Der biologische Anbau ist arbeitsintensiv, aber durch einen garantierten Preis für den Rohkaffee bietet diese Produktionsweise vielen Kleinstbetrieben eine Überlebenschance. Durch den nachhaltigen Kaffeeanbau wird eine Verbesserung der Lebensqualität, Umwelt und Produktqualität angestrebt.

Es gibt seit Jahren einen Überschuss an zertifiziertem Kaffee, der Konsumentenmarkt ist noch nicht gross genug.

Bedingungen für eine Zertifizierung
- Umweltgerechte Kultivierung der Kaffeepflanzen
- Ausschliesslich Verwendung von biologischen Pflanzenschutzmitteln
- Keine Verwendung von Handelsdünger
- Kultivierung unter Schattenbäumen bietet durch die Mischkultur vielen Pflanzen und Tierarten Lebensraum
- Schonender Umgang mit Wasserressourcen
- Einsatz von erneuerbarer Energie bei der Aufbereitung
- Vermeidung von Kinderarbeit
- Angemessene, geregelte Entlohnung für das Produkt (Fair Trade)

Es gibt viele Kaffees, z. B. Fair-Trade-Produkte mit hoher Qualität, die aufgrund der Gegebenheiten natürlich produziert werden, jedoch nicht als Bio-Kaffee zertifiziert sind.

Die Nachfrage nach diesen Kaffees steigt in den Konsumländern jährlich. Abnehmer sind Konsumenten bzw. Gastronomiebetriebe, die neben dem Qualitätsanspruch auch einen Fokus auf soziales Bewusstsein legen und denen Umweltschutz auch in entfernten Ländern wichtig ist.

💡 Organisationen wie Rainforest Alliance, Fairtrade oder 4C-Association sorgen für nachhaltigen Anbau und für den Schutz des Regenwaldes bzw. des Klimas.

Jährliche Auditierung ist ein Muss
Alle zertifizierten Röstereien und Produktionsbetriebe werden jährlich durch das Label, das sie tragen, auditiert. Werden die Normen, Richtlinien und Weisungen der Organisation eingehalten und umgesetzt, werden die Zertifikate wieder neu vergeben.

2 Sorten und Anbaulage

Beim Einkauf findet sich Emma in der grossen Auswahl an Kaffees kaum zurecht. Sie würde gerne Unterschiede kennen und ihren Kaufentscheid bewusster fällen.

2.1 Kaffeesorten

Von den zahlreichen, etwa 80 bekannten Coffea-Arten sind nur zwei Arten für den weltweiten Anbau und Handel von Bedeutung. Dies sind **Coffea arabica** (älteste, mit fast drei Viertel Anteil häufigste Sorte) und **Coffea canephora,** auch **Robusta** genannt. Beide haben wiederum zahlreiche Varietäten, die jeweils in bestimmten Anbaugebieten gezüchtet werden und ihr eigenes typisches Aroma aufweisen. Sie werden teilweise auch unter den genannten Regionen und bis auf den einzelnen Bauern deklariert. Diese **Estate Coffees** oder **Lots** werden als teure Spezialitätenkaffees verkauft und sind vergleichbar mit Weinen aus einem bestimmten Terroir.

🖊 Notieren Sie sich mithilfe des Internets Kaffees «mit bestimmter Herkunft», die also zu 100 % aus benannten Regionen stammen.

Hauptkaffeesorten	
Arabica-Bohnen	**Robusta-Bohnen (Canephora)**
Arabica-Bohnen sind eher gross, sie haben eine längliche ovale Form und sind eher flach.	Robusta-Bohnen, auch Canephora genannt, sind eher klein, rundlich und besitzen einen gerundeten Rücken.
Häufiges optisches Indiz der Bohne ist die Welle: Je höher der Kaffee angebaut wurde, desto geschwungener ist die Kerbe.	Sie haben eine fast gerade Kerbe und eine gerade tiefe Einkerbung (Furche).
Die Bohne wird 8–12 mm gross.	Die Bohne erreicht eine Grösse von 5–8 mm.

Kaffeeanbau in Zahlen

Die Anbaufläche weltweit beträgt ca. 10 Mio. Hektar – das sind 14 005 602 Fussballfelder. Darauf wachsen ungefähr 15 Mrd. Sträucher. Pro Hektar ergibt dies somit einen durchschnittlichen Ertrag von rund 550 kg Rohkaffee.
Also wachsen auf 1,4 Fussballfeldern 550 kg Rohkaffee.
Zusammengerechnet macht das rund 5 Mrd. kg Rohkaffee auf der ganzen Welt.

Weitere Kaffeesorten

Es gibt weitere Kaffeesorten, die jedoch im Vergleich zu den beiden Hauptarten Robusta und Arabica in sehr geringen Mengen angebaut werden und nur eine geringe wirtschaftliche Bedeutung haben.

Die Sorten **Coffea liberica** und **Coffea excelsia** kommen nur in einigen Ländern Afrikas, wie z. B. Liberia, Sierra Leone, Zentralafrikanische Republik und Benin sowie auf den Philippinen, in Indonesien und Vietnam vor. Die erzeugten Mengen sind allerdings unbedeutend. Sie haben in diesen Ländern nur lokale Bedeutung und entsprechen nicht den international geforderten Ansprüchen.

Liberica-Sorten gelten als minderwertig. Sie spielen eine untergeordnete Rolle in der Kaffeewirtschaft. Die Pflanze gilt als sehr robust und kann bis zu 20 Meter hoch werden. Die Bohne ist sehr klein, saftlos und geschmacklich fahl.

Excelsa bestimmt ca. 1 % des Welthandels und gilt als Rarität. Die Ernteergebnisse sind zu gering für die Deckung der Nachfrage. Die Sorte ist geschmacklich sehr intensiv und aromatisch sowie im Verkauf sehr teuer.

Die erst 1890 entdeckte **Stenophylla-Kaffeepflanze** mit ihren bis zu drei Meter hoch wachsenden Sträuchern oder Bäumen ist in ihrem natürlichen Vorkommen auf die Vorberge Guineas, Sierra Leones und der Elfenbeinküste beschränkt. Seit einiger Zeit wird Stenophylla aber auch in Ghana und Nigeria sowie in einigen nicht-afrikanischen Gebieten kultiviert. Die Sorte überzeugt mit einem milden und teeartigen Geschmack. Der Reifeprozess ist sehr langwierig, darum wird der Kaffee nur für den heimischen Gebrauch verwendet.

Coffea charrieriana ist eine natürlich koffeinfreie Sorte. Sie wurde 1983 in Kamerun entdeckt und wird für neue koffeinfreie Züchtungen verwendet.

> **Coffea liberica** und **excelsia** haben eine extrem lange Reifezeit (bis zu 14 Monate), eine zu hohe Gerbsäure und einen ebenfalls zu hohen Koffeingehalt.

💡 Bei den Stenophylla-Kaffeebäumen sind die Kaffeekirschen schwarz, wenn sie reif sind.

2.2 Wichtige Produktionsländer

Die Anbaugebiete sind auf etwa 80 Länder verteilt, wobei nur 50 Länder Kaffee in wirtschaftlich nennenswerten Grössenordnungen produzieren.

Die Top 10 der Kaffeeanbaugebiete weltweit				
1.	Brasilien	(Südamerika)	Arabica	3 804 000 Tonnen
2.	Vietnam	(Asien)	Robusta	1 824 000 Tonnen
3.	Kolumbien	(Südamerika)	Arabica	858 000 Tonnen
4.	Indonesien	(Asien)	Robusta	654 000 Tonnen
5.	Honduras	(Mittelamerika)	Arabica	456 000 Tonnen
6.	Äthiopien	(Afrika)	Arabica	426 000 Tonnen
7.	Indien	(Asien)	Robusta	312 000 Tonnen
8.	Uganda	(Afrika)	Robusta	288 000 Tonnen
9.	Mexiko	(Mittelamerika)	Arabica	270 000 Tonnen
10.	Peru	(Südamerika)	Arabica	264 000 Tonnen

Summiert haben die Top 3 einen Anteil von 50–60 % des jährlich weltweit hergestellten Kaffees, wobei sich der Anteil Brasiliens auf rund 33 % beläuft.

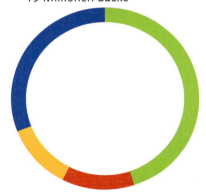

- Südamerika 72 Millionen Säcke
- Zentralamerika und Mexiko 19 Millionen Säcke
- Afrika 17 Millionen Säcke
- Asien 52 Millionen Säcke

Quelle: USDA World Coffee Market Report June, 2018/19

💡 **Vietnam** ist als ehemalige französische Kolonie zum Kaffeeproduzenten geworden und belieferte viele Jahre die ehemalige DDR mit Robusta-Kaffee.

I Kaffee

2.3 Anbaulagen

Organoleptisch = die Sinne beeinflussend.

Je höher die Anbaulage, umso besser werden die organoleptischen Eigenschaften der Kaffeebohnen.

Die Anbauhöhe ist für die **spezifische Dichte der Bohnen** verantwortlich. **Hochlandgewächse** weisen einen konkaven (nach innen gewölbten) Schnitt und eine festere Bohnenstruktur auf. **Tieflandgewächse** entsprechen meist dickeren, gleichmässigeren Bohnen und weisen einen offenen Schnitt auf.

💡 Die wild wachsende Arabica-Pflanze erreicht eine Höhe von etwa fünf Metern, die Sorte Robusta wird über zehn Meter hoch.

Eigenschaften nach Anbauhöhe

Hochlandkaffee Arabica	Tieflandkaffee Robusta

Arabica bevorzugt Höhenlagen zwischen 600 bis über 2400 m ü. M. Die Früchte reifen langsamer als bei der Robusta (acht bis zehn Monate nach der Blüte) und der Ertrag ist geringer.	Robusta «Canephora» bevorzugt Höhenlagen zwischen dem Meeresspiegel und 600 bis 1000 m ü. M.
Ein subtropisches Hochlandklima zwischen 15 und 24 °C ist optimal.	Die Pflanze verträgt feuchtwarmes tropisches Klima mit Temperaturen von 24 bis 30 °C.
Arabica-Varietäten Ethiopia, Typica, Java oder Bourbon (Insel Réunion), Catai, Canturra, Cittamorra, Mundo Novo, Maragogype, Maracatura, Catuai, Pacamara, Pacas	**Robusta-Varietäten** Conillon in Brasilien, Bukoba in Tansania, Romex in Costa Rica, Quillas in Westafrika, Nganda und Erecta in Uganda

💡 2018 wurden weltweit insgesamt 9,48 Mio. Tonnen Rohkaffee geerntet.

Jeder Jahrgang schmeckt anders
Je nach Bodenverhältnissen und Klima bzw. Wetter im Erntejahr (heiss oder mild, feucht oder eher trocken) entwickeln die Kaffeefrüchte andere Nuancen. Somit ist das Geschmacksprofil jeder Ernte anders und hat – wie Wein – den individuellen Charakter eines eigenständigen Jahrgangs.

Eigenschaften der Hauptkaffeesorten

Arabica-Bohnen	Robusta-Bohnen (Canephora)
Arabica-Bohnen sind länglich eiförmig, blaugrün und haben nur eine leicht angedeutete, oft gewundene Furche.	Robusta-Bohnen sind unregelmässig rundlich, gelb-/bräunlich-grün und weisen eine geradlinige tiefere Furche auf.
Arabica ist hochwertiger als Robusta, aromareicher, milder und mit feiner Fruchtsäure sowie zartem Duft.	Robusta ist durch den höheren Gehalt an Koffein, Gerbstoffen, Chlorogensäure und stärkerem Body/Körper, etwas strohig, bitter, holzig, muffig, erdig, vollmundig und leicht adstringierend.
Fettgehalt: 15–18 %; Arabica hat doppelt so viele Chromosomen (nämlich 44); SHG-Hochlandkaffee ist begehrter und teurer.	**Fettgehalt:** 8–9 %; Robusta sorgt in italienischen Kaffeemischungen bei der Espressozubereitung für eine reiche und dichtere Crema.
Kirschen: überreife Arabica-Kaffeekirschen fallen ab.	**Kirschen:** überreife Robusta-Kaffeekirschen bleiben am Ast.
Krankheiten: empfindliche Pflanze, hat hohe Anforderungen an Boden und Klima.	**Krankheiten:** widerstandsfähig gegen Krankheiten, Schädlinge sowie anspruchslos in Bezug auf Bodenverhältnisse.
Die **Blüte** ist selbstbefruchtend.	Die **Blüte** wird fremdbefruchtet.
Blütezeit zur Frucht: ca. 9 Monate	**Blütezeit zur Frucht:** ca. 10–11 Monate
Ertrag (kg/ha): 1500–3000	**Ertrag (kg/ha):** 2300–4000; kann mehrmals im Jahr blühen.
Koffeingehalt Rohkaffee: ca. 1,0 bis 2,0 ‰ Gerösteter Kaffee: ca. 0,8 bis 1,0 ‰	**Koffeingehalt** Rohkaffee: ca. 2,0–4,0 ‰ Gerösteter Kaffee: ca. 1,5–2,5 ‰
Arabica ist in Brasilien, Kolumbien, Mexiko, in den Staaten Zentralamerikas und vielen Ländern Afrikas beheimatet.	Robusta ist in Afrika (z. B. Uganda, Demokratische Republik Kongo, Madagaskar, Zentralafrikanische Republik), Asien (z. B. Vietnam, Indonesien, Indien) und Brasilien weitverbreitet.
Die besten Arabica-Sorten kommen aus Äthiopien, Kenia, Jamaika, Peru, Kolumbien, Brasilien, Guatemala, Mexiko und Hawaii.	Die besten Robusta-Sorten kommen (gewaschen) z. B. aus Indien, Uganda und Brasilien.

💡 Die **Chlorogensäuren** sorgen u. a. als Schutzfunktion für eine längere Haltbarkeit und für eine dickere Crema.

Adstringierend = zusammenziehend, austrocknend (Mundgefühl).

💡 Was sind **Chromosomen** und wie beeinflussen sie das Kaffeewachstum? Finden Sie es mithilfe des Internets heraus.

Ernte und Aufbereitung

 Die Qualitätssicherungskriterien bei der Kaffeeernte und Verarbeitung für Gourmet- und Spezialitätenkaffees sind die sorgfältige Trennung der reifen von unreifen und überreifen Früchten sowie eine fehlerlose Verarbeitung.

Die Sorgfalt bei der Ernte ist ein wichtiger Schritt zu guter Rohkaffeequalität. Wie bei allen Früchten ist die beste, jedoch auch teuerste Erntemethode diejenige von Hand.

Jede weitere Bearbeitung bis zum konsumfertigen Kaffee wird als Aufbereitung bezeichnet und fällt je nach Endprodukt – vom Bohnenkaffee bis zum Instantkaffee – sehr unterschiedlich aus.

Meine Ziele

Nach Bearbeitung dieses Kapitels kann ich
- über Erntezeiten Auskunft geben;
- verschiedene Erntemethoden beschreiben;
- die Unterschiede zwischen einer trockenen, halbtrockenen und nassen Kaffeeaufbereitung und die daraus resultierenden Charaktere nennen;
- verschiedene Mängel von Rohkaffee nennen;
- die Klassifizierung von Rohkaffee erläutern;
- die erste sensorische Prüfung wiedergeben;
- weltweit Produktionsländer angeben und sagen, welche Kaffeesorten mit welchen Geschmacksinhalten sie produzieren.

1 Ernte

Emma überlegt, wie die Kaffeebohnen aus den roten Kaffeekirschen gelöst werden. Sie kann sich ausserdem die Ernte der nach und nach reifenden Früchte nicht vorstellen.

1.1 Erntezeiten

Für die Erntezeiten sind beim Kaffee vor allem zwei Faktoren massgebend:
- Breitengrad
- Anbauhöhe

In Regionen **nördlich des Äquators** wird zumeist von September bis Dezember, südlich davon hauptsächlich von April/Mai bis August geerntet. Ausnahmen bilden Länder, die sich **direkt um den Äquator** gruppieren und in denen lokal- und höhenlagenbedingt das ganze Jahr über Kaffee produziert werden könnte. Meist werden in diesen Gebieten eine Haupt- und eine Nebenernte durchgeführt.

💡 Der **Ertrag einer Nebenernte** ist qualitativ gleich, jedoch fällt die Menge meist geringer aus.

Kaffeepreis-Entwicklung seit 2006
Rohkaffee-Durchschnittspreis US-Dollar pro amerikanischem Pfund (etwa 454 g)

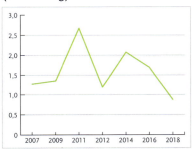

1.2 Terroir

Nicht nur beim Wein, sondern auch beim Kaffee spricht man mittlerweile von **Terroir.** Terroir bezieht sich nicht nur auf die Bodenbeschaffenheit, sondern auch auf das Mikroklima der Anbauregion. Das Terroir hat einen grossen Einfluss auf das Wachstum und die Ernteerträge, ein weiterer Einflussfaktor ist die **Anzahl der Sonnentage.** Auch der **Wasserhaushalt in der Plantage** kann bei einer zu hohen Feuchtigkeit zu Fäulnis/Schädlingsbefall führen.

Bei Mischkulturen reguliert die **Wechselwirkung mit anderen Pflanzen** die Tag-/Nacht-Temperaturen. Diese Pflanzen können aber auch einen Einfluss auf den Fettgehalt der Kaffeebohne haben, wie dies z. B. bei Avocadobäumen der Fall ist.

Im Weiteren spielt die **Anbauhöhe** eine wichtige Rolle, da diese Einfluss auf die UV-Einstrahlung hat, und ob die Kaffeepflanze auf Vulkanerde, losem Boden oder auf einem Steinboden wächst. Der Eisen- und Silbergehalt beeinflusst das Aroma und Profil massgeblich.

Der Weltmarktpreis für Kaffee schwankt sehr stark und dementsprechend auch das Einkommen der Kaffeebauern. Ungefähr 25 Millionen Menschen weltweit leben vom Anbau, der Verarbeitung und dem Vertrieb von Kaffee. Bezieht man die Familienangehörigen mit ein, sind es rund 100 Millionen Menschen.

WissensPlus

Die Nachfrage nach Terroir-Kaffees (Single Coffee) steigt stetig, da Konsumenten heute wissen möchten, aus welcher Region und Provinz ihr Kaffee kommt. Wichtig zu wissen ist, dass das **microbeclimate** und nicht das micro-climate die Sensorik beeinflusst. SHG Honduras aus Marcala schmeckt so, weil der Kaffee traditionell etwas länger fermentiert, als der SHG Honduras in Copán, der etwas kürzer fermentiert. Die Machart, der Ansatz, das Verständnis für Kaffee und die Mikroben, welche die Fermentation beeinflussen, prägen den Geschmack des Kaffees – nicht wie oft vermutet die zum Teil geringfügigen Unterschiede im Makro-Nährstoff-Bereich im Boden.

💡 **Missernten** beim Kaffeeanbau sorgen für eine bis zu 30-%-Steigerung bei den Rohkaffeepreisen. Da der Kaffeekonsum weltweit zunimmt, steigt die Sensibilität an den Rohstoffbörsen, z. B. in New York, und Spekulanten verschärfen die Preisentwicklung.

1.3 Reifeprozess

Auch Reifeprozess und -dauer müssen berücksichtig werden. Arabica-Bohnen benötigen 7–9 Monate, Robusta 9–11 Monate und Excelsa und Liberica 12–14 Monate bis zur Reife. Klima, Boden, Düngung etc. beeinflussen den Reifeprozess ebenfalls.

Erntezeiten in den wichtigsten Kaffee produzierenden Ländern

Land	Kaffeesorte	Haupterntesaison
Mittelamerika und Karibik		
Costa Rica	Arabica	Oktober–März
Guatemala	Arabica	November–April
Honduras	Arabica	Oktober–März
Jamaika	Arabica	August–September
Mexiko	Arabica	Oktober–März
Nicaragua	Arabica	November–März
Südamerika		
Brasilien	Arabica Robusta (Conillon)	Juni–Oktober April–Juni
Kolumbien	Arabica	Oktober–März
Peru	Arabica	April–Oktober
Afrika		
Äthiopien	Arabica	Oktober–März
Kenia	Arabica [1]	Oktober–März
Madagaskar	Robusta	Mai–Oktober
Ruanda	Arabica	April–August
Tansania	Arabica Robusta	August–Dezember Juni–November
Uganda	Arabica Robusta [1]	Oktober–Januar November–Februar
Asien und Ozeanien		
Indien	Arabica Robusta	Oktober–Februar November–März
Indonesien	Arabica Robusta	Oktober–Mai Mai–September
Vietnam	Robusta	Oktober–April

1) Hauptsaison, aber geerntet wird das ganze Jahr   Quellen: ICO und Handel

In Hochlandregionen sind Ernte und Abtransport von Hand gang und gäbe.

Reife Arabica-Kaffeekirschen

1.4 Erntemethoden

Die Kaffeekirschen-Ernte wird grundsätzlich nach drei verschiedenen Erntemethoden durchgeführt.

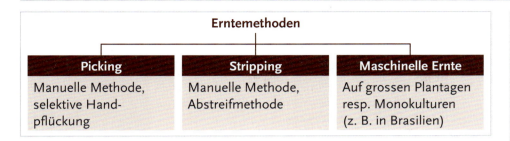

Die Erntemethode hängt auch von den Qualitätsansprüchen und der Topografie des Landes ab. In Costa Rica beispielsweise ist es nicht möglich maschinell zu ernten, da das Gebiet viel zu hügelig ist.

Selektive Handpflückung (hand picking, picking)

Bei dieser Methode findet die Selektion (Auslese) am Strauch statt. Kaffee wird auch heute noch grossteils von Hand gepflückt. Die selektive Handpflückung ist die aufwendigste, zeitintensivste, aber beste Methode, um Qualitäts- und Spitzenkaffee zu erzielen.

Da nicht alle Früchte gleichzeitig reifen, werden in mehreren Durchgängen, in Abständen von zehn Tagen, immer nur die reifen tiefroten Früchte geerntet. Diese arbeitsaufwendige Erntemethode wird vorwiegend angewendet, wenn es um höchste Qualität geht.

Ein Pflücker erntet an einem Tag 60 bis 90 kg Kirschen, woraus 10 bis 20 kg Rohkaffee gewonnen werden.

Pflücker bei der selektiven Ernte von Hand

Beim letzten Erntegang der Saison arbeiten die Pflücker mit zwei getrennten Erntesäcken. Einen verwenden sie für die reifen und den anderen für alle anderen Kirschen. Nur ein vollständiges Abernten der Bäume kann eine Ausbreitung von Schädlingen (Kaffeekirschenkäfer) verhindern.

Berechnen Sie, wie viele Tage ein Pflücker bei der Ernte für einen Sack Rohkaffee (à 60 kg) braucht.

Abstreifmethode (strip picking, stripping)

Sobald ein durchschnittliches Reifestadium in einer Plantage erreicht ist, werden die Früchte manuell, also von Hand, von den Zweigen gestreift, unabhängig vom unterschiedlichen Reifegrad. Die Früchte fallen direkt auf den Boden oder auf ausgebreitete Tücher.

Die Abstreifmethode bezeichnet man auch als «Melken».

Diese Erntemethode wird vorwiegend für Robustas sowie für brasilianische und äthiopische Arabicas, die trocken aufbereitet werden, angewendet.

WissensPlus

Werden **unreife Früchte** weiterverarbeitet, geben sie das, was sich entwickelt hat, nämlich unausgereifte Säuren und wenig Kaffeegeschmack, an die Bohnen bzw. an das Endprodukt weiter. Werden **überreife Kirschen** geerntet, können bereits Fäulnis, Insekten- und Schimmelbefall auftreten, die das Endprodukt negativ beeinflussen.

Kaffee

💡 Die **Fermentation** ist ein wichtiger Schritt in der Kaffeeproduktion und hat wesentlichen Einfluss auf die Geschmacksbildung der Kaffeebohnen. Sie setzt sofort ein, nachdem die Kirschen gepflückt wurden, somit müssen sie unmittelbar danach verarbeitet werden.

Stinkerbohnen

Mit den reifen Früchten werden unreife und überreife (bereits fermentierte) Früchte, aber auch Zweige und Blätter abgestreift, die anschliessend aussortiert werden. Überreife Früchte können eine Gärung des Fruchtfleisches hervorrufen und führen in weiterer Folge zu einem unangenehmen Geruch beim Rohkaffee. Solche «Stinkerbohnen» können grosse Mengen guter Bohnen verderben. Optisch ist eine Stinkerbohne nicht von anderen «guten Bohnen» zu unterscheiden. Erst beim Mahlen und bei der Verköstigung – beim «Cupping» – erkennt man den fauligen und überfermentierten Geschmack.

Maschinelle Ernte

Geländeform und Bepflanzung der Plantagen machen den Einsatz von Erntemaschinen in den meisten Ländern unmöglich. Nur in flachen Gebieten kann eine kostengünstigere Ernte mit Maschinen durchgeführt werden.

> **Beispiel: Einsatz von Maschinen**
> In grossen Kaffeefarmen Brasiliens kämmen Maschinen die Äste der Kaffeebäume mechanisch, sodass die Kirschen auf einen Sammler fallen.

Vor ihrer Weiterverarbeitung müssen die maschinell geernteten Kaffeekirschen wie bei der Stripping-Methode von unreifen und überreifen Früchten, losem Schmutz, Steinchen, Blättern und Zweigteilen befreit werden. Werden die Kirschen maschinell geerntet, heisst das nicht, dass der Kaffee schlecht sein muss.

Die Ernte-Kapazität einer Maschine beträgt 2400–3000 kg pro Stunde und entspricht damit einer Tagesleistung von ca. 150 Pflückern.

 WissensPlus
Das Post-Harvest-Management (eine gute Bodenbewirtschaftung vor und nach der Ernte) in Brasilien ist so präzise wie nirgendwo anders. Die Kirschen werden – je nach Anspruch – sehr präzise sortiert.

⚠️ Es dürfen nur reife Kaffeekirschen verarbeitet werden. Werden die Früchte reif geerntet, weisen die Kaffeekirschen einen fruchtigen, aromatischen, leicht süsslichen Geschmack auf, der sich auf die Bohnen überträgt.

Kooperative = Genossenschaft, Zusammenschluss für einen gemeinsamen Zweck.

Abtransport

Die frisch geernteten Kaffeekirschen sind nur eine äusserst kurze Zeit lagerfähig und müssen so schnell wie möglich der weiteren Verarbeitung zugeführt werden. Daher befinden sich die Aufbereitungsanlagen meist direkt auf den Plantagen. Kleinbauern bringen ihre Ernte zur Verarbeitung zu Kooperativen.

Ernteerträge

Im Weltdurchschnitt liegt der Ertrag je Hektar bei rund 680 kg Kaffee. Die Spannweite pro Hektar reicht von 33 kg in Angola, über 169 kg in der Elfenbeinküste, 425 kg in Mexiko, 820 kg in Kolumbien, 1010 kg in Brasilien, 1300 kg in Costa Rica, bis zu über 1500 kg in Vietnam. Im brasilianischen Bundesstaat Bahia sind Plantagen angelegt worden, auf denen 4200 kg je Hektar geerntet werden können.

💡 Um **einen Sack Rohkaffee** zu 60 Kilogramm zu füllen, müssen beispielsweise rund 100 gut tragende Arabica-Sträucher abgeerntet werden.

2 Aufbereitung

Emma diskutiert mit ihren Kollegen, was alles von der Kaffeekirsche bis zum transportfähigen Sack Rohkaffee passiert.

Um einen lager- und marktfähigen Kaffee herzustellen, müssen die Bohnen von mehreren Schichten, die sie umgeben, befreit werden.

Nach der Ernte gelangen die Früchte umgehend zur **Aufbereitungsanlage,** wo nach mehreren Verarbeitungsschritten der Rohkaffee für den Export gewonnen wird.

Eine reife frisch gepflückte Kaffeekirsche besteht aus 50–65 % Wasser. Um einen marktfähigen Kaffee herzustellen, muss die gesamte Ummantelung der Kaffeekirsche entfernt werden. Für diesen Prozess gibt es eine **trockene** und eine **nasse Aufbereitungsmöglichkeit.** Bei beiden Aufbereitungsarten werden die Haut, das Fruchtfleisch, der Schleim und die Pergamenthaut entfernt sowie der Wassergehalt auf einen maximalen Wert von 9–11 % reduziert. Nach diesem Aufbereitungsprozess erhält man einen sauberen und trockenen Rohkaffee, der transport- und lagerfähig ist.

Beispiele von Aufbereitungsarten
- Unwashed, natural coffee, Naturals (trockene Aufbereitung)
- Washed coffee (nasse Aufbereitung)
- Semi-washed (halbtrocken aufbereiteter Kaffee)
- Pulped Naturales (halbtrocken aufbereiteter Kaffee)
- Honey-processed (gewaschen, gepulpt, getrocknet)

💡 Die **Silberhaut** hingegen löst sich immer erst beim Röstprozess und zwar beim First Crack, unabhängig von der Aufbereitungsmethode.

💡 Der **ungewaschene Kaffee** wird im Handel unter der Bezeichnung Natural, GB (Gewone Berijding), Cherries (Indien) und Conillon (Brasilien) angeboten.

2.1 Unwashed, natural coffee, Naturals (trockene Aufbereitung)

Die trockene Aufbereitung ist das einfachste und älteste Verfahren. Es wird vor allem bei grossen Erntemengen und in regenarmen Regionen eingesetzt oder dort, wo zur Erntezeit eher trockenes und warmes Klima vorherrscht bzw. die Wasservorräte unzureichend sind.

Vorgang der trockenen Aufbereitung

Die sortierten und gereinigten Früchte werden auf grossen Flächen – auf sogenannten Trockenhorden wie gestampfter Erde, Beton oder Trockentischen – in dünnen Schichten ausgebreitet und etwa drei Wochen in der Sonne getrocknet, bis die Kaffeebohnen in ihrer Hülse rasseln. Die Restfeuchte beträgt dann etwa 12 %. Während der Trocknung werden die Früchte immer wieder gewendet, aber auch mit Planen vor Regen geschützt. Nach der Trocknung werden die Früchte entweder bis zur Weiterverarbeitung in Säcken gelagert oder sofort geschält.

Das Enthülsen erfolgt mittels Schälmaschinen, wobei das vertrocknete Fruchtfleisch, die dünne hellgelbe Pergamenthaut (Hornschale), entfernt wird.

Trockene Aufbereitung auf sogenannten African Sun Beds in Dry Mill Cafetos de Segovia in Nicaragua

Sorgfältig trocken aufbereitete **Arabicas** (vor allem westafrikanische, brasilianische, indonesische und teilweise äthiopische) sind milder als gewaschene. Fast alle **Robustas** werden mit wenigen Ausnahmen trocken aufbereitet. Die Farbe des trocken aufbereiteten Rohkaffees ist bei Arabicas grüngelb, die der Robustas grünbraun bzw. gelbbraun.

Dry Mill Cafetos de Segovia in Nicaragua: Manchmal werden die Früchte im Schatten unter Netzen getrocknet, um den Prozess der Fermentation schonend und homogen durchzuführen.

Trockene Aufbereitung

Das Foto zeigt das Wenden der Kaffeekirschen auf einer Trockenfläche in Brasilien. Die Mehrheit der Kaffees wird heute aus Effizienz- und Kostengründen maschinell getrocknet.

Sensorik

Natural aufbereitete Kaffees weisen eine **ausgeprägte Süsse** auf, da sie mit dem süssen Fruchtfleisch getrocknet wurden, dass die Bohne in sich aufgenommen hat. Der Kaffee hat deshalb auch eine geringere Säure und mehr Körper.

2.2 Washed coffee (nasse Aufbereitung)

Dieses **aufwendigere Verfahren** wird in Ländern mit ausreichender Wasserversorgung durchgeführt oder in Ländern, die aufgrund eines eher regnerischen Klimas nicht trocken aufbereiten können. Man benötigt 130 bis 150 Liter Wasser (vorzugsweise klares Quellwasser) für ein Kilogramm marktfertigen Rohkaffee.

Vorgang der nassen Aufbereitung

Ein **Entpulper** ist eine Maschine zum Entfernen des Fruchtfleisches der Kaffeekirsche von den Bohnen (Samen). Pulpa heisst im Lateinischen das Fruchtfleisch.

Nach dem **Aussortieren, Reinigen** und **Quellenlassen** der Kaffeekirschen in Wasser werden die Früchte durch Schwemmkanäle zum Entpulper, einer Maschine mit rotierenden Scheiben und fester Klinge, geleitet. Dort werden die Früchte gequetscht, Schale sowie lockeres Fruchtfleisch werden entfernt und die Bohnen unbeschädigt freigelegt.

Der Grossteil des **Fruchtfleisches** wird dabei **weggeschwemmt.** Nach dem Pulpen kommen die Kaffeebohnen ein bis zwei Tage zur **Fermentation** in grosse Wasserbecken. Bei diesem Gärprozess wird auch das restliche Fruchtfleisch (Schleimschicht, Mucilage) gelöst. Danach werden die Bohnen so lange gewaschen, bis sie von den letzten Fruchtfleischresten befreit sind. Die Bohnen sind nur mehr vom Silberhäutchen und der Hornschale, dem sogenannten Pergamino, geschützt.

Die **Pergaminos** werden anschliessend entweder einige Tage in der Sonne oder innerhalb einiger Stunden mit Heissluft **getrocknet** und anschliessend in gut durchlüfteten Speichern zur Stabilisierung der Restfeuchtigkeit gelagert. Danach werden sie in **Schälmaschinen** von der Pergamenthülse befreit, sortiert und in Säcke abgepackt.

Pergaminos

Ernte und Aufbereitung

Nasse Aufbereitung

Schritt 1

Sortieren im Wasser

Schritt 2

Entpulpen im Trommelpulper

Schritt 3

Fermentation der Bohnen

Schritt 4

Transport der Bohnen im Frischwasser

Schritt 5

Pergaminos

Schritt 6

Trocknen von Pergaminokaffee

Dry Mill Cafetos de Segovia in Nicaragua: Nass aufbereiteter Rohkaffee wird auf sogenannten African Sun Beds getrocknet.

Spezialitätenkaffees werden direkt auf den Farmen unter strenger Aufsicht und klimatisierten Bedingungen getrocknet.

Sensorik

Geschmacklich zeichnen sich sorgfältig gewaschene Kaffees durch einen höheren Säureanteil, stärker ausgeprägte Aromavielfalt und ihre gleichmässigere Qualität aus. Die nasse Aufbereitung wird vor allem in Mexiko, Kolumbien, Kenia sowie Tansania durchgeführt und ist auch in Indien weitverbreitet.

Der feine Unterschied

Gewaschene Arabicas weisen eine grünblaue Farbe und geringfügig helle Häutchenreste auf, wohin gegen Robustas eine grüngelbe, leicht bräunliche Färbung mit mehr Häutchenresten haben.

💡 Die halbtrockene Aufbereitung benötigt im Vergleich zum nassen Verfahren weniger Wasser und führt somit zu Einsparungen.

2.3 Semi-washed/semi-dried coffee (halbtrocken aufbereiteter Kaffee)

Bei dieser Methode werden die reifen Kaffeekirschen im Pulper vom Fruchtfleisch getrennt. Anschliessend werden sie nicht gewaschen, sondern noch in der Silberhaut und mit der Mucilage auf grossen Feldern zum Trocknen aufgelegt. Diese Art von Aufbereitung ist sehr aufwendig. Sie dauert – je nach Temperatur – etwa sechs bis acht Tage und die Bohnen müssen stets gewendet werden, damit die Mucilage nicht fermentiert. Die Bohnen dürfen nicht mehr nass werden.

Der semi-washed coffee erhält dadurch eine gewisse Süsse wie ein getrockneter Kaffee, er behält aber die leichte Säure vom washed coffee.

2.4 Pulped Naturals

Bei der Pulped-Natural-Aufbereitung entnimmt man die Kaffeekirschen dem Pulper und trocknet diese (natürlich oder mechanisch). Fruchtfleischreste belässt man an den Kaffeekirschen (werden nicht entfernt). Diese gelangen durch Osmose beim Trocknen als Zucker in den Rohkaffee. Je höher die Fruchtfleischmenge an der Kaffeebohne, desto ausgeprägter ist die Süsse des Kaffees, aber desto höher ist auch das Fermentationsrisiko.

Durch diese Aufbereitung hat der Kaffee im gerösteten Zustand eine ausgeprägter Süsse und eignet sich daher besonders gut für Espressomischungen.

Gepulpte Kaffeekirschen, die vom Fruchtfleisch getrennt wurden und in der Mucilage bereit sind für den Trocknungsprozess

💡 Bei der Pulped-Natural-Aufbereitung ist die Süsse umso ausgeprägter, je höher der Fruchtfleisch Anteil während dem Trocknungsprozess. Aber auch das Risiko einer unkontrollierten Fermentation ist somit höher.

2.5 Honey-Processed

Das Honey-Processed-Verfahren ist in der Aufbereitung ähnlich wie das der Pulped Naturals, nur dass viel weniger Wasser bei der Aufbereitung benötigt wird. Diese Art von Aufbereitung wird vor allem in den zentralamerikanischen Staaten Costa Rica und El Salvador praktiziert. Der daraus entstehende Kaffee weist eine sehr hohe Süsse und Komplexität auf.

Warum ist die Aufbereitungsmethode wichtig?
Die Aufbereitung hat einen grossen Einfluss auf den Geschmack des späteren Kaffees. Aber auch Anbauhöhe, Klima, Regen- und Sonnentage sind entscheidend.
- **Säure:** Gewaschene Kaffees weisen mehr Säure im Geschmack auf als ungewaschene oder Pulped Naturals. Gewaschener Kaffee schmeckt fruchtiger und ist sehr fein nuanciert mit ausgeprägten Aromen.
- **Süsse:** Die süsse Wahrnehmung ist bei den Naturals und Pulped Naturals (getrocknete und semi-washed Kaffees) intensiver als bei den gewaschenen, weil das Fruchtfleisch nicht sofort bei der Aufbereitung entfernt wird.
- **Bitterkeit:** Ungewaschener Kaffee hat normalerweise mehr Bitterkeit als gewaschener Kaffee.

Ein wunderschöner Black Honey Processed Arabica

2.6 Reinigen und Sortieren

Im Anschluss an die Aufbereitung der Kaffeebohnen erfolgt das Aussortieren von Verunreinigungen wie Steinen, Holz, Schalen etc. und von Ausschussbohnen. Dies erfolgt mit Sieb- und Rüttelmaschinen oder manuell. Anschliessend folgen das Screening, das Sieben nach Grössen und Handelsklassen sowie das Bewerten des Rohkaffees.

Mängel, die zur Bewertung von Rohkaffeequalitäten herangezogen werden	
Grüne, unreife Bohnen	Die Zellwände (faltige Oberfläche) und die innere Struktur sind nicht voll entwickelt. Die Bohnen rösten langsamer, schmecken bitter, astringierend, metallisch, medizinisch und weisen kaum Kaffeearomen auf.
Gegärte Bohnen/ Stinkerbohnen	Die Überfermentation ist optisch nicht sichtbar. Sie entsteht bei zu langer Fermentation, wenn z. B. die Früchte im Entpulper stecken bleiben oder zu lange im Wasser liegen bzw. wenn das Wasser schlecht recycelt wird und es dadurch zu einer Vermehrung an Mikroorganismen kommt. Stinkerbohnen beeinträchtigen die gesamte Kaffeecharge.
Bruch	Gebrochene Bohnen entstehen durch den mechanischen Vorgang beim Pulpen bzw. können stark getrocknete Früchte beim Schälen leichter brechen. Diese Fragmente führen zu ungleicher Röstung, mehr Bitterkeit und weniger Säure.
Ohren (shells)	Sie entstehen beim Pulpen oder Abschälen der Pergamentschicht. Die Röstung wird dadurch ungleich und die Halbschalen weisen mehr Bitterkeit und weniger Säure auf.
Holzstückchen und Steinchen	Werden als Einwurf bezeichnet und kommen bei schlechter Sortierung vor.
Weisse verblühte Bohnen	Sie sind hell, runzelig, unterentwickelt, sehr leicht und entstehen bei Nährstoffmangel der Pflanze.
Schwarze Bohnen	Sie stammen von überreifen Früchten, die am Boden von Pilzen bzw. Schimmel befallen wurden. Die Bohnen sind teilweise schwarz. Sie rösten langsam, schmecken aschig-herb und haben keine Säure.
Bohnen mit Häutchenresten	Beim Schälvorgang bleiben manchmal Pergamentreste an den Bohnen zurück. Dies führt zu keiner spezifischen Geschmacksveränderung.
Schalenstücke	Schlechtes Trennen der trockenen Aussenhülle nach dem Schälvorgang führt bei Feuchtigkeit zu faulem Geschmack.
Rio-Bohnen/ Minas-Bohnen	Sie entstehen, wenn überreife Kirschen am Baum oder auf der Erde durch Mikroorganismen oder die Chemikalie Trichloranisol kontaminiert werden (gleiche Ursache wie beim Korkgeschmack beim Wein). Der Kaffee schmeckt nach dem Rösten bzw. Aufbrühen medizinisch, nach Jod, korkig, ähnlich verbranntem Gummi.

Sortiermaschine für Rohkaffee

Charge = Menge, Produktion.

Robusta- und Arabica-Bohnen

Kontaminiert = verunreinigt.

Screening (nach Grösse sortieren)

Die aufbereiteten und gereinigten Kaffeebohnen werden nun nach Grösse (Screen) sortiert. Der Screen entspricht der Lochgrösse des Siebes, durch das die Bohne fällt.

Screens, in denen anschliessend die Grösse der Handelsklasse bestimmt wird

Grading = Klassifizierung von Rohkaffee.

💡 Eine Besonderheit beim Sieben ist, dass nicht die Bohnenlänge, sondern der Bohnendurchmesser gemessen wird. Die meisten Bohnen liegen zwischen Screen 12 und 19.

Qualitätskontrolle und Bestimmen der Anzahl Fehler im Kaffee: Daraus resultiert der Handelspreis.

Für Robusta-Kaffee wird statt den Buchstaben AA – A – B – C die Bezeichnung I – II – III verwendet.

In Ostafrika und Indien werden die Kaffees mit Buchstabenkombinationen klassifiziert.
Dabei steht ein AA-Kaffee für eine Siebgrösse von 19 und grösser, A entspricht Sieb 18, als B werden Kaffees mit Sieb 16 und 17 klassifiziert. Mittelamerika bedient sich einer blumigeren Umschreibung: Hier gibt es Superior (18+), Primera (16 + 17) und Tercera (14 + 15).

Grading – Klassifizierung des Rohkaffees

Für eine Beurteilung der Rohkaffeebohnenqualität sind die Fehlbohnen und Art der Fehler von Bedeutung. Dafür wird das Klassifizierungssystem der New Yorker Table of Equivalence und die Clasifiçaào Oficial Brasiliera (COB) verwendet. Dabei werden jeweils 300 g Rohkaffee aus einem Lot von Hand geprüft. Bei der vorgegebenen Tabelle der Fehlerpunkte (pro Fehler) werden die Qualitätstypen durch die Fehlerzahl ermittelt.

Diese angeführten Mängel haben nicht nur Einfluss auf die Qualität der Bohnen, sondern auch auf den Geschmack des Kaffeegetränkes sowie später auf den Rohkaffee-Preis. Die Bewertung erfolgt je nach Herkunft des Kaffees unterschiedlich.

Die Bohnen werden klassifiziert nach:
- Sorte
- Form
- Grösse (Siebgrösse)
- Menge an Fehlern (deformierte oder gebrochene)
- Fremdkörpern wie Steine, Holzstücken oder Schalen
- Farbe der Bohnen
- «Höhenlage» (Mittelamerika)
- Plantagebezeichnung
- Alter der Ernte
- Geschmacklichen Eigenschaften (Tassenqualität)

Beispiele für ländertypische Angaben nach Bohnengrösse
In nachfolgender Tabelle sind die handelsüblichen Qualitätsbezeichnungen für Arabica-Rohkaffee aus verschiedenen Herkunftsländern einander gegenübergestellt.

Klassifizierung des Rohkaffees						
Siebloch (mm)	Screen (1/64 Inch)	Zentralamerika	Kolumbien	Brasilien	Afrika/Indien	Handelsbeziehung
7,95/8,0	20	Superior	Supremo	Primeras	AA	very large bean
7,75/7,5	19,5	Superior	Supremo	Primeras	AA	extra large bean
7,54/7,5	19	Superior	Supremo	Primeras	AA	extra large bean
7,35/7,5	18,5	Superior	Supremo	Primeras	AA	extra large bean
7,14/7,0	18	Primeras	Supremo	Primeras	A	large bean
6,75/6,5	17	Primeras	Supremo	Primeras	A	bold bean
6,35/6,5	16	Secundas	Excelso	Secundas	B	gold bean
6,25/6,0	15	Secundas	Excelso	Secundas	B	medium bean

5,56/5,5	14			Terceras	C	small bean
5,16/5,5	13	Terceras				
4,76/5,0	12		Peaberry/ PB			
4,3/4,5	11	Caracol				
3,97/4,0	10			Mokka	Peaberry/ PB	Peaberry/ Shells
3,57/3,5	9	Caracolito				
3,17/3,0	8					

Was sind Perlbohnen

Als Perlbohnen werden jene Samen bezeichnet, die alleine statt zu zweit in einer Kaffeekirsche sitzen. Sie werden auch Caracolito oder Caracolillo (Schneckchen) genannt und als eigene Gruppe gehandelt.

Brasilien ist Hauptproduzent von Arabica, doch die Warentermingeschäfte laufen alle über die New Yorker Börse. Kürzel wie «NY 2» zeigen an, über welche Qualität an Rohkaffee hier verhandelt wird.

Klassifizierung des Rohkaffees nach Typ und Defekten (Fehlern)			
Type/Grade		Anzahl Fehler (New Yorker Table of Equivalence)	Anzahl Fehler (Clasificação Oficial Brasilera)
1		<6	<4
2	Fancy	6	4
2/3	Extra Prime	9	
3		13	12
3/4	Prime	21	
4		30	26
4/5	Superior	45	
5		60	46
5/6	Good	90	
6		120	86
6/7	Regular	180	
7		240	160
7/8	Ordinary	335	
8		450	360

In einem Musterzimmer wird die Qualität der Muster (Samples) kontrolliert.

Angaben nach Mängeln («New Yorker Standardtypen»)

Mit diesem System erfolgt die Angabe an fehlerhaften Bohnen und Verunreinigungen in einer bestimmten Menge Kaffee. Die Zuordnung kann von NY 1 (extra special – maximal sechs fehlerhafte Stücken pro Kilogramm) bis NY 8 (ordinary – bis zu 100 fehlerhafte Stücke) erfolgen.

Angaben nach der Farbigkeit

Die Farbe der Bohnen kann Hinweise auf das Alter des Rohkaffees geben. Bei frisch geernteten und gewaschenen Arabicas z. B. ist die Farbe bläulich-grün. Nach langer Lagerung werden die alten Ernten blasser.

Angaben nach Höhenlagen

Mittelamerikanische Anbauländer qualifizieren den Kaffee nach der Höhenlage der Anbaugebiete in Verbindung mit weiteren Qualitätsbezeichnungen. Je höher die Anbauregion ist, in der ein Kaffeestrauch wächst, desto langsamer reifen die Kaffeekirschen. Dadurch nehmen Dichte, Härte und Grösse der Kaffeebohnen zu, was ein weiteres Qualitätsmerkmal darstellt. Je nach Anbauregion gelten unterschiedliche Anforderungen an die Mindesthöhe für die einzelnen Klassen. Für einige produzierende Länder ist die Anbauhöhe deshalb eng mit der Qualität in der Tasse verbunden.

> 💡 Industriekaffee hat oft einen schlechteren Screenwert und daher einen entsprechend hohen Defektanteil.

WissensPlus

Für Kaffees aus Mittel- und Südamerika werden die Abkürzungen SHB, SHG, HB verwendet:
- 1600 bis 2400 m ü. M. (über Meer): SHB (Strictly Hard Bean) bzw. SHG (Strictly High Grown)
- 1200 m ü. M.: HB (Hard Bean)

2.7 Sensorische Prüfung im Erzeugerland

Zur Beurteilung des Geruchs und des Geschmacks von Kaffee hat sich die organoleptische Prüfung bestens bewährt. Noch vor Ort beurteilen Experten den Kaffee zwecks Qualitäts- und Preisbestimmung.

Rohkaffeeprüfung

Rohkaffee wird mit Augen und Nase geprüft.
- Die **Farbe** variiert von bläulich-grün, grünlich, gelblich, hellbraun bis abgeblasst (je länger gelagert, umso blasser) bzw. «monsoon-washed».
- Die **Form** kann gleichmässig, fast gleichmässig oder ungleichmässig sein und die Grösse reicht von gross über mittelgross bis klein.
- Als optische Fehler gelten Flecken (Wasserschäden), Reste vom Silberhäutchen, Insektenschäden (z. B. Frass), sogenannte Ohren.
- Frischer Rohkaffee ähnelt im Geruch dem von getrockneten Hülsenfrüchten.
- Überlagerter Kaffee bekommt in der Regel eine strohige Note.
- Muffiger Geruch weist auf Feuchtigkeitsschäden hin; ein fauler, säuerlicher Geruch auf eine bestimmte Menge überfermentierter Bohnen.

Cupping Bowls aufgegossen

Cupping = sensorische Verkostung.

Um den Geschmack zu beurteilen, wird eine Rohkaffeeprobe entnommen und mit einem kleinen Proberöster geröstet. Der geröstete Kaffee wird anschliessend zur Verkostung gemahlen als Aufguss zubereitet. Der etwas abgekühlte Kaffee wird schwarz verkostet, mit einem rundlichen, tieferen Löffel (gouté-café) oder Cupping Spoon. Das Tasting läuft weltweit gleich ab.

Der Kaffee wird vom Löffel geschlürft und gelangt dadurch wie gesprüht in den ganzen Mundraum, bevor er wieder ausgespuckt wird. Bewertet werden Aussehen, Aroma, Säure und Geschmacksfülle des Getränkes.

Ernte und Aufbereitung

Prüfung im Erzeugerland

1. Rohkaffeeprobe
2. Proberöstung
3. Aufgiessen
4. Vorbereiten
5. Probieren
6. Ausspucken

Kaffeeprüfung

Sobald die exportfähige Menge des Rohkaffees und dessen Qualität feststeht, verschickt der Verkäufer Warenmuster an potenzielle Käufer mit einer Beschreibung sowie meist mit einer Preisvorstellung. Wird man sich handelseinig, wird der Kaffee verladen und per Schiff in die Verbraucherländer transportiert.

Voraussetzung für die Prüfung und Einschätzung eines Kaffees ist das Wissen über verschiedene Anbauländer, deren Anbaugebiete und über die Vielfalt der angebotenen Geschmacksrichtungen.

3 Kaffeesorten aus den Regionen

Lukas war in seinem letzten Urlaub in Kenia. Während seiner Rundreise hat er viele verschiedene Kaffees getrunken. Seither weiss er, dass es bei den Kaffeeanbaugebieten gravierende Unterschiede gibt und auch innerhalb eines Landes einzelne Regionen zu differenzieren sind.

Jeder Kaffee schmeckt anders – genau so unterschiedlich wie die Länder, aus denen er stammt. Nur wenige Kaffeetrinker bestehen auf sortenreine Produkte (single origin). Die meisten Kaffees sind Mischungen und jeder sollte Kaffee kaufen, der ihm am besten zusagt.

Aber auch um Mischungen besser einschätzen zu können, ist es nötig, typische Eigenschaften von Kaffees aus beteiligten Produktionsländern zu kennen. Nur so kann der Gast optimal beraten und zu seiner Zufriedenheit betreut werden. Idealerweise sollten die angebotenen Kaffees an die Stammgäste bzw. die Zielgruppe angepasst und entsprechend eingekauft werden.

I Kaffee

3.1 Die wichtigsten Produktionsländer in Afrika und Arabien

Quellen: ICO und Handel

Äthiopien

Äthiopien ist von allen afrikanischen Staaten der Hauptexporteur von Arabicas.

Im Geburtsland der Kaffeepflanze wird auch heute noch ein besonderes Gewächs gezüchtet: die Hochlandbohne. Etwa 50 % der Kaffeeproduktion kommen aus Höhenlagen über 1500 Metern. Die Bohnen weisen zwar weniger Körper auf, überzeugen jedoch mit feinem Duft und einem dezenten Aroma sowie mit elegant-ausgewogener bis kräftiger Säure.

Harrar zählt zu den höchstgelegenen Anbaugebieten. Die Produktion wird in «Shortberry» und «Longberry» unterteilt, wobei letztere die begehrtere Sorte ist. Yirgacheffe aus dem Gebiet Sidamo hat vermutlich die härtesten Bohnen und eine unvergleichliche Qualität.

Die «Washed Ethiopias» betragen etwa 25 % und stammen aus den Regionen Yirgacheffe, Sidamo, Limmu und Bebeka. Trocken aufbereitete Sorten kommen aus Harrar, Lekempti, Djimmah sowie aus Sidamo und werden auch unter der Bezeichnung «Mocha» vermarktet. Äthiopischer Waldkaffee und Geisha sind als besondere Raritäten weltbekannt.

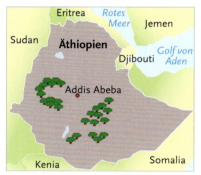

Äthiopien

💡 Äthiopische Kaffees zeichnen sich durch blumige Noten und duftige Zitrusaromen aus.

Elfenbeinküste

Die Elfenbeinküste erzeugt zwar keinen Spitzenkaffee, liegt jedoch bei der Jahresernte von Robusta-Kaffee (ungewaschen) nach Indonesien an zweiter Stelle.

Kenia

Die Anbaugebiete liegen in Höhenlagen zwischen 1400 und 2000 Metern am Mount Kenia und am Mount Elgon. Die Kaffees zählen in Afrika, trotz leichter Qualitätseinbussen in den letzten Jahren, immer noch zur Spitze.

Kenia

Der Kaffee weist gutes Körpervolumen auf und ist fruchtig, etwas herb, mit erdigen Untertönen. Die Säure wirkt dominant, trotzdem bleibt die Balance gewahrt.

Die gewaschenen Arabicas werden sorgfältig klassifiziert und in Handelsklassen wie PB (Peaberry/Perlbohne), AA-Plus-Plus, AA-Plus, AA, AB etc. eingeteilt.

💡 Peaberry gilt als Spitzenkaffee aus Kenia.

Ruanda

In Äquatornähe wachsen die Kaffeebäume sehr schnell. Daher zeigt die Bohne einen vollen, fast fetten Körper, aber nur wenig Säure. Das ergibt einen runden, weichen Geschmack.

 WissensPlus
Aus Maraba kommt einer der besten Arabicas mit geringer Säure, vollem Aroma und kräftigem Körper.

Tansania

Hier entsteht ein mittelmässig bis guter Kaffee, der viel zum Mischen benutzt wird. Er hat weniger Säure als der kenianische Nachbar, schmeckt fruchtig, süsslich. Die meisten Robusta-Bohnen werden im Westen des Viktoriasees angebaut und liefern aufgrund der Höhe von etwa 1000 Metern gute Qualitäten.

 WissensPlus
Die besten Bohnen «Chagga AA» kommen aus der Gegend von Moshi am Kilimandscharo. Sie haben einen verführerisch würzigen Duft. Gute Arabicas werden auch zwischen dem Tanganjika- und dem Nyassasee erzeugt.

Tansania

Uganda

Uganda zählt zu den wichtigsten Anbauländern von Robusta-Kaffee, die auf dem Weltmarkt sehr begehrt sind und zum Grossteil rund um den Viktoriasee in Höhen um 1000 Metern angebaut werden. Kisansa und Nganga sind die beiden von Kleinbauern im Schatten von Bananenbäumen (coffee-banana-system) angebauten Varianten dieses Luwero-Robusta, der vor allem ans Espressoland Italien verkauft wird. Die Arabica-Produktion ist von guter Qualität und hat einen Anteil von etwa 10 %.

 WissensPlus
Gute Qualitäten sind z. B. Bugishu AA oder Bugishu PB (Perlbohne).

Kaffeebohnen aus Uganda

Madagaskar

Die Rohkaffeeproduktion besteht zum Grossteil aus Robusta von guter Qualität, die vorwiegend nach Frankreich exportiert und für Mischungen verwendet wird.

Jemen

Kaffee aus St. Helena

Jemen

Jemen ist das einzige Land im arabischen Raum mit (geringem) Kaffee-Export. Vom Hafen Al Mukha (Mocha) brachten vor ca. 400 Jahren Schiffe erstmals Kaffee nach Europa.

Gepflanzt werden Arabica-Arten («Typica», «Bourbon»). Beste Qualitäten kommen aus Mattari, Sharki und Sanani im Zentralhochland (2000–2500 Meter). Der Kaffee wird noch wie in früheren Jahrhunderten trocken aufbereitet. Das zartduftige feine Aroma des Jemen-Mokkas ist sehr vielfältig. Es setzt sich zusammen aus einem gehaltvollen Körper, edler Säure und leichten Bitternoten, die auch an dunkle Schokolade erinnern.

Burundi

Beinahe der gesamte Kaffee, der in Burundi erzeugt wird, stammt von Arabica-Kirschen, die gewaschen aufbereitet werden.

Die Kaffeebäume in Ngozi werden in Höhenlagen über 1200 Meter kultiviert. Der Kaffee zeichnet sich durch gehaltvolle Säure und vollmundiges Aroma aus.

St. Helena

Schon Napoleon schätzte den Kaffee der südatlantischen Insel. Der Kaffee zählt zu den teuersten der Welt. Die Kultivierung der Pflanzen nach bio-organischen Richtlinien und die sorgfältige Aufbereitung erklären den hohen Preis.

3.2 Die wichtigsten Produktionsländer in Asien und Australien

In den asiatischen Anbauländern wird der Blütezeitpunkt der Kaffeesträucher durch den Monsun bestimmt.

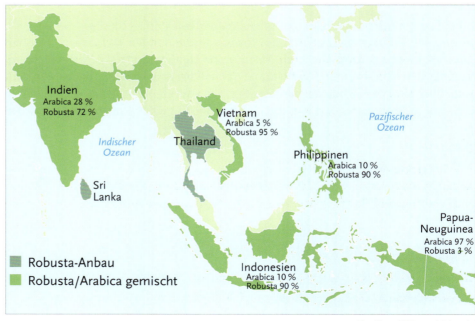

Quellen: ICO und Handel

Indonesien

Indonesien zählt zu den grössten Kaffeeproduzenten der Welt. Der Robusta-Anteil an der Gesamtproduktion beträgt etwa 90 %. Indonesischer Kaffee ist im Allgemeinen recht kräftig und würzig, hat eine schwere Geschmacksfülle und eine dezente Säure.

Arabicas mit angenehmer Geschmacksvielfalt sind der **Mandheling** aus Sumatra, der **Celebes Kalossi** von Sulawesi und Sorten aus Java. Zu den Kuriositäten der Inseln zählen der **Kopi Luwak,** der **Worm Bitten Menados** und der in kleinen Holzfässern verpackte **Kopi Tongkonan** von der Volksgruppe der Toraja auf Sulawesi.

Indonesien

Sumatra

Bei diesem Kaffee fällt vor allem der betörende Duft auf. Der Körper ist nicht ganz so voll und üppig wie beim Java. Das ausgeprägte feinsäuerliche Aroma erhält durch die leichten Bitternoten ein elegantes Profil. Manchmal ist der Kaffee etwas unausgeglichen, jedoch vielseitig verwendbar – als Espressoröstung oder in der Mischung. Der **Aged Sumatra,** der erst nach dreijähriger Lagerung in den Verkauf kommt, ist säurearm mit leichter Süsse.

Java

Die im tropischen Idealklima gereiften Javabohnen sind voll, rund und optisch sehr schön. Der Geschmack geht leicht ins Süssliche, weswegen man die Bohne gerne mit dem herben Jemen-Mokka und den trocken aufbereiteten Harrars aus Äthiopien mischt.

Kaffeebohnen aus Java

WissensPlus
Die Spitzenprodukte zählen zu den besten Kaffees der Welt, aber unter der Flagge «Java» segeln auch viele andere zweitklassige Sorten und Mischungen.

💡 Mischungen werden auch als Blends bezeichnet.

Papua-Neuguinea

Produziert wird fast ausschliesslich Hochlandkaffee, der in Höhen von 1300 bis 1800 m angebaut wird. Die Ernte stammt zu 75 % von kleinen Farmen der ursprünglichen Bevölkerung. Der Kaffee ist aromatisch, ausgewogen, hat wenig Säure und weist blumige Zitrusnoten auf.

Philippinen

Die Philippinen gehören zu den wenigen Erzeugerländern, die alle vier Coffea-Arten anbauen: Robusta, Liberica, Excelsa und Arabica. Die stets wachsende Kaffeeindustrie liefert etwa 80 % der Produktion an den Grossabnehmer Nestlé.

WissensPlus
Mindanao, die zweitgrösste und am südlichsten gelegene Insel der Gruppe, erzeugt Hochland-Arabicas der Spitzenklasse.

Vietnam

Indien

Vietnam

Vietnam ist mittlerweile nach Brasilien der **zweitgrösste Kaffeeproduzent der Welt.**

Der Anbau konzentrierte sich bisher vorwiegend auf die Sorte Robusta. Pflanzungen findet man rund um Tonkin und vor allem in der Region Dak Lak.

WissensPlus
Seit einigen Jahren wird vermehrt auf Arabica- und auch Bio-Anbau gesetzt.

Indien

Indien produziert Arabicas und Robustas (auch gewaschene) in etwa gleicher Menge.

Eine Spezialität ist der **«monsooned coffee»** (Monsun-Kaffee). Der Kaffee wird zu Beginn der Monsun-Regenperiode (Mai/Juni) gepflückt und geschält. Beim «Monsooning-Verfahren» reifen die Bohnen wochenlang unter Feuchtigkeitseinfluss sowie den Monsunwinden und weisen daher eine bleich-gelbe Farbe auf. In den Handel kommen sie als «Monsooned Malabar AA» oder «Monsooned Basanically».

WissensPlus
Bekannt ist auch der «Robusta Parchment» oder «Monsooned Robusta». Der Kaffee hat kaum Säure sowie einen vollen dichten Körper mit Kakaogeschmack.

Australien

Aus Queensland und New South Wales gelangen mittlerweile ausgezeichnete Qualitäten der Arabica-Varietät «Bourbon» auf den Weltmarkt.

Der **«Australia Queensland Skybury»** wird von Kaffeegourmets wegen seines Aromas höher bewertet als der **«Jamaica Blue Mountain Coffee».** Neben Skybury zählt auch **«Mountain Top»** zu den bekannten Plantagen.

Kaffeeanbaugebiete in Australien

3.3 Die wichtigsten Produktionsländer in Süd- und Mittelamerika sowie in der Karibik

Quellen: ICO und Handel

Brasilien

Das grösste Kaffeeanbauland erzeugt etwa einen Drittel der Weltproduktion. In fast allen 21 Bundesstaaten des Landes wird Kaffee angepflanzt. Zu den grössten Produzenten zählen Parana, Espirito Santo, Bahia sowie São Paulo und Minas Gerais.

In Brasilien wachsen Catuaís, Mondo Novo etc. In den 1990ern und 2000ern wurden diese Sorten als mittelmässige Varietäten eingestuft, was nicht mehr der Fall ist. Diese Kaffees sind nicht so aromatisch wie eine Geisha, aber können dennoch über beindruckende Qualitäten verfügen.

Auf dem internationalen Markt wird der zumeist gewaschene und sonnengetrocknete Kaffee in «Brazils» und «Milds» sowie «Other Arabicas» eingeteilt. Meist wird brasilianischer Kaffee hauptsächlich für Mischungen verwendet, die feinen Plantagenkaffees für Kaffeespezialitäten.

Brasilien

 WissensPlus

Der «Cup of Excellence»-Wettbewerb sorgt mit strengen Qualitätskriterien dafür, dass mehr Spezialitätenkaffees erzeugt und die Kaffeebauern für gute Ware besser honoriert werden. Kaffees mit dem sogenannten Rio- oder Minas-Geschmack werden entweder im Land selbst verbraucht oder meist nach Osteuropa exportiert. Als Spitzensorte wird der Brasilian Fortaleza vermarktet.

💡 Als Rio-Geschmack werden harte Brasil-Kaffees besonders aus dem Raum Rio de Janeiro bezeichnet.

Ecuador

Kolumbien

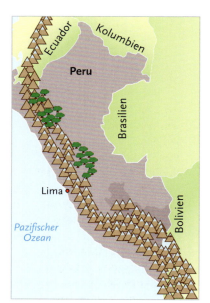
Peru

Ecuador und die Galapagosinseln

Die Kaffeebohnen weisen wenig Körper auf und werden daher meist für Mischungen verwendet. Der Duft ist intensiv, die Säure mittelmässig, der Geschmack mild und ausgewogen mit feiner Bitternote.

WissensPlus

Eine besondere Beliebtheit erlangte in den letzten Jahren die auf der Galapagosinsel San Cristóbal biologisch erzeugte Arabica-Spezialität. Die Hacienda El Cafetal erzeugt pro Jahr etwa 500 Säcke dieser aussergewöhnlichen Bourbon-Rarität.

Kolumbien

Kolumbien ist der zweitgrösste Kaffeeproduzent Südamerikas nach Brasilien und der grösste Exporteur von hochwertigen gewaschenen Arabicas, die unter «100 % Columbian Coffee» weltweit exportiert werden.

Aufgrund der mikroklimatischen Unterschiede findet man bei kolumbianischen Kaffees unterschiedlichste Nuancen in der Tasse. Der weltberühmte sortenreine (Anden-)Hochlandkaffee **«Gran Café de Caldas»** vereint in sich alle Eigenschaften, die ein exzellenter Hochländer haben sollte: ein reiches, rundes, ausgewogenes Aroma mit leicht süsslichen Nussanklängen, einen kräftigen Körper, die Säure spürbar und doch fein. Dieser Kaffee zählt zu den Spitzenqualitäten der Welt.

«Excelso» und «Supremo» haben den höchsten Aussiebungsgrad und stehen für höchste Qualität. «Columbian Grade AA» z. B. bedeutet beste Aufbereitung und geringster Fehlbohnenanteil.

Venezuela

Venezolanischer Kaffee ist unverwechselbar im Geschmack: leicht und fein mit geringer Säure. Die beste Anbauregion ist der Bundesstaat Táchira im Südwesten, mit der Spezialität «Montebello». In kleinen Plantagen werden die Arabica-Sorten Typica und Bourbon kultiviert.

Peru

Bis zu 98 % des peruanischen Kaffees werden in Waldgebieten kultiviert und zwar grösstenteils von Kleinbauern. Die besten Kaffees kommen aus Chanchamayo, Cuzco, Norte und Puno.

Ein Grossteil der Arabicas wird als «Bio-Kaffee» vermarktet. Peruanischer Kaffee ist qualitativ mit anderen mittel- oder südamerikanischen Kaffees vergleichbar.

Mexiko

Kaffees aus Mexiko zeigen viel Temperament. Schon der Duft ist würzig-forsch, der Körper hat Kraft und die Säure ist gut zu spüren. Der Geschmack ist rassig, leicht herb und eine Spur sandig, nicht sehr nachhaltig, aber harmonisch ausgewogen. Die besten Sorten sind **Tapachula** und **Huixtla** aus der Hochlandregion Chiapas. Weitere bekannte Kaffees kommen aus Coatepec, Oaxaca und Pluma. Sehr mild, leicht und harmonisch sind die länglichen Grossbohnen **Maragogype**. Mexiko zählt zu jenen Ländern, die viel Kaffee auf biologischem Weg erzeugen.

Mexiko

 WissensPlus
Organisationen wie Rainforest Alliance und Transfair sind im Land tätig.

Guatemala

Kaffees aus Guatemala zählen zu den besten der Welt. Die Produktion konzentriert sich auf die Arabica-Sorten Bourbon, Typica und Maragogype.

Ein reiches Aroma und viel Körper zeichnen diesen oft exquisiten SHB-Kaffee (strictly hard bean) aus. Die harmonische Milde mit leichten Säurespitzen macht ihn sehr angenehm und bekömmlich. Ein herausragendes Anbaugebiet an den Südhängen der Sierra Madre ist Antigua. Weitere Anbaugebiete sind Atitlan, San Marcos und Nuevo Oriente. Hier besticht neben dem vollmundigen Geschmack noch eine elegante Bitternote. Auch Kaffees rund um Cobán und aus dem Distrikt Huehuetenango sind hervorragend.

Kaffeebohnen aus Guatemala

💡 Kaffee aus Zentralamerika, z. B. aus Guatemala oder Honduras, hat kräftige Aromen nach Bitterschokolade und gerösteten Nüssen.

Honduras

Kaffees aus Honduras weisen einen kräftigen Duft auf, der oft mehr verspricht als der Geschmack hält. Der Kaffee hat eine schwache Säure, aber macht einen harmonisch-milden Gesamteindruck.

«Yoija» und «Marcala» sind die bekanntesten Sorten und werden in einer Höhe von 2000 Metern angepflanzt (SHG – Strictly High Grown).

Jamaika

Auf Jamaika werden Kaffees bester Qualität erzeugt. Jamaika ist neben Indonesien (Sulawesi) das einzige Erzeugerland, das Rohkaffee in Holzfässern exportiert.

«Jamaica Blue Mountain» ist für viele der König unter den besten Kaffees der Welt und wird zu sehr hohen Preisen gehandelt. Dieser nass aufbereitete Arabica ist blaugrün in der Farbe und wächst in Höhenlagen um 1500 bis 2100 Metern, wodurch das Wachstum der Pflanzen verlangsamt wird und die Bohnen aussergewöhnlich dicht und hart ausfallen.

Nachhaltigkeit wird immer wichtiger
In vielen Ländern Zentralamerikas und der Karibik wird verstärkt eine nachhaltige Kaffeeproduktion auf biologische und biodynamische Weise (Demeter Kaffee) betrieben.
Besonders auf den fruchtbaren Vulkanböden der mittelamerikanischen Hochebene werden hervorragende Qualitäten mit vollmundigem Geschmack erzeugt.

Puerto Rico

Zu den besten Arabica-Sorten zählen **«Yauco Selecto»** und **«Grand Lares»**. Wie für alle Kaffees von den karibischen Inseln gilt auch hier, dass sie ein intensives, fruchtiges Aroma und einen milden Geschmack aufweisen. Kaffee aus Puerto Rico wird auch in den Vatikan geliefert.

Bio-Kaffee San Antonio

Costa Rica

⚠️ Der Anbau von Robusta ist in Costa Rica verboten.

Dominikanische Republik

Die beste Anbauregion liegt im Südwesten, in Barahona. Die Kaffees, die auch als **«Santo Domingo»** bezeichnet werden, sind mild, vollmundig im Geschmack, mit feiner Säure und angenehmem Aroma. Auch die Arabica-Sorten **«Juncalito»** und **«Ocoa»** sowie **«Haitian Bleu»** liefern gute Qualitäten.

El Salvador

Hier gibt es ausgewogene milde Gewächse. Der Körper dieses Kaffees ist nicht sehr voll und seine Säure ist gering.

Eine exzellente und mildwürzige Ausnahme bildet die **Pacamara-Bohne,** eine Kreuzung aus Pacas und Maragogype. **«San Antonio»** ist ein zertifizierter biologischer Kaffee. Das Qualitätskriterium lautet: je höher die Plantage, desto besser der Kaffee.

Costa Rica

Costa Rica bietet ideale Bedingungen für den Kaffeeanbau. Umgeben von den beiden Ozeanen entwickeln die Kaffeebohnen durch die mineralreichen, vulkanischen Böden in hohen Lagen ein besonders feines und würziges Aroma. Durch das eher kühle Klima reifen die Früchte langsam, dafür perfekt heran. Ausserdem hat Costa Rica eine besonders lange Erfahrung im Umgang mit Kaffeepflanzen (mehr als 150 Jahre). **Tarrazú** und **Tres Ríos** zählen viele Kaffeekenner zu den besten Kaffees der Welt. Überragend ist die Plantage «La Minita» mit dem «La Minita Tarrazú».

Auch die praktizierte nachhaltige Anbauweise und die vorbildliche Verarbeitungsweise führen zu hervorragenden Arabica-Qualitäten. Die Kaffeeplantagen liegen in einer Höhe zwischen 1000 und 1600 Metern. Die Kaffees zeichnen sich durch intensiven Duft, rassiges Aroma und viel Körper aus. Die Säure ist ausgeprägt, aber nicht dominant, der Geschmack harmonisch.

Neben besten Qualitäten aus dem Landesinneren kommen auch minderwertige Sorten auf den Markt. Qualitätskaffee trägt die Bezeichnung SHB (Strictly Hard Bean). Dieser Kaffee wird auf Höhenlagen über 1500 Metern kultiviert.

Hawaii

Man behauptet, dass die Kaffeepflanze nirgends so ideale Wachstumsbedingungen hat wie auf Hawaii. Der exzellente Südseekaffee hat seinen gehaltvollen, schönen, fruchtigen Körper, aber nicht viel Säure. Leichte süsse Nussnoten heben den lieblichen Geschmack.

Die beste Sorte heisst Kona, sie gedeiht unter Schattenbäumen an den Hängen von Vulkanen und ist pur kaum zu bekommen. Der beste Kaffee wird als «Extra Fancy», «Fancy» und «Number One» bezeichnet. Diese Spezialität gilt als «GrandCru»-Kaffee und erhält eine Herkunftsgarantie. Er wird zu Höchstpreisen gehandelt.

Viele als «Kona» vermarktete Kaffees enthalten daher oft nur minimale Anteile von echtem hawaiianischem Kona.

Handel und Verarbeitung

 Wein setzt sich aus etwa 400 verschiedenen Aromen zusammen, beim Kaffee sind es mehr als 800. Kaffee ist damit eines der komplexesten Naturprodukte überhaupt. Die Vielfalt an Aromen in Kaffee sorgt dafür, dass guter Kaffee vielseitig und abwechslungsreich schmeckt.

Der Kaffeetransport erfolgt heutzutage mit modernsten logistischen Mitteln und wird immer noch überwiegend auf dem Wasserweg abgewickelt.

Meist erfolgt erst im Zielland die eigentliche Röstung, also die Verarbeitung des Rohkaffees. Dies erfordert Fingerspitzengefühl und viel Erfahrung, da die Bohnen in dieser Phase zu ihrem einzigartigen Geschmack kommen.

Nachdem die Kaffeebohnen getrocknet, geschält und sortiert wurden, werden sie für die Verschiffung vorbereitet.

Meine Ziele

Nach Bearbeitung dieses Kapitels kann ich
- die Verarbeitung von Rohkaffee bis zum Röstkaffee beschreiben;
- einige Röstverfahren aufzählen und erklären;
- verschiedene Verpackungsarten von Kaffee sowie deren Lagerung beschreiben;
- verschiedene Spitzenkaffees nennen.

1 Handel

Kürzlich hat Emma eine Dokumentation über Kaffeetransporte gesehen und war fasziniert, wie vielfältig die Aufgaben und Qualitätssicherungsaspekte aller Beteiligten sind.

Kaffee ist nach Erdöl das zweitwichtigste Welthandelsgut, nach Leitungswasser das zweitmeiste konsumierte Getränk und für viele Staaten die wichtigste Devisenquelle. Schätzungen zufolge verdienen weltweit etwa 250 Millionen Menschen in den Erzeuger- und Konsumländern mit dem Produkt Kaffee ihren Lebensunterhalt. 80 % des Rohkaffees weltweit werden über Schweizer Boden gehandelt.

Am Markt beteiligt sind
- Kaffeebauern
- Pflücker
- Arbeiter bei der Aufbereitung
- Dry mill/Trocknungsanlagen
- Grosshändler
- Transportwesen (mit Reedereien, Lkw etc.)
- Versicherungen
- Kaffeeindustrie/Röstereien
- Vertrieb zu Konsumenten
- Handelshäuser
- Gastronomiebetriebe

Branchenriesen dominieren den Kaffeemarkt. Doch es gibt auch alteingesessene Familienunternehmen und junge Röster, die sich mit hoher Qualität und Luxusbohnen behaupten können.

WissensPlus

Diese folgende Statistik zeigt das Ergebnis einer Befragung in der Schweiz zu den beliebtesten Kaffeemarken im Jahr 2015. Laut dieser Studie wurden die angegebenen Marken von den jeweiligen Prozentangaben der Schweizer Bevölkerung ab 14 Jahren regelmässig getrunken.

- Nespresso   31,6 %
- Chicco d'oro   14,7 %
- Nescafé Dolce Gusto   10,6 %
- Exquisito (Migros)   7,1 %
- Delizio   6,5 %
- Lavazza   6,5 %
- Jacobs Médaille d'Or   4,7 %
- M-Classic (Migros)   4,4 %
- Mastro Lorenzo   4,0 %

1.1 Abfüllung

Kaffee wird zu mehr als 95 % als Rohprodukt exportiert. Neben geringen Röstkaffee-Exporten aus Kolumbien wird löslicher Kaffee aus Brasilien exportiert.

Nach der Klassifizierung erfolgt das Abfüllen überwiegend in Jute-, Hanf- oder Sisalsäcke, für die Zwischenlagerung oder direkt zur Verschiffung. Blue Mountain Coffee aus Jamaika und Sulawesi aus Indonesien werden traditionell in Holzfässern exportiert.

💡 Das Fassungsvermögen eines Containers mit losem Schüttgut beträgt ca. 21 Tonnen. Wird derselbe Container mit Säcken befüllt, haben etwa 250 bis 275 Stück Platz, was einer Füllmenge von ca. 17 Tonnen entspricht.

1.2 Einkauf

Direkteinkäufe von grossen Kaffeeröstereien in den Exportländern sind selten. Der Einkauf erfolgt in der Regel auf zwei Wegen.

Einkauf von Kaffee	
Über Rohkaffe-Agenten	**Über Importeure**
Sie kaufen im Namen der Rösterei im Produktions- oder Exportland und sorgen für die Abwicklung des Transportes und die Versicherung.	Sie können täglich eine grosse Angebotspalette aus unterschiedlichen Kaffee produzierenden Ländern bieten.

Aus diesen Angeboten stellt der Einkäufer seine Mischungen zusammen. Daher ist es für den Einkäufer im Röstbetrieb die Möglichkeit, jederzeit aus einem breiten Angebot zu wählen, sehr wichtig. Ausnahmen bilden sortenreine Kaffeespezialitäten aus einer bestimmten Region oder Plantage.

💡 Eine Röstkaffeemischung besteht normalerweise aus drei bis sechs verschiedenen Rohkaffee-Provenienzen, die zusammen ein stets gleichbleibendes Geschmacksbild und eine kontinuierliche Qualität ergeben sollen.

1.3 Transport

Dass der Kaffee in den Exporthäfen der produzierenden Länder in Säcken direkt auf die Schiffe verladen wird, ist heute eine Ausnahme. Der Transport von Kaffeesäcken in Containern ist eine schonendere Vorgangsweise und ermöglicht ausserdem einen noch schnelleren Umschlag.

Verladung in Säcken

Der Transport in die Verbraucherländer erfolgt mit speziell klimatisierten Containern, die mit einer Feuchtigkeitsdrainage ausgestattet sind. Die ICO-Resolution mit 420 Regeln definiert, dass ein Feuchtigkeitsgehalt von 8 bis 12,5 % optimal ist. Etwa 75 Millionen Säcke Kaffee gelangen in diesen Containern in die Verbraucherländer.

ICO = «Internationale Coffee Organization».

Eine weitere Rationalisierung des Kaffeeumschlages stellt der Transport des Kaffees als **loses Schüttgut in Containern** dar (Bulkware). Rund 80 % des Kaffees werden heute als Bulkware in die Importländer verschifft. Die Reise des Kaffees von den Exportländern der verschiedenen Kontinente bis beispielsweise nach Hamburg oder Bremen dauert ungefähr drei bis sechs Wochen.

Im Zielhafen angekommen wird Rohkaffee je nach lokalen Gegebenheiten gelagert. Er bleibt entweder in den **Säcken**, die in Lagerhallen auf Paletten gestapelt werden, oder Säcke und Container werden geleert und die Kaffeebohnen in **Silos** gefüllt.

Bei Abruf durch den Verarbeitungsbetrieb wird die Ware abermals verladen und in ein weiteres Zwischenlager der Rösterei gebracht.

Der Rohkaffee wird nach der Ankunft in der Rösterei entweder in den Transportsäcken gelagert oder aus diesen geleert, gereinigt (von Holz- und Eisenteilen sowie Steinen, Staub und anderen Fremdkörpern), gewogen und in **Silozellen** zwischengelagert. Es können weitere Selektionsverfahren durchgeführt werden.

💡 Der durchschnittliche Kaffeesack wiegt 60 kg (Brasilien). Es gibt jedoch auch Kaffeesäcke mit Inhalt von 20 kg (z. B. Australien) bis 90 kg (Guyana, Guadeloupe). Die Säcke sind meist aus Jute oder Sisal. Nationale Vorschriften regeln Material und Farbkodierung und sorgen damit für eine bessere Erkennbarkeit. Es gibt auch Big Bags, Container oder die Ausnahme bei den Spezialitäten: Kaffeefässer mit einem Fassvermögen von 5, 15, 30 und 70 kg – Ursprung: Insel Guadeloupe.

➕ WissensPlus

Der gewogene Rohkaffee wird pneumatisch, mechanisch oder durch freien Fall den Röstanlagen zugeführt.

Pneumatisch = mit Luftdruck.

I Kaffee

Verarbeitung zum Röstkaffee

Rohkaffee → reinigen → Silo / Silo / Silo → rösten → Silo / Silo / Silo → mischen → mahlen / ganze Bohnen → abpacken

2 Verarbeitung

Auf dem Weg zur Arbeit geht Lukas täglich an einer Rösterei vorbei. Manchmal duftet es dort stark nach Kaffee. Leider sieht Lukas von aussen nicht, was beim Rösten geschieht.

Unter dem Begriff «Rösten» versteht man das **trockene Erhitzen des Rohkaffees,** in der Regel unter atmosphärischem Druck (Luftdruck). Das Rösten ist ein komplexer Prozess und einer der wichtigsten Schritte bei der Bohnenveredelung. Die Temperatur, Dauer der Röstung und die Bohnenqualität bestimmen den Geschmack des gerösteten Kaffees. Erst dann kommt das effektive Potenzial des Rohkaffees zur Geltung. Während des Röstprozesses werden nicht nur Aromastoffe gebildet, es finden auch strukturelle Veränderungen im Inneren der Bohne statt, die Auswirkungen auf das Mahlverhalten und die Extraktion haben.

2.1 Röstablauf

Da Kaffee ein Naturprodukt ist, vielen Einflüssen unterliegt und nicht immer in allen Sorten und Qualitäten verfügbar ist, erfordert es einiges an Röstkunst, um den Verbrauchern stets das gewohnt gleichwertige Produkt anbieten zu können.

Daher werden je nach gewünschtem Geschmack und Aroma einer Kaffeemischung die Kaffees unterschiedlicher Herkunft, Sorte und Qualität aufeinander abgestimmt **(Blending).**

Abhängig von der Philosophie der Röstereien bzw. des Röstmeisters kann diese Mischung entweder vor dem Rösten vorgenommen werden (Mischröstung/ Sturzröstung), was kostengünstiger ist.

Kaffeeröster in einem mittelständischen Betrieb

Oder sie erfolgt, nachdem jede Provenienz (Herkunft) einzeln geröstet worden ist (Einzelröstung/Provenienz-Röstung). Dieses Verfahren ermöglicht eine noch exaktere Abstimmung auf die jeweiligen Geschmacksnuancen des einzelnen Kaffees, wodurch der eigenständige Charakter jeder Sorte besonders gut zur Geltung kommt.

Sortenreine Bohnenkaffees aus bestimmten Regionen oder von Plantagen werden unvermischt als Spezialitätenkaffee (Single Origins) angeboten. Meist sind es Hochlandkaffees von ausgezeichneter Qualität und individueller Charakteristik, denen Kaffeeliebhaber und Kaffeekenner mit grosser Erwartungshaltung begegnen.

Langsam geröstete Kleinmengen entfalten ihr Aroma besser als industrielle Massenproduktion.

Proberöstung

In der Regel führt der Röstmeister vor dem eigentlichen Röstvorgang eine Proberöstung durch, bei der Röstgrad und Röstdauer (das Röstprofil) festgelegt werden. (Eine Proberöstung wird immer von jedem Rohkaffee, der neu angeliefert wird, gemacht.)

Die Proberöstung berücksichtigt nicht nur die Eigenschaft der Rohkaffeesorte. Es erfolgt auch eine Abstimmung auf die Verbrauchergewohnheiten, die kulturellen und regionalen Geschmackserwartungen sowie die spätere Zubereitungsart (Filterkaffee, Espresso). Bei dieser Verköstigung (Cupping) geht es auch darum, das Rohkaffeemuster mit dem tatsächlich gelieferten Kaffee zu vergleichen. Dies muss übereinstimmen.

Röstvorgang

Beim Erhitzen der Kaffeebohnen kommt es zu einer sichtbaren Veränderung in der chemisch-physikalischen Struktur, wodurch sich das Erscheinungsbild und der Zustand der Bohnen verändern. Dabei bauen sich manche Substanzen ab, während andere sich entwickeln und jene wesentlichen Öle freisetzen, aus denen die aromatischen Eigenschaften des Kaffees entstehen.

Die anfangs zartgrünen Kaffeebohnen werden überwiegend in 190 bis 230 °C heisser Luft geröstet und erreichen selbst eine Temperatur von 190 bis etwa 210 °C. Durch den inneren Überdruck, der durch Wasserverdampfung und Röstgase (Kohlenmonoxid und Kohlendioxid) entsteht, werden die Bohnen bis zum Ende auf etwa das Doppelte ihres ursprünglichen Volumens aufgebläht.

Ein 5-Kilogramm-Trommelröster von Probat

Ablauf des Röstvorgangs

1 Bei Temperaturen um 50 °C weisen die Rohkaffeebohnen die ersten Veränderungen ihrer Gewebsschichten auf. Zwischen 60 und 70 °C gerinnt das Eiweiss. Die Bohnen verändern ihre Farbe von Grün zu Gelb bis Gelbbraun.

2 Der eigentliche Röstvorgang beginnt bei einer Röstguttemperatur von 130 °C. Das in den Kaffeebohnen enthaltene Wasser verdampft und sie trocknen aus. Bei +/− 150 °C verfärben sich die Bohnen von Gelb und Gelbbraun zu Goldbraun, der verströmende Duft erinnert mehr und mehr an geröstetes Brot.

3 Dann beginnen die zuckerhaltigen Zellen zu karamellisieren und die Aromen bilden sich, Säuren werden abgebaut. Die Bohnenfarbe geht zu Braun über, aufgrund des Karamellisierungsprozesses und der Verkohlung der Pflanzenzellen. Zwischen 160 und 180 °C vergrössert sich das Volumen der Bohnen sichtbar und sie erhalten eine glänzend braune Oberfläche.

4 Bei Temperaturen zwischen 180 und 200 °C beginnt unter Krachen und Knacken der «first crack», die Maillard-Reaktion der Bohnen, die Phase der Zersetzung. Ausserdem löst sich in diesem Stadium das Silberhäutchen ab. Bläulicher Rauch entweicht und das charakteristische Kaffeearoma ist zu riechen. Mit zunehmender Karamellisierung entwickelt sich ein für jedes Rösten typischer Stoff, der als Assamar (Röstbitter) bezeichnet wird. Bei Temperaturen bis 230 °C erreicht die Röstung ihr optimales Niveau.

5 Der Röstvorgang endet je nach Röstprofil bei einer Röstgut-Temperatur von etwa 200 bis 230 °C, wobei der Zeitpunkt dafür von der gewünschten Farbstufe der Bohnen abhängt und sekundengenau durchgeführt wird. Um die Bohnen auf ihren Farbton zu überprüfen, werden laufend Proben entnommen. Entspricht die entnommene Probe dem vorgesehenen Farbton, wird der Röstvorgang manuell oder automatisch über eine Temperatursonde abgebrochen.

Kaffee

💡 Beim Röstvorgang werden Temperatur und Dauer ständig präzise aufeinander abgestimmt und kontrolliert.

Einfachste Kontaktröstmaschine

Gaschromatografie = mögliches Verfahren, ein Gemisch zu trennen, da die Bestandteile unterschiedliche Siedepunkte haben.

💡 Die im Kaffee enthaltenen Kohlenhydrate und Proteine, die im Zuge des Röstvorganges die sogenannten Maillard-Röstprodukte bilden, bestimmen das besondere Aroma und die spezielle Farbe des Endproduktes.

Röstkaffee auf dem Kühlsieb

⚠️ Laut Gesetz darf der Feuchtigkeitsgehalt im Röstkaffee maximal fünf Prozent betragen.

In besonders modernen Röstanlagen werden die Röstgrade mit einem **Lasergerät** bestimmt. Deshalb gibt es fast unendlich viele Röststufen.

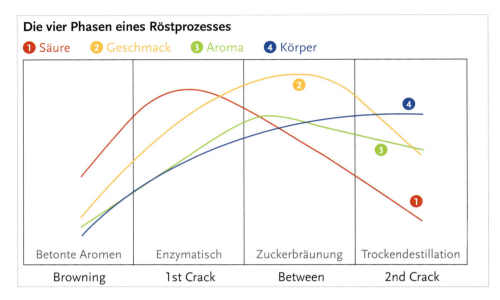

Die vier Phasen eines Röstprozesses
❶ Säure ❷ Geschmack ❸ Aroma ❹ Körper

Betonte Aromen | Enzymatisch | Zuckerbräunung | Trockendestillation
Browning | 1st Crack | Between | 2nd Crack

Neben dem auf natürliche Weise entstehenden Kohlendioxid ist die Intensität der austretenden ätherischen Öle vom Röstgrad abhängig. Bereits mehr als 800 Aromakomponenten konnten mithilfe gaschromatografischer Untersuchungen identifiziert werden.

Der Gewichtsverlust, der sogenannte Einbrand, der Rohkaffeebohnen während des Röstens beträgt je nach Wassergehalt des Rohware und Röstgrad elf bis zwanzig Prozent. Das heisst, je nach Röstung werden 110 bis 200 g organische und anorganische Bestandteile (einschliesslich Wasser) je Kilogramm Rohkaffee freigesetzt. Aufgrund des Wasserentzuges geht auch der Feuchtigkeitsgehalt von etwa zwölf auf circa ein Prozent zurück. Der Koffeingehalt wird beim Röstvorgang kaum verändert.

Kühlung des Röstgutes

Nach Ablauf des Röstprozesses wird das Röstgut direkt in ein **Kühlsieb (Kühlkammer)** geleitet. Um ein Nachrösten zu verhindern, wird in der Regel mit Kaltluft gekühlt und die Bohnen werden dabei ständig durch ein Rührwerk bewegt. Je breiter und flacher die Kühlschale, desto schneller kühlen die Kaffeebohnen ab. Nach wenigen Minuten sollten die Bohnen nur noch handwarm sein.

Zur Vorkühlung kann auch Wasser eingesetzt werden, wodurch der Röstprozess schlagartig beendet wird (meist für Industriekaffee). Die **Wasserbesprühung (Wassereinspritzung)** beschleunigt den Kühlvorgang und steigert das Gewicht des Röstkaffees, hat aber Einfluss auf die Kaffeequalität. Diese erzwungene Kühlung, die als **Quenchen** (Abschrecken) bezeichnet wird, ist notwendig, um den Röstkaffee in dem momentanen Röstzustand zu erhalten. Wasser beschleunigt den Verlust von Kohlensäure sowie der flüchtigen Aromastoffe und bewirkt eine höhere Instabilität des Kaffees. Der Kaffee gewinnt so wieder an Feuchtigkeit, die er beim Rösten gezielt verlieren soll.

Nach dem Kühlen erfolgt eine nochmalige Entsteinung/Siebung, danach das Verwiegen zur **Einbrandkontrolle** (Kontrolle des Gewichtsverlustes beim Rösten). Falls es die Qualität des Endproduktes erfordert, wird der Kaffee nochmals sortiert. Innerhalb der ersten Tage ist der Kaffee noch «scharf», während dieser Zeit ist er noch unausgewogen, da das Kohlendioxid überwiegt und den Kaffee sauer macht. Das perfekte Aroma entwickelt der Kaffee erst ab sieben Tagen.

2.2 Verschiedene Röstverfahren

Die Röstwärme kann durch Kontakt oder durch Konvektion (Heissluft) auf das Röstgut übertragen werden. In zunehmendem Masse wird in grösseren Röstereien von der Kontakt- auf Konvektionsröstung übergegangen. Als Heizmittel für die Röstung dienen Gas, Heizöl oder in seltenen Fällen elektrischer Strom.

Beim Rösten sollte ein ausgewogenes Verhältnis zwischen Säure, Körper, Bitterkeit und Süsse hergestellt werden. Bei zunehmender Dauer der Röstung sowie dunkleren Röstungen (Backen) bauen sich die Säuren auf (Essigsäure, Ameisensäure, Zitronensäure, Apfelsäure etc.), vor allem Trigonellin- und Chlorogensäure.

Auch geröstete Bohnen können beurteilt werden, z. B. ob die Farbe dunkel, mittel, hell oder blass ist. Hinsichtlich der Bohnenform unterscheidet man zwischen gleichmässig, fast gleichmässig oder ungleichmässig und die Bohnengrösse variiert zwischen gross, mittel und klein. Als Fehler gelten auch hier Häutchenreste, Beschädigungen oder die Ohrenform.

Trommelröstung (Kontaktröstung, Chargenröstung)

Bei diesem traditionellen Verfahren wird eine bestimmte Menge Rohkaffee (Charge/Portion) in einen rotierenden Zylinder (Rösttrommel) eingefüllt, der durch einen Brenner mit Gas bzw. elektrisch erhitzt wird. Bei dieser Methode ist das Röstgut direkt mit der Innenwand des Zylinders in Kontakt.

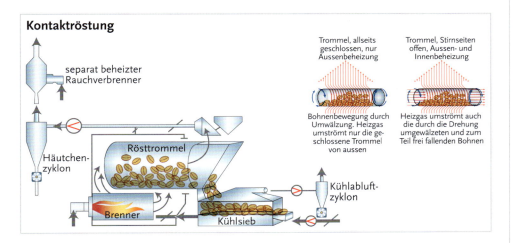

Die Röstdauer beträgt zwischen 8 und 20 Minuten bei einer Bohnentemperatur von 190 bis 230 °C. Durch ständiges Umwälzen des Röstgutes innerhalb der Trommel werden die Bohnen gleichmässig durchgeröstet. Sobald der gewünschte Röstgrad erreicht ist, werden die Bohnen direkt in das Kühlsieb entleert und abgekühlt.

Einige Gastronomiebetriebe rösten ihren Kaffee neuerdings selber, vor neugierigen Gästen. Wie bei allen Lebensmitteln können die Betriebe so den Wert ihrer Grundprodukte selbst bestimmen. Für diesen besonderen Event werden Mitarbeitende zu Röstmeistern ausgebildet.

Kontinuierliche Röstung

Bei dieser Röstung erfolgen der Transport und die Röstung des Kaffees in rotierenden Trommeln mit einem innen liegenden Transportsystem (Fliessbett).

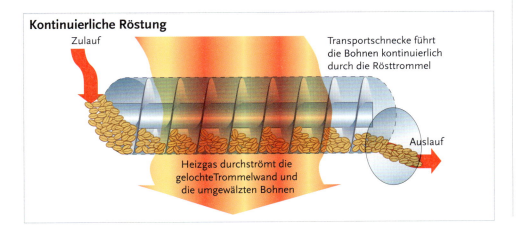

Rösttrommel für kontinuierliche Röstung

Kaffee

⚠️ Bei längeren Röstvorgängen treten teilweise Öle aus, die sich durch einen seidenen Glanz an der Bohnenoberfläche zeigen. Diese Öle sind wichtig für das Aroma des Kaffees.

💡 Die Heissluftröstung wird von vielen Grossröstereien angewendet, da es von hoher Wirtschaftlichkeit geprägt ist sowie spezifische und vor allem gleichmässige Röstzyklen garantiert.

Wussten Sie, dass ...
Bohnen von länger gerösteten Kaffee optisch kaum von schnell gerösteten zu unterscheiden sind, allerdings der Säuregehalt höher und die Aromatik nicht sehr ausgeprägt ist?

💡 Manche Röstereien stellen eine helle Zimt-Röstung her, die noch vor dem ersten Knacken der Bohnen abgebrochen wird. Dieser Kaffee enthält besonders viele Säuren.

Konvektionsröstung (Jet-Zonen-Röstung)

Bei der Konvektionsröstung werden Heissluftströme zum Rösten verwendet. Der Rohkaffee wird auf einem kontinuierlich bewegten Vibrationsband in die Röstkammer eingeführt. In die Anlage wird mittels Düsen Heissluft mit einer Temperatur von 400 bis 600 °C eingeblasen, welche die auf dem Vibrationsband frei schwebenden Bohnen umgibt. Die einzelnen Kaffeebohnen werden somit gleichmässig geröstet, da das Röstgut nicht mehr mit der Innenwand des Röstzylinders in Berührung kommt.

Heissluftröstung

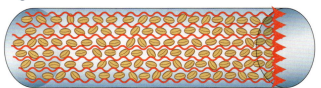

Ein Gebläse erzeugt ein schnell bewegtes Heizgas.

Dank einer technologischen Vorrichtung, mit der die Temperatur schrittweise moduliert wird, werden je nach Kaffeeherkunft oder Zubereitungsart (Filterkaffee oder Espresso) spezielle Röstkurven angefertigt. Hierbei wird durch die Umspülung des Kaffees mit direkt oder indirekt beheizter Luft die Wärmeübertragung auf das Röstgut verbessert. Der Röstvorgang ist innerhalb von eineinhalb bis drei Minuten abgeschlossen, die Röstguttemperatur kann bis zu 300 °C betragen.

Nach der Röstung kommt es zu einer Schnellabkühlung des Kaffees mit eingesprühtem Wasser («Quenching»).

Kurze Röstvorgänge verhindern die Entwicklung der flüchtigen Aromastoffe und die Verminderung der strengen, aggressiven Trigonellin- und Chlorogensäuren, die den bitteren Geschmack und die schlechte Bekömmlichkeit des Getränkes verursachen.

Da bei **Schnellröstung** nicht die feinen Fruchtsäuren, sondern die ungewollten Säuren in hohem Masse in den Bohnen verbleiben, eignen sich diese Bohnen weniger für die hochkonzentrierte Espressozubereitung. Das Getränk wirkt sauer und adstringierend im Mund. Bei **Filterbrühverfahren** merkt man den Säuregeschmack weniger intensiv.

2.3 Röststufen (Röstgrade)

Mit zunehmendem Röstgrad werden die Säuren abgebaut und die Aromen können sich vollständig entwickeln. Das unvergleichliche Aroma und der einzigartige Geschmack des Kaffees entstehen erst als Ergebnis des Röstprozesses.

Auch im gemahlenen Zustand hat eine gute Röstung die gleiche Bräune wie im Bohnenzustand. Ist der Kaffee gemahlen erkennbar heller, handelt es sich um einen Kaffee, der das Schnellröstverfahren durchlebt hat (aussen braun, innen noch roh).

Handel und Verarbeitung

Röststufe	Besonders geeignet für	Farbe, Aroma Geschmack
Cinnamon Zimt-Röstung Sehr helle Röstung	Filterkaffe Café crème	Blasses Braun, breites Aroma, mehr Säure, Fülle am Gaumen, einzelne Aromen klarer
American Light Helle Röstung Frühstücksröstung	Café crème	Kastanienfarbe, hellbraun
Wiener Röstung Mittlere Röstung	Karlsbader Methode und die Kolbenkaffeemaschine	Schöne braune Farbe, Öltröpfchen auf der Oberfläche. Der Säuregehalt hat bei der Röstung abgenommen. Der Kaffee zeigt sich leicht karamellisiert und schmeckt würzig.
French Französische Röstung Dunkle Röstung	Espressozubereitung (mild bis normal)	Kräftig dunkelbraun bis leicht schwarz, glänzend. Der Kaffee ist stärker karamellisiert und bereits etwas bitter im Geschmack. Die Säure ist gering.
Italian Italienische Röstung Espressoröstung	Espressozubereitung (kräftig für starken Espresso oder auch für die Herstellung von Latte macchiato oder Cappuccino)	Tief dunkelbraun mit starkem Glanz, wesentlich mehr Bitterstoffe und weniger Säuren, wobei die Röstung im Norden Italiens etwas heller und damit milder als im Süden ausfällt. Die Bohnen weisen viel Öl auf der Oberfläche auf. Der Kaffee schmeckt stark würzig, bitter, die Säure ist kaum spürbar.
Spanisch/Dark French Röstung unter Zuckerbeigabe	Vor allem in Spanien gebräuchlich	Der mit Zucker geröstete schwarz-matte Kaffee wird dem konventionell gerösteten (tueste natural) zu 20 bis 50 % beigemischt. Das Ergebnis wird als «mezcla» (spanisch: Mischung) bezeichnet. Eine «mezcla» 70/30 z. B. besteht aus 70 % tueste natural und 30 % café torrefacto. Diese Röstungsart reduziert Säure und Bitterkeit des Kaffees.

Café crème = 125 ml Kaffee aus der Maschine mit Milch oder Rahm im Kännchen.

Streng geheim
Viele firmenspezifische Röstungen (z. B. für Starbucks) werden wie Staatsgeheimnisse gehütet. Dabei werden genaue Aufzeichnungen über den Röstverlauf bestimmter Sorten gemacht (Röstprofile).

💡 Gut gerösteter Kaffee hat grundsätzlich eine gleichmässige Färbung, z.B. Kastanienfarbe bei der amerikanischen Röstung.

💡 Bei ganz schwarzer, matter Bohnenoberfläche heisst die sehr dunkle Röstung (bis 250 °C) Neapolitan, Dark French oder Spanish.

Gut zu wissen
Bei sehr dunklen Röstungen weichen die Säuren und machen vermehrt Bitterstoffen Platz. Der Geschmack des Kaffees ist rauchiger und bitterer, weist aber eine ausgeprägte Karamellnote auf.

3 Endverpackung

Nach dem Rösten reagiert Kaffee besonders empfindlich auf Licht, Feuchtigkeit und Sauerstoff. Um ein Oxidieren zu verhindern, ist eine rasche Abpackung wichtig, damit der Kaffee haltbar bleibt und seine organoleptischen Eigenschaften bewahrt. Käme es zu einer Oxidierung, würden die Aromastoffe und die Kaffeeöle verderben, bzw. der Kaffee schmeckt ranzig.

Der Abtransport des Kaffees läuft über mechanische oder pneumatische Fördersysteme oder durch Schwerkraft zu den Zwischenlagersilos. Je nach Verwendungszweck werden verschiedene Arten der Zwischenlagerung verwendet.

Ein 500-Gramm-Standbodenbeutel im Handel

Gattierungswaage = besondere Waage, die computergesteuert jede Sorte in der nötigen Menge zur gewünschten Mischung beifügt.

Arten der Zwischenlagerung	
Bei Einzelröstung	**Bei Mischröstung**
Jede Sorte wird in einem Zellensilo eingelagert. Aus diesen Silos können wahlweise die Packmaschine für ganze Bohnen oder auch die Mühle mit dem Vorratsbehälter nachgeschaltet werden.	Für jede Mischsorte ist die notwendige Silokapazität eingerichtet. Die Gattierungswaage und der Röstkaffeemischer mit direkter Weitergabe an die Packmaschinen für ganze Bohnen sind nachgeschaltet.

Um dem Kunden ein gleichbleibendes Produkt zu garantieren, werden verschiedene Verpackungsarten für die Haltbarkeit des Kaffees eingesetzt.

Vor dem Verpacken werden noch schlechte (Fehlbohnen) und verbrannte Bohnen aussortiert.

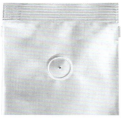

Vakuumverpackungen mit Aromaventil

💡 Besser ist es, öfter kleinere Mengen Kaffee zu kaufen als grosse Verpackungen länger geöffnet stehen zu lassen, weil das Aroma sonst verduftet. Manche schwören auf (Tief-)Kühlung zum Qualitätserhalt, was jedoch die bei Espresso vermehrt vorhandenen Öle schlecht vertragen.

Verpackung	Verwendung	Haltbarkeit
Vakuumverpackungen mit Aromaventil	Sie werden bevorzugt, da sich nach dem Verpacken Kohlendioxid verbreitet und durch das Ventil die Gase ausströmen können, ohne dass Luft von aussen eindringt.	Vakuumverpackungen garantieren eine Haltbarkeit bis zu 18 Monate.
Gasdichtes Wachspapier	Es ist eine preisgünstige Transportverpackung; meist in Kaffeefilialen in Verwendung.	Nur für den baldigen Verbrauch geeignet.
Folien-Vakuumverpackungen	Sie finden bei gemahlenem Kaffee Verwendung. Der Kaffee wird unter Vakuum versiegelt.	
Begaste Folienverpackung	Hier wird die Luft gegen Schutzgas (Stickstoff) ausgetauscht.	
Kombination von Vakuum und Begasung (Überdruckverfahren)	Dieses Verfahren wird bei der Befüllung von Kaffeeaufsatzbehältern (Dosen) für Espressomaschinen eingesetzt, wobei die Restluft in der Dose unter Druck durch Gase wie Stickstoff ersetzt wird. Diese ungiftigen, geschmacks- und geruchsneutralen Gase verlangsamen enzymatische oder bakterielle Prozesse (Oxidation des Kaffees).	Während der ersten Tage nach der Röstung und Abpackung schmeckt der Kaffee noch unharmonisch, erst danach entfaltet er sich ausgewogen. Eine Frische von drei Jahren wird garantiert.

Egal in welcher Verpackung Kaffee gekauft wird: Nach dem Öffnen muss er angenehm duften und im wahrsten Sinne des Wortes seine Schokoladenseite präsentieren. Anderenfalls ist er überaltert und riecht möglicherweise gar nicht mehr oder sogar schon ranzig.

Firmengründer FRANCESCO ILLY erfand 1935 das schonende Überdruckverfahren. Bei diesem Verfahren steigt die Qualität des Röstkaffees während der Lagerung (wie bei einem guten Wein), da sich die flüchtigen Aromen untrennbar mit den Ölen des gerösteten Kaffees verbinden, der so sein Aroma in der Tasse besser entfaltet.

4 Spitzensorten

Lukas hat gehört, dass es Kaffeebohnen geben soll, die von einem Tier gefressen und wieder ausgeschieden worden sind ...

Spitzenkaffees kommen aus allen Teilen der Welt und entstehen durch die einzigartigen Umweltbedingungen in bestimmten Regionen. Sie müssen jedoch auf ihrem Weg in die Tasse auch entsprechend sorgsam behandelt werden. So wird aus aussergewöhnlich gutem Grundmaterial durch hochqualitative Verarbeitung ein Kaffee der Spitzenklasse, der entsprechend rar und teuer ist. Nachfolgend sind einige Topprodukte alphabetisch angeführt.

Aged Sumatra

Als Rohkaffee wird der Aged Sumatra ca. drei Jahre gelagert, bevor er zum Verkauf kommt. Der Kaffee hat kaum Säure, ist besonders weich und leicht süsslich.

Äthiopischer Waldkaffee

Der Kaffee kommt aus den Wäldern Äthiopiens und stammt von Wildpflanzen. Er besticht mit vollmundigen Aromen, frischer, feiner Säure, Fruchtigkeit und ist ideal für die Filterzubereitung.

Brasilian Fortaleza

Fortaleza liegt im Nordosten Brasiliens, wo Kaffee in gemässigten Höhen bis 500 Meter gedeiht. Die Früchte reifen schneller als in der Hochebene, die Bohnen entwickeln kaum Säure. Das besondere Schokoladenaroma bildet oft die Basis von Espressomischungen.

Galapagos-Kaffee

Von der unter Naturschutz stehenden Galapagosinsel San Cristóbal kommt dieser rein biologische Kaffee. Der Kaffee schmeckt sehr gehaltvoll und weist eine feine Säure auf. Die Plantagenfläche von ca. 200 Hektar darf nicht erweitert werden.

Äthiopische Kaffeewälder mit noch wild wachsendem Kaffee gibt es z. B. in den Harenna-Bergwäldern im Nationalpark Bale, 350 km südlich von Addis Abeba. Gesammelt wird eine in 1800 m Höhe gedeihende Arabica-Sorte mit aussergewöhnlichen geschmacklichen Eigenschaften.

💡 70–75 % Anteil am Welthandel haben die Arabica-Bohnen.

Geisha

Die Pflanze kommt aus dem Ort Geisha im Südwesten Äthiopiens und wird derzeit erfolgreich von der Haszienda Esmeralda in Panama angepflanzt. Geisha hat ein komplexes, intensives Geschmacksprofil nach exotischen Früchten und leichte Süsse im Abgang. Mittlerweile zählt der Single-Farm-Kaffee «Hacienda la Esmeralda Auction-Coffee» aus reinsortigen Geisha-Bohnen für Kaffeeliebhaber zu den begehrtesten und teuersten Kultkaffees der Welt.

Hawaii Kona Extra Fancy

Hawaii Kona Extra Fancy gehört zur Spitzenklasse aller Kaffees. Er wächst im Westen der Inseln an Vulkanhängen. Die Bohnen sind meist perfekt ebenmässig geformt. Der Kaffee hat ein immens komplexes Aroma.

Indian Monsooned Malabar

Der Rohkaffee wird in überdachten, aber offenen Hallen von Juni bis September den Monsunwinden mit all ihrer Feuchtigkeit ausgesetzt. Er erzeugt bei der Espressozubereitung eine dichte, intensive Crema. Der Kaffee schmeckt leicht würzig mit schokoladigen Aromen und hat wenig Säure.

Jamaica Blue Mountain

Der Jamaica Blue Mountain ist ein Kultkaffee, der zu den teuersten der Welt gehört (140–180 CHF/kg). Der Kaffee wächst in absoluter Höhenlage an den Hängen der oft nebelverhangenen Blue Mountains auf Jamaika in einem Gebiet von 6000 Hektar.

Die Erzeugung ist aufgrund der Anbauhöhe sehr aufwendig. Das Hochlandklima und der säurehaltige Boden lassen die Arabica-Bohnen statt der üblichen sechs Monate bis zu zehn Monate reifen. Dadurch gedeihen grosse, feste und gehaltvolle Bohnen.

Jamaica Blue Mountain Kaffeefass

💡 **Wussten Sie, dass ...**
das britische Königshaus ebenso wie James Bond in IAN FLEMINGS Romanen Jamaica Blue Mountain trinken?

 WissensPlus

Die handverlesenen Bohnen sind gleichmässig voll und kräftig. Unvergleichlich ist das fruchtig-blumige Aroma, es ist leicht süsslich mit zarter Säure. Seine komplexe Fülle verträgt eine höhere Dosierung. Er bleibt lange am Gaumen und befriedigt höchste Ansprüche.

Kenia AA

In den Hochebenen von Kenia (1000–2000 m ü. M.) wachsen Arabicas mit einzigartigem fruchtigem Aroma und sanfter angenehmer Säure, die nicht für Espresso, dafür umso besser für Handfilter geeignet sind.

Kopi Luwak

Kopi Luwak ist der ausgefallenste und seltenste Kaffee der Welt. Jährlich werden ca. 250 kg auf Java verkauft. Die reifen Früchte werden von der Palmzibetkatze gefressen, welche die Kaffeebohnen wieder ausscheidet. Im Verdauungstrakt der Tiere werden die Bohnen auf natürliche Art fermentiert. Das Ergebnis ist eine Sorte, die pro Kilogramm 1000 US-Dollar kostet.

Der berühmte Kopi-Luwak-Kaffee wird direkt in Indonesien geröstet und verarbeitet. Er schmeckt süss nach Schokolade mit erdigen Untertönen. Die bedeutendsten Abnehmerländer sind die USA, Deutschland, Frankreich, Japan und Italien.

Kopi Luwak: der wahre Katzenkaffee

Maragogype

Die grössten aller Kaffeebohnen, auch Elefantenbohnen genannt, eignen sich besonders für Handfilter. Die Bohnen wachsen im Hochland von Mexiko, Nicaragua, Kolumbien und Guatemala. Die Sorte wurde nach ihrem Entdeckungsort im Norden Brasiliens benannt. Maragogype schmeckt sanft und mild mit nussig-süsser Note.

> Mittlerweile lassen auch andere Staaten ihre Kaffeekirschen «organisch» fermentieren: in Brasilien z. B. durch Vögel für den «Jacu Bird Coffee» oder in Vietnam durch Wiesel oder Schweine.

Sulawesi Toraja, Kopi Tongkonan

Auf der Inselgruppe Sulawesi in Indonesien ernten Familien des Toraja-Stammes den Kaffee in ihren Gärten. Für diese Spezialität werden vollreife Kaffeekirschen einzeln gepflückt, in Holzfässer gefüllt und mit frischem Quellwasser aufgegossen. Dann wird das Fruchtfleisch vorsichtig mit einem Stössel entfernt, die Bohnen gewaschen und unter ständigem Wenden bis zu vier Wochen in der Sonne getrocknet. Die Pergamenthaut wird schliesslich händisch entfernt.

 WissensPlus

Viele Händler und Röster halten den Sulawesi Toraja für den besten Kaffee der Welt. Er schmeckt kräftig-herb nach Bitterschokolade und leicht nussig-rauchig. Nur fehlerlose Bohnen werden in kleine Baumwollsäckchen gefüllt und für den Export in kleine bemalte Holzfässer gepackt.

Kopi Tongkonan Kaffeefässer

Worm Bitten Menados

In Indonesien werden die rohen Bohnen für diesen Kaffee in humusreicher Erde vergraben, damit die Säure abgebaut wird. Auch Würmer knabbern gerne an diesen Bohnen. Der fertige Kaffee schmeckt ziemlich bitter und würzig-erdig.

Kaffee und seine Wirkung

«Die beste Methode, das Leben angenehm zu verbringen, ist, guten Kaffee zu trinken. Und wenn man keinen haben kann, so soll man versuchen, so heiter und gelassen zu sein, als hätte man guten Kaffee getrunken.»
JONATHAN SWIFT

Die chemischen Bestandteile des Kaffees wirken nicht nur innerlich, sondern auch äusserlich angewandt, z. B. in Kosmetikprodukten oder als Dünger im Blumenbeet.

Gesunde können laut Ernährungswissenschaft drei bis fünf Tassen Kaffee pro Tag geniessen. Bei moderatem Genuss überwiegen die positiven Aspekte. Prinzipiell wirkt sich Kaffee stimulierend auf Herz, Kreislauf, Leber, Nieren, Magen und Darm aus.

 Meine Ziele

Nach Bearbeitung dieses Kapitels kann ich
- Inhaltsstoffe des Kaffees aufführen;
- die Bestandteile und ihren Anteil in Prozenten bewerten;
- die Wirkung dieser Stoffe beschreiben;
- den Koffeingehalt von verschiedenen Getränken vergleichen;
- einem Gast im Verkaufsgespräche Vor- und Nachteile von Kaffee und seiner Wirkung anhand von wissenschaftlichen Daten erläutern.

1 Inhaltsstoffe

Welche Aussagen sind Ihrer Meinung nach richtig?	Richtig	Falsch
Keine zwei Kaffeesorten sind identisch.	☐	☐
Kaffee ist kalorienfrei.	☐	☐
Espresso hat einen niedrigeren Fettgehalt als ein mit der French-Press-Methode zubereiteter Kaffee.	☐	☐
Durch den Röstvorgang reduziert sich der Wasseranteil in der Kaffeebohne auf 1 bis 2 %.	☐	☐
Die Säuren im Kaffee beeinflussen sein Aroma.	☐	☐
Der Koffeingehalt ist bei allen Sorten gleich.	☐	☐

Der deutsche Chemiker FERDINAND RUNGE isolierte auf Anregung von GOETHE bereits 1820 das Koffein aus Kaffeebohnen.

Die chemische Zusammensetzung von Kaffee ist äusserst komplex und hängt von einer Vielzahl von Faktoren ab, z.B.:
- Sorte und Varietät
- Anbaugebiet
- Klima
- Boden
- Reifedauer
- Aufbereitung
- Lagerung
- Alter der Rohware
- Transport
- Röstung etc.

Keine zwei Kaffeesorten sind identisch. Der aussergewöhnliche Geschmack und seine belebende Wirkung haben früh die Neugierde und den Forscherdrang der Menschen geweckt.

Im Folgenden sind die wichtigsten Inhaltsstoffe, ihre Anteile und Eigenschaften beschrieben.

Besuchen Sie folgende Website und erfahren Sie mehr über die Wirkungen von Kaffee auf die Gesundheit:
links.renovium.ch/wirkungen

Je nachdem, ob die Anteile in der Rohware, im Röstprodukt oder in der Tasse gemessen werden, kommt es zu unterschiedlichen Werten.

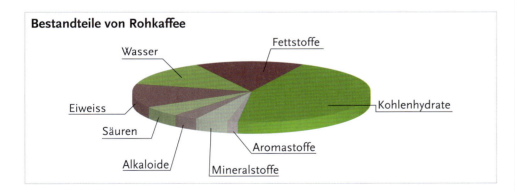

Bestandteile von Rohkaffee: Wasser, Fettstoffe, Eiweiss, Säuren, Alkaloide, Mineralstoffe, Aromastoffe, Kohlenhydrate

Die Inhaltsstoffe des Kaffees wirken auch äusserlich belebend: entschlackendes Kaffeepeeling gegen Cellulitis.

Kohlenhydrate

Der Anteil der Kohlenhydrate (Stärke) im Kaffee beträgt zwischen 30 und 40 %. Sie bestehen überwiegend aus wasserunlöslichen und -löslichen Vielfachzuckern sowie zu einem kleineren Teil aus Zuckern wie Saccharose (Rohr- und Rübenzucker), Glucose (Traubenzucker), Fructose (Fruchtzucker) und Arabinose.

Arabinose = ist ein natürlich vorkommender Einfachzucker.

💡 **Wussten Sie, dass Kaffee keine Kalorien enthält?**

Mit zunehmendem Röstgrad werden die Kohlenhydrate stark verändert. Entweder werden sie in andere Verbindungen umgewandelt oder sie verschwinden fast völlig wie die oben erwähnten Zuckerstoffe.

Die Zellwandsubstanzen der Kaffeebohne bestehen aus wasserunlöslichen Polysacchariden. Sie bleiben beim Aufguss des Getränkes als Kaffeesatz zurück.

> **Ist Kaffee giftig?**
> Wenn stärkehaltige Lebensmittel wie Kaffee starker Hitze ausgesetzt werden (Rösten), bildet sich **Acrylamid**. Dieser giftige Stoff steht unter Verdacht, das Erbgut zu verändern und Krebs auszulösen. Deshalb wird der Wert in den betroffenen Lebensmitteln von staatlicher Seite regelmässig kontrolliert.

💡 **Fettgehalt im Kaffee**
Espresso wird mit feinem gemahlenem Kaffee und einem höheren Druck zubereitet. So hat ein Espresso einen höheren Fettgehalt als ein mit der French-Press-Methode zubereiteter Kaffee.

Fettstoffe (Lipide)

Der Gesamtgehalt an Fettstoffen (Lipide bzw. Kaffeeöle) im Rohkaffee beträgt etwa 10 bis 13 %. Arabica-Kaffee enthält mehr Kaffeeöle als Robusta-Kaffee.

Die Lipide befinden sich hauptsächlich in den Zellen der Bohne, ein kleiner Teil überzieht als feine Wachsschicht die Oberfläche der Bohne.

> **WissensPlus**
> Die Substanzen nehmen beim Rösten kaum ab, sodass ihr prozentualer Anteil angesichts des Einbrandverlustes im Röstkaffee steigt. Die Fettstoffe sind kaum wasserlöslich und verbleiben grossteils im Kaffeesud.

Einbrandverlust bezeichnet den Gewichtsverlust beim Rösten.

Wasser

Der Wassergehalt im Rohkaffee beträgt etwa 12 %. Durch den Röstvorgang reduziert sich der Wasseranteil vorübergehend auf 1 bis 2 %. Nach dem Röstvorgang steigt der Feuchtigkeitsgehalt leicht an, darf aber den gesetzlich festgelegten Grenzwert von maximal 5 % nicht überschreiten.

Wie viel Wasser nach dem Röstprozess in der Bohne verbleibt, hängt von verschiedenen Faktoren ab: neben der Röstzeit und dem Röstgrad ist auch die Wassermenge entscheidend, die zur schnelleren Unterbrechung des Prozesses (Quenchen = Abschrecken, siehe S. 54) zugegeben wird.

Eiweissstoffe

Der natürliche Eiweiss- oder Proteingehalt im Rohkaffee liegt bei etwa 11 %. Durch den Röstprozess werden die Eiweissstoffe fast vollständig abgebaut und zusammen mit Kohlenhydraten und den Chlorogensäuren zu **Bräunungsprodukten** (Braunfärbung der Bohnen) umgewandelt.

Säuren

Der Gesamtgehalt aller Säuren (Chlorogen-, Zitronen-, Apfel-, Essig-, China-, Milch- und Ameisensäure sowie Kahweol und Cafestol) im Rohkaffee liegt zwischen 4 und 5 %. Die Säure ist ein wichtiges Geschmackskriterium bei der Beurteilung von Kaffee.

Kahweol und **Cafestol**, zwei chemische Verbindungen, die positiven Einfluss auf den Fettstoffwechsel der Leber nehmen.

Besonders die Chlorogensäuren, die verschiedenste biologische Effekte in unserem Körper bewirken (z. B. sind sie als Antioxidantien bekannt), machen schon die zu Pulver vermahlenen grünen Kaffeebohnen wertvoll.

Antioxidantien = Stoffe, die (meist unerwünschte) Oxidationsvorgänge in unserem Körper unterbinden und damit verbundene Krankheitsfolgen verhindern können.

Die **Chlorogensäure** nimmt von allen Säuren den höchsten Anteil ein. Diese für den Kaffee charakteristische Säure wird im Röstprozess je nach Röstgrad und Röstzeit um 30 bis 70 % abgebaut. Die Arabica-Sorten weisen niedrigere Chlorogensäurewerte auf als die Robustas.

Gewaschene Kaffees weisen in der Regel feinere Säuren auf als trocken aufbereitete.

Der Säuregehalt und seine Zusammensetzung beeinflusst neben der Farbe auch die Geschmacks- und Aromabildung im Kaffee. Zu viele Säuren schaden dem Aroma, vor allem, wenn der Kaffee zu lange warm gehalten wird. Wenn der pH-Wert sinkt, schmeckt der Kaffee zu sauer und bitter.

💡 Zu hohe Säurewerte können bei empfindlichen Personen Magenschmerzen und Sodbrennen hervorrufen. Dies kann bei einer unvollständigen, einer sehr hellen Röstung oder bei einem Schnellröstverfahren auftreten.

Laboranalysen: Prof. Leopold Edelbauer (Institut für Kaffee-Experten-Ausbildung)

Methoden der Kaffeezubereitung	Robusta-Sorten		Arabica-Sorten	
	Koffein	Chlorogensäure	Koffein	Chlorogensäure
Türkische Methode	2168 mg/l	876 mg/l	1187 mg/l	611 mg/l
Espresso-Methode	2308 mg/l	596 mg/l	921 mg/l	447 mg/l
Karlsbader Methode	1941 mg/l	592 mg/l	867 mg/l	422 mg/l

Alkaloide – Koffein

Koffein ist das mengenmässig wichtigste Alkaloid in Kaffee. Obwohl Koffein weitgehend thermisch stabil ist, nimmt der Gehalt während des Röstprozesses leicht ab, da Koffein ab einer Temperatur von 178 °C sublimiert.

Der Koffeingehalt variiert im Rohkaffee je nach Sorte zwischen etwa 0,9 % und 3,2 %. Er verändert sich durch den Röstvorgang nur geringfügig.

Zu den Alkaloiden gehören auch das **Trigonellin** und die **Nicotinsäure (Niacin)**. Trigonellin wird beim Rösten bis zu 75 % abgebaut. Niacin wirkt als Vitamin im menschlichen Organismus. So enthält eine Tasse Kaffee etwa einen Zehntel des Tagesbedarfs eines Erwachsenen an Niacin. Theobromin und Theophyllin sind im Kaffee ebenfalls in Spuren vorhanden.

Der Anteil der Chlorogensäure im Kaffee ist verantwortlich für die harntreibende Wirkung. Der Körper kann sich darauf einstellen und einen andauernden Flüssigkeitsverlust stoppen. Vier bis fünf Tassen Kaffee pro Tag verteilt wirken demnach nicht entwässernder als dieselbe Menge Wasser.

Alkaloide sind stickstoffhaltige Natursubstanzen mit anregender Wirkung, die in bestimmten Pflanzengattungen vorkommen wie z. B. in Nachtschatten- und Hahnenfussgewächsen.

Sublimieren = der direkte Übergang eines Stoffes vom festen in den gasförmigen Zustand.

Trigonellin (Caffearin) ist eine chemische Substanz, die unter anderem Ausgangsstoff für Vitamin B3 ist.

Mineralstoffe

Der Gehalt an Mineralstoffen im Rohkaffee beträgt rund 4 % und variiert je nach Anbaugebiet und Sorte.

Etwa 90 % der Mineralstoffe bleiben im Getränk erhalten. Den grössten Anteil hat Kalium, gefolgt von Kalzium, Magnesium und Phosphor als Phosphat. Fast alle Mineralstoffe sind in Spuren vorhanden. Die im Kaffee äusserst niedrigen Gehalte an Schwermetallen oder sonstigen Rückständen sind kaum nachweisbar.

Aromastoffe

Mit einem Gehalt von bis zu 0,1 % flüchtigen Aromastoffen ist Röstkaffee eines der aromareichsten Lebensmittel. Seit über 150 Jahren versuchen Forscher, die Strukturen der flüchtigen, für das Aroma verantwortlichen Verbindungen zu definieren. Somit ist Kaffee hinsichtlich der Aromen eines der bestuntersuchten Lebensmittel.

Aromen bilden sich erst durch den Röstprozess und werden durch das Mahlen der Bohnen und Aufbrühen freigesetzt. Die Geruchs- und Geschmacksstoffe, die in der Summe das Aroma bilden, machen die Einzigartigkeit des Kaffees aus.

💡 Erst die Hitze des Röstvorganges kann die Vielfalt der Aromen freisetzen.

WissensPlus

Bis dato sind mehr als 1000 flüchtige Verbindungen (ätherische Öle) des Röstkaffees entdeckt worden. Es bleiben aber noch einige hundert Stoffe zu erforschen. Der typische Kaffeegeruch lässt sich nicht auf einen einzelnen Aromastoff zurückführen. Für das charakteristische Kaffeearoma sind 34 davon verantwortlich. Es ist bis heute nicht gelungen, das Kaffeearoma künstlich zu erzeugen.

2 Wirkung von Kaffee

«Jetzt brauche ich aber eine Tasse Kaffee, sonst schlafe ich noch ein» – gibt es diese vom Kaffee erhoffte Wirkung?

Die Röstung spielt eine wichtige Rolle für die später vorhandenen Inhaltsstoffe und deren Wirkung. Aber auch andere Faktoren haben einen Einfluss. So ändert sich die Wirkung des Kaffees je nach Zubereitungsart. Prinzipiell regt er schwarz und ohne Zucker getrunken die Verdauungssäfte an (idealer Abschluss nach einem Essen).

Kaffee gilt oft als typischer «Muntermacher».

Muntermacher

Schon der Duft des frisch gebrühten Kaffees wirkt auf viele stimulierend. Kaffee gilt als Muntermacher. Der vielzitierte Koffeingehalt ändert sich je nach Zubereitungsart durch die Kontaktdauer des Wassers mit dem Pulver. Im Milchkaffee oder Cappuccino ist etwas weniger Koffein als im schwarzen Filterkaffee, weil sich das Koffein nur in Wasser vollständig auflöst.

💡 Koffein ist ein Purin-Alkaloid mit anregender Wirkung auf das Zentralnervensystem. Zu grosse Mengen führen zu körperlichen Beschwerden wie Zittern, Unruhe, Schlaflosigkeit, Herzklopfen, Schweissausbrüchen.

Koffein ist auch in anderen Naturprodukten (Tee, Kakao, Kolanüssen, Guarana oder Mate) enthalten. Wie spürbar und schnell seine anregende Wirkung eintritt, hängt vom Koffeingehalt im Produkt sowie der Zusammensetzung der Nahrungsmittel ab.

Koffeinanteile in Kaffeegetränken und anderen Produkten

Getränk (Menge)	Durchschnittlicher Koffeingehalt
1 Tasse (125 ml) Bohnenkaffee, im Filteraufgussverfahren gebrüht	80–130 mg
1 Espresso (25 ml)	25–30 mg
1 Tasse (125 ml) löslicher Kaffee	60–100 mg
1 Tasse (125 ml) entkoffeinierter Kaffee	1–4 mg
1 Tasse (125 ml) Tee, drei Minuten gezogen	20–50 mg
1 Tasse (150 ml) Kakao	2–6 mg
1 Dose (250 ml) Energy-Drink	80 mg
1 Glas (250 ml) koffeinhaltige Erfrischungsgetränke, inklusive Cola	17–63 mg
1 Tafel (150 g) dunkle Schokolade	15–115 mg
1 Tablette Schmerzmittel	30–100 mg

Das Koffein regt das zentrale Nervensystem an und setzt im Körper verschiedene Reaktionen in Gang. Es kommt zur Verlängerung der Aktivitätsphase in den Nervenzellen. Dieser Effekt bewirkt eine grössere Wachheit und erhöht zeitweise die Konzentration und Aufmerksamkeit. Darüber hinaus beschleunigt das Koffein den Stoffwechsel sowie die Verbrennung von Kalorien.

Koffein benötigt zwischen 30 und 45 Minuten, um in den Blutkreislauf zu gelangen. Über diesen wird es im Körper verteilt, bevor es schliesslich mit dem Urin wieder ausgeschieden wird. Der **Aufputscheffekt** von Koffein im Körper hält zwischen eineinhalb bis fünf Stunden an. Normalerweise wird Kaffee schnell vom Körper aufgenommen und wieder langsam abgebaut.

Höher dosiert hat Koffein auch einen **Einfluss auf das Herz-Kreislauf-System.** Durch die Einnahme von Koffein schlägt das Herz häufiger und kräftiger, wodurch sich der **Puls** und der **Blutdruck** erhöhen. Die Blutdrucksteigerung ist allerdings nur minimal und tritt vor allem bei Personen auf, die nicht an Koffein gewöhnt sind.

WissensPlus

Zu viel Koffein wirkt sich negativ aufs Nervensystem aus. Mögliche Folgen sind Schlafstörungen, Reizbarkeit und Unruhe. Wie Koffein etwa den Schlaf beeinflusst, ist von Mensch zu Mensch unterschiedlich.

«Doktor» Kaffee

Kaffee weckt die Sinne, den Körper und den Geist. Neueren Erkenntnissen zufolge nützt Kaffee auch der Gesundheit.

Koffein spielt wie schon erwähnt eine wichtige Rolle bei der Steigerung der geistigen und körperlichen Leistung. Seit den 1990er-Jahren wenden sich die Wissenschaftler mehr und mehr auch den anderen Bestandteilen des Kaffees zu: Kaffee steckt beispielsweise voller heilsamer Antioxidantien, die bekanntermassen helfen, unseren Körper vor freien Radikalen zu schützen.

⚠️ Die nachlassende Leistungsfähigkeit nach Alkoholgenuss kann durch Kaffeetrinken nicht ausgeglichen werden. Im Gegenteil, denn Kaffee konserviert den Alkohol im Blut. Die konsumierten Promille können also durch Kaffee nicht «weggetrunken» werden.

Muntermacher Kaffee?
Für die Entspannung in der Nervenzelle ist eine Substanz namens **Adenosin** verantwortlich: Wer müde ist, produziert mehr von diesem Stoff. Koffein vermindert die Wirksamkeit des Adenosins in der Zelle. Dadurch geht die Aktionsphase weiter, der natürliche Ruhe-Impuls bleibt zunächst aus. Da sich der Körper mit der Zeit an das Koffein gewöhnt, schwächt sich der anregende Effekt jedoch ab. Man sollte mit Kaffee nicht zu oft den Schlaf hinauszögern, da Ruhe und Entspannung für ein produktives Leben wichtig sind.

💡 Kaffee hat wie Alkohol eine beschleunigende Wirkung auf den Organismus, was z. B. bei Allergikern mit einer Nussallergie beim Konsum einer Tasse Kaffee mit einer Nusstorte fatal sein kann.

Regelmässiger Kaffeekonsum in einer moderaten Menge (drei bis maximal fünf Tassen am Tag) kann z. B. gegen Hautprobleme helfen und soll langfristig sogar den Blutdruck, aber auch das Risiko für Gehirntumore oder Lebererkrankungen senken.

⚠️ Während im gefilterten Kaffee die Fettstoffe Cafestol und Kahweol (siehe S. 65) so gut wie nicht vorkommen, bleiben sie in ungefiltertem Kaffee erhalten und können im Körper zu einem kurzzeitigen Anstieg des Cholesterinwertes führen.

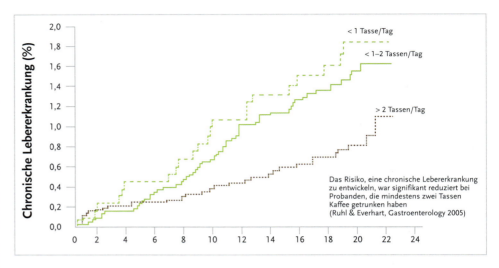

Das Risiko, eine chronische Lebererkrankung zu entwickeln, war signifikant reduziert bei Probanden, die mindestens zwei Tassen Kaffee getrunken haben (Ruhl & Everhart, Gastroenterology 2005)

WHO = World Health Organisation.

Laut WHO kann Kaffee in gemässigten Mengen im Zusammenspiel mit abwechslungsreicher, ausgeglichener Ernährung zur Gesundheit und zum allgemeinen Wohlbefinden beitragen.

Ist Kaffee ein Flüssigkeitsräuber?
Übrigens: Kaffee darf zur sogenannten Flüssigkeitsbilanz – jeder Mensch soll pro Tag etwa zwei Liter Flüssigkeit zu sich nehmen – hinzugerechnet werden. Als Durstlöscher ist er aber aufgrund der anregenden Wirkung des Koffeins auf Herz und Kreislauf nicht geeignet.

💡 Kaffee regt den Darm und somit die Verdauung an.

Kaffeeprodukte und ihre Zubereitung

Ob beim Anbau, bei der Ernte, der Aufbereitung, beim Rösten oder beim Mahlen: Kaffee ist enorm vielseitig.

Aber auch die Zubereitung des Getränks lässt unterschiedlichen Spielraum zu die Qualitäten und Aromen von Kaffee zu präsentieren. Moderne oder traditionelle Zubereitung ist für den Barista das tägliche Handwerk, welches mit viel Routine perfektioniert wird.

 Meine Ziele

Nach Bearbeitung dieses Kapitels kann ich
- verschiedene Kaffeeprodukte und deren Zubereitung und Ersatzstoffe erläutern;
- darüber Auskunft geben, welche Faktoren das fertige Kaffeegetränk beeinflussen;
- die wichtigsten Faktoren einer Zubereitungsart erläutern und deren Auswirkung kennen;
- den Einfluss der Wasserhärte erläutern;
- verschiedene Zubereitungsverfahren definieren;
- diverse Maschinen für die Kaffeezubereitung aufzählen und anwenden;
- Unterschiede der einzelnen europäischen Kaffeekulturen aufzählen und deren Spezialitäten herstellen.

1 Einkauf und Lagerung von Kaffee

Kaffee ist in unterschiedlichen Preis- und Qualitätsstufen im Handel erhältlich. Beim Einkauf von Kaffee sollte nicht der Preis, sondern die Qualität im Vordergrund stehen. Je nach Verwendungszweck und Zubereitungsart (Filterkaffee, AeroPress, Kaffee oder Espresso aus dem Siebträger) bieten die Röstereien verschiedene **Blends und Single Origins** (siehe S. 71) mit unterschiedlichen Röstprofilen an.

Um mit möglichst frischem Kaffee arbeiten zu können, sollte der **Einkauf auf den Verbrauch abgestimmt** werden. Auch die Vorratsbehälter der Kaffeemaschinen sind nur mit der Menge aufzufüllen, die in den nächsten Stunden verbraucht wird. Optimal ist es, jede Portion direkt vor der Zubereitung frisch zu mahlen. Hierfür gibt es sogenannte Grind-on-Demand-Mühlen, welche die benötigte Portion frisch mahlen.

Kaffee darf nicht mit Sauerstoff, Feuchtigkeit, Wärme und Licht in Kontakt kommen. Deshalb sollte Kaffee unbedingt **gut verschlossen, kühl** (10–18 °C), **lichtgeschützt** und **trocken** gelagert werden.

> **Some like it hot – aber nicht Kaffee**
> Wird Kaffee zu warm gelagert oder liegt er z. B. beim Einkauf im Auto in der Sonne, verändern sich die Fette in der Bohne. Die Fette verflüssigen sich, dringen durch die Zellwände, bilden eine glänzende Schichte und lassen wertvolle Aromen frei. Im Lager, bei kühleren Temperaturen, wandelt sich diese Schichte zu einer klebrigen Konsistenz, die wiederum die gemahlenen Kaffeepartikel beeinflusst, was zu einem ungleichmässigen Durchfluss bei der Extraktion führt.

Bei der Verwendung von Vorratsdosen ist darauf zu achten, dass der Kaffee (gemahlen oder ungemahlen) nicht lose eingefüllt, sondern mit der aromasicheren Originalpackung in der Dose aufbewahrt wird. Im Kontakt mit Sauerstoff beginnen beim Umfüllen die im Kaffee enthaltenen Öle, Fette und Wachse zu oxidieren und das Aroma geht verloren. Zudem werden Fette sowie ätherische Öle, die sich am Rand der Dose absetzen, im Laufe der Zeit ranzig und beeinflussen den Geschmack des Kaffees negativ.

Wie lange ist Kaffee haltbar?

Generell gilt, dass Bohnenkaffee nicht länger als zwei Wochen und gemahlener Kaffee höchstens eine Woche im angebrochenen Zustand aufbewahrt werden sollte. Unverschlossener gemahlener Kaffee verliert innerhalb von 15 Minuten 80 % seiner Aromen. Es ist also immens wichtig, dass gemahlener Kaffee entweder sofort verbraucht oder luftdicht verschlossen wird.

Eine **Mindesthaltbarkeit für die ungeöffnete Originalpackung** ist auf jeder Verpackung angegeben. In den Aromaschutz- bzw. Vakuumverpackungen kann Kaffee heutzutage über Monate bedenkenlos gelagert werden.

Grind-on-Demand-Mühlen = direkte Ausgabe des Kaffeemehls in den Siebträger der Maschine («Mahlen nach Bedarf»).

⚠️ Gemahlener Kaffee nimmt rasch Fremdgerüche an.

2 Kaffeeprodukte und Ersatzstoffe

Als Emma klein war, hat sie ihren Getreidekaffee besonders gern mit viel warmer Milch getrunken. Zählt dieses Getränk zu den richtigen Kaffees?

2.1 Sortenreine Kaffees (Single Origins)

Wie der Name schon sagt, stammt sortenreiner Kaffee aus einem bestimmten geografischen Kaffeeanbaugebiet. Der Kaffee kommt meist aus einer speziellen Region, Plantage/Finca oder einer bestimmten Gemeinde. Die angebauten Sorten müssen von hoher Qualität sein. Dementsprechend befinden sich die Preise im oberen Segment.

Sortenreine Kaffees werden oftmals von der **CoE (Cup of Excellence)** bewertet und erhalten dadurch einen höheren Handelspreis. Jeder Kaffee hat sein eigenes Aroma – abhängig vom Land, der Region, der Bodenbeschaffenheit, Aufbereitung, Röstung und der Zubereitung.

Sortenreine Spezialitäten-Kaffees

Sortenreine Kaffees sind anspruchsvoll in der Zubereitung und erfordern Fachwissen. Sie müssen auf den Punkt genau extrahiert werden, damit die gewünschten Aromen zum Vorschein kommen.

2.2 Kaffeemischungen (Blends)

Im Englischen werden Kaffeemischungen als **«Blend»** bezeichnet. Die wichtigsten Geschmacksmerkmale wie Aromen, Säure, Fülle, Körper und Balance, die beim Rösten erreicht werden und beim Verkosten harmonieren sollten, besitzt selten eine einzelne Kaffeesorte, deshalb mischt man verschiedene Sorten. Das Mischen kann dazu dienen, den Kaffee runder zu machen. Hierzu werden Kaffees ausgewählt, die sich gut ergänzen und geschmacklich eine harmonische Mischung ergeben.

Üblicherweise sind in einem Blend auch Kaffeebohnen verschiedener Röstgrade enthalten. Dies ist jedoch nur der Fall, wenn die einzelnen Sorten separat geröstet wurden. Wird vor der Röstung geblendet, haben die Bohnen plus/minus die gleiche Röstfarbe, vorausgesetzt alle Rohkaffees haben denselben Screen.

💡 Milde Kaffeesorten kommen vor allem aus Kolumbien und Brasilien.

2.3 Naturmilder Kaffee

Naturmilder Kaffee sollte nicht mit Schonkaffee verwechselt werden. Der milde Kaffee wurde weder einer Entkoffeinierung noch einer speziellen magenfreundlichen Verarbeitung unterzogen.

Der Begriff ist auf die **Verwendung von ausschliesslich hochwertigem säurearmen Rohkaffee** zurückzuführen, der vorwiegend aus Brasilien, Kolumbien oder der Dominikanischen Republik kommt. Der Begriff «mild» bezieht sich nicht nur auf die Bekömmlichkeit, sondern auch auf den Geschmackseindruck.

> **Beispiel**
> Der bekannteste säurearme Kaffee kommt aus Indien. Der Arabica Monsooned Malabar besticht durch eine satte Crema und einen kraftvollen Geschmack.

Neben den klassischen Aufbereitungsarten stellt das sogenannte **Monsooning** eine weitere Aufbereitungsart dar. Der Rohkaffee wird nach der Ernte als Pergamino in Lagerhäusern zur Trocknung den feuchten Monsunwinden ausgesetzt. Dabei quellen die Rohkaffeebohnen langsam auf und verändern ihre Farbe und ihre Eigenschaften, die später nach der Röstung den einzigartigen Geschmack der Kaffeespezialität «India Monsooned Malabar» ausmachen.

Nicht jeder verträgt Kaffee

Bei manchen Konsumenten treten nach dem Genuss von Kaffee Beschwerden wie z. B. Sodbrennen oder Völlegefühl auf.

2.4 Schonkaffee

Schonkaffees sind speziell behandelte Kaffees. Der Gehalt an bestimmten Inhaltsstoffen wird durch besondere Bearbeitungsverfahren vermindert, um die **Bekömmlichkeit** für Konsumenten zu verbessern.

Bereits um 1930 wurde festgestellt, dass Kaffee für empfindliche Personen bekömmlicher wird, wenn er vor dem Rösten nach dem sogenannten «Lendrich-Verfahren» mit Wasserdampf behandelt wird. Verschiedene Herstellerfirmen haben weitere Verfahren zur **Minderung von Säuren und Reizstoffen** entwickelt.

Schonkaffes gliedern sich in zwei Gruppen

Koffeinhaltige Schonkaffees	Entkoffeinierte Schonkaffees
Sie sind vor allem für viele magen-, galle- und leberempfindliche Konsumenten bekömmlicher.	Sie sind für viele herz- und kreislaufempfindliche Personen verträglicher.

> **Beispiele: Verfahren zur Sicherstellung der besseren Verträglichkeit des Kaffees**
> - Durch mechanischen Abrieb (zusätzliche Reinigung des Rohkaffees) werden das Silberhäutchen und die dünne Wachsschicht, welche die Kaffeebohnen umgeben, entfernt.
> - Der Rohkaffee wird mit Wasserdampf bearbeitet. Druck, Temperatur und Feuchtigkeit bewirken eine gewisse Veränderung der Rohkaffee-Inhaltsstoffe, speziell der Kohlenhydrate und Proteine. Daraus ergibt sich ein Säureabbau und -umbau.
> - Zeit und Rösttemperatur werden beim Röstvorgang verändert. Dadurch wird die Zusammensetzung des Röstkaffees beeinflusst, es weden z. B. Säuren abgebaut. Der mildere Geschmack wird als bekömmlicher empfunden.

2.5 Entkoffeinierter Kaffee

Für Personen, die empfindlich auf Koffein reagieren, aber nicht auf Kaffee verzichten wollen, ist entkoffeinierter Kaffee eine Alternative.

Kaffeeprodukte und ihre Zubereitung

Der Rohkaffee wird zuerst bedampft, um die Bohnenoberfläche und Zellstruktur für das kristalline Koffein durchlässig zu machen. Das Koffein wird mit Wasserdampf bzw. wässrigem Kaffee-Extrakt oder mit bestimmten **Extraktionsmitteln** (Kohlendioxid, Essigester, Dichlormethan, Ethylacetat) aus den rohen Kaffeebohnen teilweise oder fast ganz herausgelöst.

Die Extraktion des Koffeins ist kein chemischer Prozess, sondern ein physikalischer Vorgang. Es wird nichts umgewandelt.

Das Extraktionsmittel nimmt nur das Koffein aus der Rohbohne auf. Ist es mit Koffein gesättigt, wird es in einem weiteren Schritt von dem aufgenommenen Koffein befreit. Nun kann das Mittel weiterverwendet werden, bis fast das gesamte Koffein aus den Bohnen entfernt ist. Durch diesen Prozess verliert der Kaffee etwas an Aroma. Aromatisch gesehen schmeckt koffeinhaltiger Kaffee intensiver als entkoffeinierter Kaffee.

Schema der Entkoffeinierung

- Rohkaffee
- Dämpfen des Rohkaffees
- Extraktion des Koffeins → Extraktionsmittel mit Koffein → Trennung des Koffeins vom Extraktionsmittel ← Extraktionsmittel
- Dämpfen des entkoffeinierten Rohkaffees
- Trocknen des entkoffeinierten Rohkaffees
- entkoffeinierter Rohkaffee

- Reinigung des Rohkoffeins
- Trocknen des Rohkoffeins
- Rohkoffein

Die Bohnen werden erst nach einem Trocknungsprozess geröstet. Die Entkoffeinierungsmethoden müssen den EU-Vorschriften entsprechen, der Restkoffeingehalt im Rohkaffee darf höchstens 0,1 % pro kg Rohkaffee in der Trockenmasse betragen.

WissensPlus

Brasilianischen Wissenschaftlern ist es gelungen, eine **koffeinfreie Kaffeepflanze** zu züchten. Die äthiopische Pflanze gehört zu den Arabicas.

Seit 1987 wird in São Paulo an einem Projekt zur Koffeinreduzierung geforscht.

Von mehr als 3000 untersuchten Pflanzen wurden drei Pflanzen gefunden, die einen Koffeingehalt von 0,76 Milligramm pro Gramm Trockengewicht aufwiesen. Zum Vergleich: Die Arabica-Varietät «Mundo Novo» enthält 12 Milligramm.

Die neue Arabica-Pflanze heisst **«Alcides Carvalho» (AC),** benannt nach einem brasilianischen Wissenschaftler und wird unter der Bezeichnung AC1, AC2, AC3 geführt. Die Pflanze muss nicht genetisch verändert werden, um einen geringeren Koffeingehalt zu besitzen. Sie lässt sich auch mit anderen gängigen Pflanzen kreuzen, wodurch eine weitere Verbreitung möglich ist. Laut den Forschern fehlt der Pflanze ein Enzym, das für die Koffeinproduktion entscheidend ist.

I Kaffee

Instantkaffee gibt es als Granulat oder als Pulver.

Incarom Original: 1 TL (4,5 gr) ergibt eine Tasse Kaffee (1,5 dl).

💡 Wasserlösliche Kaffeekonzentrate gibt es mittlerweile in Topqualität, was sich für Gastronomiebetriebe vor allem bei Catering- oder Bankettaufgaben positiv auswirkt auf Maschinen, Transport, Flexibilität, Personalschulung und Reinigung.

2.6 Löslicher Kaffee (Schnell- oder Instantkaffee)

Schon früh kam die Idee auf, Kaffee zu destillieren, um ihn damit **länger halt- und lagerbar** zu machen. Rekordernten in Brasilien und die Wirtschaftskrise Anfang des vorigen Jahrhunderts verdeutlichten die Notwendigkeit. Um die Preise zu halten, wurden erhebliche Mengen Rohkaffee vernichtet.

Um künftige Überschüsse nicht mehr entsorgen zu müssen, suchte man Wege, Kaffeebohnen haltbarer zu machen. Die Idee entstand 1901 in Chicago. Industriell umgesetzt wurde die Methode ab 1938 durch die Schweizer Firma Nestlé. Die Methode ermöglichte, in ernteleichen Jahren den Wertverlust durch nicht verkauften Kaffee zu mindern, da der Überschuss über längere Zeit haltbar gemacht werden konnte.

Löslicher Kaffee wird aus grobkörnig gemahlenem Röstkaffee gewonnen, der mit heissem (nicht mehr kochendem) Wasser zu einem Extrakt aufbereitet und einem Trocknungsverfahren unterzogen wird. Durch das Aufbrühen werden alle wertvollen Inhaltsstoffe wie Geschmacks-, Aroma- und Farbstoffe aus dem Kaffeesatz herausgelöst. Diese sammeln sich in einem starken, dickflüssigen Kaffee-Aufguss, dem Kaffee-Extrakt, oder werden extra gesammelt (Sprühtrocknung). Durch die Trocknung des Kaffee-Extrakts entsteht löslicher Bohnenkaffee, wobei es zwei unterschiedliche Trocknungsverfahren gibt.

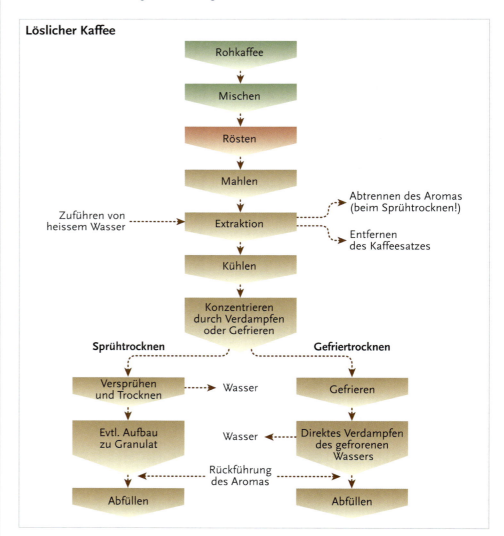

Trocknungsverfahren für löslichen Kaffee

Sprühtrocknung (älteres Verfahren)

Beim Sprühtrocknen werden dem Kaffee-Extrakt zuerst die Aromastoffe entzogen.

Das so aufbereitete Extrakt wird mittels Heissluftstrom in einen bis zu 30 Meter hohen Trockenturm gespritzt und dabei fein zerstäubt. Während des Absinkens trocknen die einzelnen Partikel fast vollständig aus und fallen als feine Hohlkügelchen auf den Boden des Turms. Durch Verdichtung entsteht löslicher Kaffee in körniger Form.

Dem Pulver werden am Ende des Verfahrens die Aromastoffe wieder beigegeben.

Weltweit wird für die meisten löslichen Bohnenkaffees die Sprühtrocknung verwendet.

Gefriertrocknung (modernes, produktschonendes Verfahren)

Bei der Gefriertrocknung wird das Kaffee-Extrakt aufgeschäumt und sekundenschnell auf minus 40 °C tiefgefroren.

Die körnige Schicht wird in winzige Pailletten (Eisplättchen) zermahlen und die Eiskristalle werden bei niedriger Temperatur in der Vakuumkammer verdampft. Durch das Vakuum sinkt der Siedepunkt des Wassers so weit, dass es verdunstet. Das Endergebnis ist löslicher Kaffee in fester Aggregatform.

Der Vorteil dieses Verfahrens ist, dass die Aromastoffe grossteils unbeschadet im Ausgangsprodukt verbleiben.

Die kostenintensivere, aromaschonende Gefriertrocknung bleibt den besonders hochwertigen Sorten vorbehalten.

> ⚠️ Instantkaffees mit verschiedenen Geschmackszusätzen müssen als «Kaffeegetränke» bezeichnet werden.

Aggregatform bzw. -zustand = physikalischer Zustand von Stoffen, z. B. fest, flüssig, gasförmig.

Anschliessend wird das aus dem sprüh- oder gefriergetrockneten Verfahren gewonnene Pulver gesiebt, um die Verpackungsgläser jeweils mit der gleichen Korngrösse zu befüllen. Aufgrund der schnellen Zubereitung, guten Haltbarkeit und den vielseitigen Anwendungsmöglichkeiten erweitert löslicher Kaffee das Kaffeeangebot.

2.7 Kaffee-Ersatzmittel

Während des Kaffeeverbotes von 1780 in Preussen und NAPOLEONS Kontinentalsperre gegen England 1808 wurden Alternativen zum Bohnenkaffee gesucht. Als Kaffee-Ersatzmittel und Kaffeezusätze bezeichnet man heisse pulverförmige Aufgussgetränke, deren Zutaten wie Kaffeebohnen aufbereitet oder behandelt werden und die in Farbe und Geschmack Bohnenkaffee ähneln.

Die Rohprodukte, die zum Ersatz von Kaffeebohne verwendeten werden, sind aus stärke-, melasse- oder zuckerhaltigen Pflanzenteilen. Sie enthalten kein Koffein.

> ⚠️ Wird in der Gastronomie angebotener Kaffee auf der Speisekarte als solcher bezeichnet, muss er aus Kaffeebohnen hergestellt sein.

Zichorienkaffee wird aus den Wurzeln der Wegwarte hergestellt.

Als Kaffee-Ersatzmittel entstehen Röstprodukte aus:
- Feigen (Feigenkaffee)
- Zichorien (Zichorienkaffee)
- Gerstenmalz
- Roggenmalz (Malzkaffee)
- Eicheln

Beim Verwenden von Kaffee-Ersatzmitteln müssen diese gemäss Lebensmittelverordnung entsprechend deklariert/ausgewiesen werden.

Flüssiges Kaffee-Extrakt darf gebrannte oder ungebrannte Zuckerarten bis zu höchstens zwölf Massenprozent enthalten. Diese müssen mit entsprechenden Hinweisen ausgewiesen werden, z. B. «mit Zucker geröstet». Werden andere Zuckerarten verwendet, so müssen diese ebenfalls angegeben werden. Verwendet man flüssiges Zichorien-Extrakt, darf der Anteil an Zuckerarten bis zu 35 Massenprozent sein.

2.8 Aromatisierte Kaffees

Seit jeher werden Kaffees in den Ursprungsländern mit Kardamom und anderen Gewürzen verfeinert. Aber auch hier in Europa sind aromatisierte Kaffees gefragt. Das Aromatisieren kann auf zwei Arten geschehen.

Aromatisierung von Kaffee	
Besprühen mit Aromen	**Beimengung von Aromen**
Die Bohnen werden unmittelbar nach dem Rösten mit natürlichen oder naturidentischen Aromen besprüht. Die geschmackliche Qualität des Basiskaffees bleibt dadurch enthalten.	Der zubereitete Kaffee wird mit zusätzlichen Aromen verfeinert, z. B. mit Vanille, Haselnuss, Amaretto, Schokolade, Irisch Cream, Grand Marnier, Schoko-Minze, Orangen, Chili.

💡 Auf der Karte dürfen aromatisierte Kaffees als «Kaffee mit ...geschmack» oder als «Kaffee mit ... aromatisiert» angeboten werden.

WissensPlus
Die Methode mit der Beimengung von Aromen eignet sich vor allem für Cappuccinos oder Latte-Zubereitungen, bei denen sich das Aroma in Verbindung mit der Milch gut entfalten kann. Aber auch Espressozubereitungen können aromatisiert werden.

2.9 Portionenkaffee, Kaffeepads und -kapseln

Portionskaffeemaschinen mit Einzel- bzw. Doppelportionierung arbeiten mit sogenannten **Kaffeepads oder -kapseln.** Die charakteristische Eigenschaft der Portionskaffeemaschine ist eine sehr **einfache Bedienung.**

Bei **Pads** ist die Kaffeemenge für eine Portion eingeschweisst.

💡 Kaffeepads müssen in einer ausgespülten und gut getrockneten Dose aufbewahrt werden.

Kaffeeprodukte und ihre Zubereitung

Manche Pads können in verschiedenen Geräten verwendet werden, andere nur in einem bestimmten Trägersystem.

Softpads, die lose, nicht einzeln aromageschützt verpackt sind, sollten ähnlich wie Kaffeepulver aufbewahrt werden, da die Filterumhüllung das Aroma nur in geringem Ausmass konserviert. Die einfachste Variante ist, die wieder verschliessbaren Aromaverpackungen der Herstellerfirmen zu benutzen. Alternativ kommen luftdichte und lichtundurchlässige Gefässe in Betracht. Auch Blechdosen können verwendet werden, da es nur zu geringen Ablagerungen von ätherischen Ölen an den Dosenrändern kommt.

Kaffeekapseln sind Einwegprodukte, die in Portionskaffeemaschinen zum Einsatz kommen. In der Regel handelt es sich um eine Portionsverpackung mit Kaffeepulver für eine Tasse Kaffee/Espresso.

 WissensPlus

Die Firma Nestlé entwickelte das Nespresso-System, das 1976 patentiert und ab 1986 auf dem Markt eingeführt wurde. 1991 hat Nestlé das System mit dem Maschinenhersteller Krups weiterentwickelt. Nespresso hatte im Jahr 2000 seinen Durchbruch.

Inzwischen haben Kaffeekapseln nicht nur im privaten Haushalt, sondern auch in Büros, Hotelzimmern sowie in Konferenz- und Besprechungsräumen Einzug gehalten. Wer ein Kapselsystem in Erwägung zieht, sollte den täglichen Kaffeekonsum berücksichtigen. Der Preis für ein Kilo Kaffee in Taps/Pads oder Kapseln liegt – je nach Sorte – umgerechnet bei 60 bis 80 Franken. Hochwertige Kaffeebohnen für traditionelle Maschinen sind bereits für ein Drittel oder gar ein Viertel dieses Preises erhältlich.

Die Kaffeekapseln bestehen heute aus einem immer wieder recycelbaren Aluminium oder aus einem Biokunststoff, dessen Bestandteile überwiegend aus nachwachsenden Rohstoffen kommen. Die Kaffeekapseln sind mit unterschiedlichen Kaffeemischungen gefüllt (Single Origin, Blends oder mit Aromen versetzte Kaffees).

Bei einem Kaffeekonsum von mehreren Tassen pro Tag ist die Zubereitung mit Vollautomaten kostengünstiger, da Kapseln, Pads bzw. Tabs bis zu 80 Franken pro Kilogramm Kaffee kosten.

Kaffeekapsel- und Padsysteme sind aufgrund der einfachen Handhabung sehr beliebt.

3 Zubereitungsarten

Filterkaffee, Espressomaschinen, spezielle Geräte aus Italien oder der Türkei – Robert findet die Kaffeezubereitung sehr vielfältig und möchte gerne über Vor- und Nachteile bzw. Besonderheiten Bescheid wissen.

Die ersten Kaffeetrinker waren die Araber, die den Bohnentrank aus frisch über dem Feuer gerösteten Kaffeebohnen, die anschliessend in Mörsern zerstampft und mit kochendem Wasser übergossen wurden, herstellten.

3.1 Faktoren, die den Kaffee beeinflussen

Wie Kaffee heutzutage zubereitet und getrunken wird, unterscheidet sich von Verbraucherland zu Verbraucherland. Folgende Faktoren haben Einfluss auf den Kaffee:
- Mahlgrad
- Kaffeemenge
- Wasser (Qualität, Menge, Temperatur, Druck)
- Anpressdruck beim Tampen
- Kaffeesorte (Arabica, Robusta, Blend)
- Röstgrad
- Mühlenart
- Alter des Kaffees (Produktionsdatum)
- Screengrösse
- Aufbereitungsmethode
- Zubereitungsmethode (Vollautomat, Siebträger, Filter)

Mahlung (Mahlgrad)

Der Mahlvorgang hat einen grossen Einfluss auf die Kaffee-Extraktion. Wesentlich dabei ist, möglichst gleiche Partikel (Teilchen) zu erzielen.

> **Mahlvorgang**
> - **Kegelmühle:** Durch Druck wird das Mahlgut in kleinere Teile gebrochen. Das Mahlen öffnet die Zellen der Bohnen und setzt die Inhaltsstoffe frei, die sich so später im heissen Wasser lösen und ihre Aromen entfalten.
> - **Scheibenmühle:** Die Teile werden durch die scharfen Kanten der Mahlscheiben zu feinen Schichten abgeschabt.

Gleichmässig gemahlener sowie komprimierter Kaffee bietet dem Wasser grösseren Widerstand und es können mehr Inhaltsstoffe herausgelöst werden.

Sind die Mahlscheiben bzw. Messerkanten stumpf, werden die Bohnen nicht mehr gebrochen bzw. geschabt, sondern gequetscht. Dadurch entstehen grössere Pulverkrumen, wodurch das Wasser bei der Extraktion ungleich und schneller durchfliessen kann.

Zubereitung von türkischem Kaffee

💡 Wichtige Grundvoraussetzungen vor der Kaffee-Zubereitung:
- Qualität des Rohkaffees
- Mischung der Rohkaffeesorten
- Art und Intensität der Röstung
- Verpackung und Lagerung

Frisch gemahlener Kaffee in einem Siebträger

Der Mahlgrad muss auf die Art der Kaffeezubereitung (Extraktionsmethode) abgestimmt sein. Das entscheidende Merkmal dabei ist die Durchlässigkeit des Kaffeepulvers. Bei den Filtermethoden sollte die **Kontaktzeit** von Wasser und Pulver je nach Methode ca. 2:30 bis 4:00 Minuten betragen. Für die Zubereitung eines kleinen Espressos ist eine Kontaktzeit von 25 Sekunden (+/− 5 Sekunden) bei 25 ml Kaffee (+/− 2,5 ml) vorgesehen.

Bei **zu fein gemahlenem Kaffee** verlängert sich die Kontaktzeit und es werden mehr Koffein, Chlorogensäure, Bitter- und Röststoffe ausgelaugt. Bei **zu grober Mahlung** schmeckt der Kaffee dünn und leer. Im diesem Fall ist die Kontaktzeit zu kurz und die Geschmacks- und Aromastoffe können nicht extrahiert werden.

💡 Läuft ein Espresso in weniger als 20 Sekunden durch die Maschine, muss der Kaffee feiner gemahlen werden. Braucht er länger als 30 Sekunden, benötigt man gröberes Kaffeepulver.

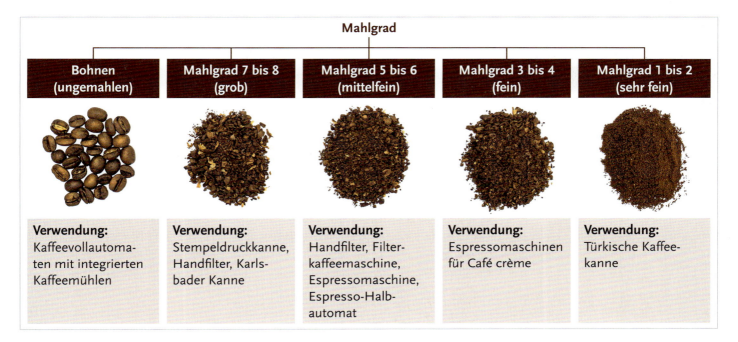

Die Mahlung sollte erst unmittelbar vor der Zubereitung stattfinden und der Mahlvorgang muss schonend durchgeführt werden. Wird eine Temperatur von 40 °C überschritten, verflüchtigen sich Aromen und ätherische Öle. Überhitzt die Mühle, gerät die Zusammensetzung der Proteine (Eiweissstoffe) aus dem Gleichgewicht und das Resultat ist ein bitterer Kaffee mit unangenehmem Geruch.

> **Vorbrühen oder Preinfusion**
> Damit wird das Befeuchten des Kaffeemehls vor der eigentlichen Extraktion bezeichnet, wobei das Pulver aufquillt und eine stabilere Masse bildet. Vorgebrühtes Kaffeepulver gibt die Aromastoffe bei der Extraktion besser frei.

Bei Filtermethoden ist ein sogenanntes Blooming von ca. 25 Sekunden üblich. Bei Vollautomaten und Siebträgern wird der Kaffee je nach Einstellung und Präferenzen des Baristas gemahlen.

💡 Gemahlener Kaffee ist stark **hygroskopisch** (feuchtigkeitsanziehend) und verliert seine Aromastoffe etwa 50-mal schneller als ganze Bohnen.

Blooming = das trockene Kaffeepulver mit wenig Wasser aufgiessen (anfeuchten) und ca. 25 Sekunden ziehen lassen. Der Kaffee «blüht» auf (blooming) und intensiviert den Kaffeegeschmack.

Kaffeemenge

Zubereitungsart und subjektives Empfinden (kräftiger oder schwacher Geschmack) bestimmen die Kaffeemenge. Die Pulvermenge ist nicht nur entscheidend für den Geschmack, sondern auch für die Bekömmlichkeit des Kaffees.

Bei zu hoher oder zu niedriger Dosierung verlängert oder verkürzt sich die Kontaktzeit von Wasser und Kaffee und es entsteht trotz guter Kaffeequalität, Röstung und Mahlgrad ein Getränk, das entweder bitter schmeckt oder wenig Aroma besitzt.

> Für einen Liter Filterkaffee werden etwa 60 Gramm Kaffee verwendet, für eine Tasse Espresso etwa sieben bis acht Gramm.

Wasser

Jede Tasse Kaffee besteht zu mehr als 98 % aus Wasser, deshalb hat die Wasserqualität einen wesentlichen Einfluss auf das Endprodukt. Ideal für Kaffee wäre ein weiches, neutrales frisches Quellwasser. Auswirkungen auf den Geschmack des Kaffees haben in diesem Zusammenhang
- der Härtegrad und
- der pH-Wert.

> Die ideale Wasserhärte für Kaffee liegt bei sechs bis acht Grad deutsche Härte oder 10 bis 15 Grad französische Härte.

Je mehr Kalzium Wasser enthält, desto härter ist es. Die härtebildenden Mineralstoffe und Salze im Wasser bilden mit dem nicht oder schwer löslichen Chlor und Sulfat einen bestimmten Nebengeschmack.

Härte des Wassers nach französischen Härtegraden

0–7 °fH	sehr weich
7–15 °fH	weich
15–25 °fH	mittelhart
25–32 °fH	ziemlich hart
32–42+ °fH	sehr hart

Umrechnungsformel Deutsche HG – Französische HG
1 °dH = 1,78 °fH
oder: 1 °fH = 0,56 °dH

Wasserhärte (gemessen in °dH = Grad deutscher Härte)	
0–4 °dH	sehr weich
4–8 °dH	weich
8–12 °dH	mittelhart
12–18 °dH	ziemlich hart
18–30 °dH	hart
über 30 °dH	sehr hart

Mineralstoffe und Salze bilden den **pH-Wert des Wassers.** Bei weichem Wasser liegt der pH-Wert eher im sauren Bereich, hartes Wasser hat eher basischen Charakter.

pH-Wert = Messwert für einen sauren oder basischen Zustand. Der pH-Wert 7 ist neutral.

Wasserhärte	Charakter	Wirkung
Weiches Wasser	eher saurer, niedriger pH-Wert	Betont die Säure des Kaffees.
Hartes Wasser	eher basisch, hoher pH-Wert	Extrahiert nicht so gut. Die feinen Fruchtsäuren (besonders bei Arabica-Sorten) werden neutralisiert, dem Kaffee fehlen Aroma und Geschmacksfülle. Er wirkt fad, aber auch schnell bitter.

Für die Kaffeezubereitung sollte immer frisches Wasser mit einem pH-Wert von 7,0 und einer Gesamthärte (Karbonathärte und Nichtkarbonathärte) von 8 °dH verwendet werden.

> ⚠ Vor Inbetriebnahme der Kaffeemaschine muss die Wasserqualität überprüft und ein entsprechendes Filtersystem eingesetzt werden.

 WissensPlus

Hartes Wasser führt auch zu **Kalkablagerungen** in den wasserführenden Teilen der Kaffeemaschinen. Je nach Wasserbeschaffenheit bzw. Problemstellung werden entweder Enthärtungsanlagen (Ionenaustauscher) oder Filtertechniken (Membran, Aktivkohlefilter) eingesetzt.

Funktion des Wasserenthärters (Ionenaustauscher)

Enthärter (älteres Verfahren)	Im Enthärter befinden sich synthetische Harze, die den Kalk des Wassers binden. Dies geschieht durch einen Austausch zwischen den Kalk- und Magnesiumionen des Wassers und den Natriumionen der Harze. Durch diese chemische Reaktion werden Kalzium und Magnesium mit den Harzen gebunden, sodass sich trotz der hohen Wassertemperatur kein Kalksteinbelag im Druckkessel und in den Leitungen bildet. Je nach Wasserverbrauch und Wasserhärte müssen in regelmässigen Zeitabständen die gesättigten Harze regeneriert werden. Dazu wird Kochsalz (Natriumchlorid) im Enthärtungswasser gelöst (Sole), die Harze mit Wasser gespült und der Enthärter kann wieder weiter betrieben werden.
Automatische Enthärter (modernes Verfahren)	Heute werden vorwiegend automatische Enthärter eingesetzt, die den Waschzyklus automatisch steuern, wobei das harte, kalkhaltige Wasser ein Austauschermaterial in Lebensmittelqualität durchströmt. Dabei wird der Kalk im Ionenaustausch-Verfahren dem Wasser entzogen und an das Austauschermaterial gebunden. Das so gewonnene «0 °dH-Wasser» wird mit hartem Wasser auf die gewünschte ideale Wasserhärte vermischt. Ist die Kapazität des Austauschermateriales erschöpft, wird es mit einer geringen Menge Kochsalzlösung reaktiviert und anschliessend gespült. Die Regeneration läuft isoliert von der Trinkwasserversorgung ab – Salzlösung und Trinkwasser kommen nicht miteinander in Berührung. Auch während der kurzen Regenerationszeit ist die Wasserversorgung über einen «Bypass» (also eine Umgehung) sichergestellt.

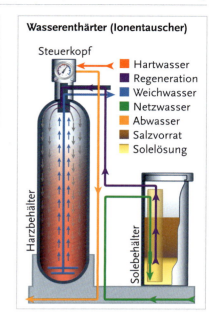

Wasserenthärter (Ionentauscher)

💡 Das Ionenaustausch-Verfahren ist ein Prinzip, das sich seit Jahrzehnten weltweit bewährt.

Die Temperatur des Wassers, das mit dem gemahlenen Kaffee beim Brühvorgang in Berührung kommt, sollte nicht über 95 °C liegen oder gar kochen. Der Siedepunkt darf nicht überschritten werden.

Neuartige Tischwasserfilter mit Magnesium entziehen dem Wasser unerwünschte Stoffe und reichern es mit Magnesium an, damit das Kaffeemehl besser aufquillt, sich das Aroma verstärkt und die Crema optimiert wird.

WissensPlus

Je nach Lage des Ortes (m ü. M.), an dem die Kaffeemaschine steht, reduziert sich der Siedepunkt um 0,5 °C pro 100 m Meereshöhe. Das heisst, in 600 m Höhe ist der Siedepunkt bereits bei 97 °C erreicht. Auf dem Mount Everest siedet das Wasser aufgrund der Höhe und eines Luftdrucks von 0,326 bar bereits bei 71 °C.

💡 Kaffee (speziell Arabica-Sorten mit feiner Fruchtsäure) wie eine Maracaturra kann man mit bis 98 °C heissem Wasser brühen. Wenn das Wasser zu kalt ist (um 80 °C), reagiert der Kaffee – im wahrsten Sinne des Wortes – sauer.

3.2 Zubereitungsverfahren und deren Maschinen

Fachlich unterscheidet man zwei Arten von Kaffeezubereitung.

Arten der Kaffeezubereitung	
Kaffee (kochen) erhitzen	**Kaffee zubereiten**
Kaffeepulver und Wasser werden gemeinsam erhitzt.	Zuerst wird das Wasser erhitzt und dann über das Kaffeepulver gegossen. Das Wasser darf maximal 96 °C haben.
Beispiel Türkische Methode	**Beispiele** Filter- und Espressomaschinen

Beide Methoden der Kaffeezubereitung beeinflussen das Kaffeegetränk.

Filterkaffee-Zubereitung (Filtermethode)

Der mittelfein gemahlene Kaffee wird auf einen Papier- oder Metallfilter gegeben und mit frischem heissem (nicht kochendem) Wasser aufgegossen (aufgebrüht). Die ideale Wassertemperatur liegt je nach Kaffeesorte zwischen 92 und 96 °C.

Zubereitungsarten	
Brühen mit einer Kalita Wave	Brühen mit einer Chemex

Filterkaffee zubereiten

1. Frischen Kaffee mahlen
2. Filter mit heissem Wasser rinsen (reinigen und benetzen)
3. Kanne/Wasser wärmen 92/96 °C
4. 18 g frisch gemahlenen Kaffee/Tara drücken
5. Uhr auf der Waage starten
6. 36 g H_2O (Wasser) fürs Blooming
7. Nach 25 Sekunden bis 150 g füllen
8. Nach 1:25 Minuten bis 250 g füllen
9. 15 Sekunden später füllen auf 300 g
   Brühzeit ca. 2:30 Minuten

Das Zauberwort der Brühsysteme heisst Frische. Der Kaffee sollte sofort nach der Zubereitung konsumiert werden, für optimalen Genuss nach wenigen Minuten. Aufgrund der flüchtigen Aromen und der Oxidation mit Sauerstoff kann Kaffee nur begrenzt in Vorratsbehältern bzw. Thermoskannen aufbewahrt werden.

Filterkaffee wird am besten lauwarm genossen. Bei diesen Temperaturen entwickelt der Kaffee – vor allem Single Origins – sein volles Aroma.

WissensPlus
Der durchschnittliche heimische Haushalt verfügt über statistische 1,7 Kaffeemaschinen, wobei die Filtergeräte von den Espressomaschinen und Kapselsystemen zurückgedrängt wurden.

Karlsbader Methode

Eine interessante Filtervariante ist die Zubereitung in der **Karlsbader Kanne,** die sich auch gut für die individuelle Zubereitung beim Tisch des Gastes eignet. Die Karlsbader Kanne wurde nach der Stadt Karlsbad in Tschechien benannt und wird von der Porzellanfabrik Wallküre in Bayreuth hergestellt. Manchmal hört man auch den Namen Bayreuther Kanne.

Nach Ansicht vieler Kaffee-Experten gelingt mit dieser Zubereitung ein **fein aromatischer, milder, bekömmlicher Kaffee.** In Kaffeehäusern und Restaurants wird Kaffee aus der Karlsbader Kanne wieder vermehrt angeboten.

Karlsbader Kanne

Die Kaffeemenge beträgt für die erste Tasse (etwa 40–50 ml Kaffee) zehn Gramm und für weitere Tassen sechs bis acht Gramm, je nach individuellem Empfinden.

Die Kanne wird vorgewärmt, dann wird das Kaffeepulver in den Porzellanfilter gegeben. Anschliessend setzt man den Wasserverteiler auf und giesst mit ca. 88 °C heissem Wasser auf. Der Brühvorgang dauert maximal vier Minuten.

Karlsbader Methode

1. Porzellanfilter
2. Wasserverteiler
3. Wasserverteiler mit Filter abheben und servieren

Anschliessend wird der Porzellanfilter mit dem Wasserverteiler entfernt, die Kanne mit dem Deckel verschlossen und der Kaffee eingeschenkt.

Die Karlsbader Zubereitung kann als besonders umweltfreundlich bezeichnet werden. Ausser zur Wasserbereitung wird keine Energie eingesetzt und auch kein Papierfilter benötigt.

Türkischer Kaffee

Türkische Zubereitung – die älteste Art der Kaffeezubereitung

Diese Art der Zubereitung ist in der Türkei, in Griechenland, im gesamten Balkanraum und in vielen orientalischen Ländern üblich. Türkischer Kaffee wird auch in unseren Breitengraden von vielen Gästen geschätzt und kann ebenfalls beim Tisch des Gastes zubereitet werden.

Die Bohnen werden mit der türkischen Kaffeemühle **mehlfein** gemahlen. Pro Tasse werden ca. sechs Gramm in ein Kupferkännchen mit Stiel (Cezve) gegeben. Je nach Wunsch werden Zucker und eine Prise Kardamon beigemengt.

Je nach Zuckerbeigabe unterscheidet man bei türkischem Kaffee drei Arten.

Wird der Kaffee ohne Zucker zubereitet, kann man dazu Rahat bzw. Lokumi (Lokum) servieren. Dabei handelt es sich um Stücke einer zähen, sehr süssen Konfektmasse aus Stärke und Zucker, angereichert mit Mandeln, Pistazien oder Kokosraspeln. Man nimmt ein Stück in den Mund, zerkaut es und trinkt anschliessend den Kaffee. So wird der Kaffee im Mund gesüsst.

Arten von türkischem Kaffee		
Sade	**Utra**	**Sekerly**
Ohne Zucker	Mit wenig Zucker	Mit viel Zucker

Anschliessend wird der Kaffee mit kaltem Wasser bis zum Erweiterungsrand (Knickpunkt) aufgegossen. Da der Kaffee beim anschliessenden Kochen aufschäumt, darf das Kännchen nicht bis zum Rand aufgefüllt werden. Den Kaffee lässt man dreimal aufkochen und kurze Zeit setzen (Kaffeesatz nicht abfiltern). Nach weiteren zwei Minuten wird er in Mokkagläser oder Tassen gefüllt und serviert.

Ablauf der Zubereitung

French Press (Chambord/Pressstempelkanne)

💡 French-Press-Kaffee soll man nach der Herstellung nicht mehr lange stehen lassen, da er immer noch ein wenig nachzieht und bitter wird. Sollte er nicht gleich getrunken werden, ist es besser, diesen Kaffee umzugiessen.

Diese Art der Kaffeezubereitung ist vor allem in Frankreich sehr beliebt. Die French Press ist einfach zu bedienen, schnell zu reinigen und benötigt keinen Papierfilter. Das Kaffeemehl ist griesskörnig. Das gröber gemahlene Kaffeepulver (sieben bis acht Gramm pro Tasse ergeben 40–50 ml Kaffee) wird in das Glasgefäss gegeben und sofort mit heissem Wasser aufgegossen.

Nach etwa vier bis fünf Minuten Ziehzeit wird durch das Runterdrücken des Filterstabes der Kaffee gefiltert und gleichzeitig der Kaffeesud auf den Boden des Behälters gedrückt. Die French Press ist vor allem für die Zubereitung kleinerer Kaffeemengen praktisch und kostengünstig.

Zubereitung mit der French Press

French Press mit Siebstempel

Mokka-Zubereitung (Macchinetta, Espressokocher)

Die ursprünglich aus Italien kommende Kanne besteht aus drei Teilen und ermöglicht einen Aufguss durch Dampf. Im unteren **Siedeteil** wird auf der Herdplatte Wasser (ca. 50–60 ml pro Person) erhitzt. Der Dampf steigt mit einem Druck von etwa 1,5 bar in einem **Rohr** nach oben und durchfliesst dabei den **mittleren Teil, den Filter,** in dem das Kaffeepulver (sieben Gramm pro Person) liegt. Der Dampf kondensiert und sammelt sich als Kaffee im **oberen Teil der Kanne,** von wo er ausgegossen wird.

> Durch das mehrmalige Aufkochen brennt der Kaffeesud meist an, wobei dieses Aroma von Kennern dieser Zubereitung durchaus erwartet wird.

Zubereitung mit der Macchinetta

Espressokanne im Querschnitt

AeroPress-Zubereitung

Mit der AeroPress wird Kaffee kräftig, schnell und schonend extrahiert. Mittlerer bis fein gemahlener Kaffee (sieben bis acht Gramm/Tasse, etwa 40–50 ml Kaffee) wird mit heissem Wasser (etwa 90 °C) im Zylinder der AeroPress gut verrührt.

Anschliessend wird der Kolben mit der Gummidichtung in den Zylinder der AeroPress eingesetzt und langsam nach unten gedrückt. Dabei bietet das eingeschlossene Luftpolster grossen Widerstand. Durch den hohen Druck wird das Wasser durch das Pulver gepresst und der Kaffee schonend extrahiert. Der Wasserdruck ist höher als bei herkömmlichen Presskannen und die Extraktionszeit kurz wie bei einem Espresso. Dadurch wird der Kaffee kräftiger und weicher.

Durch den eingesetzten Filter gelangen kaum Schwebstoffe in die Tasse.

AeroPress

AeroPress-Kolben mit Filter

💡 Die amerikanische Firma Aerobie stellt eigentlich Profi-Frisbee-Scheiben her. 2006 führte die Firma die **AeroPress** auf dem Kaffeemarkt ein, die sich rasch als voller Erfolg erwies. Bei kaum einem anderen Kaffeezubereiter gehen die Empfehlungen zur optimalen Brühmethode so stark auseinander wie bei der AeroPress.

I Kaffee

ACHILLE GAGGIA aus der Gegend von Mailand gilt als der Erfinder der Espressomaschine.

💡 Kaffee ist ein Genussmittel, das sehr schnell fremden Geruch und Geschmack annimmt. Die besten Materialien für die Aufbewahrung, Herstellung und den Service von Kaffee sind Glas, Porzellan, Edelstahl und hochwertige Kunststoffe. Kommt der gebrühte Kaffee in Kontakt mit Sauerstoff und Materialien wie Eisen, Kupfer und Messing, verstärken sich die sauren und bitteren Inhaltsstoffe.

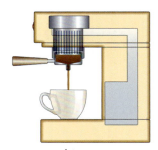
Espressomaschine

Siebträgermaschine

Espressozubereitung (Espressomaschinen)

Das Wort Espresso bedeutet so viel wie «Getränk, das mit Druck (presso) hergestellt wird». Der Espresso ist der Inbegriff des Kaffees. Sein Siegeszug begann 1855, als auf der Weltausstellung in Paris die erste Espressomaschine präsentiert wurde. Ab 1901 erfolgte in Italien die industrielle Serienfertigung der Espressomaschinen. Für einen echten italienischen Espresso ist eine **Siebträgermaschine** nötig.

Für die Espressozubereitung werden ca. 8–10 Gramm fein gemahlener Kaffee (+/–0,5 g) verwendet. Es ist eine Kontaktzeit von 20 bis 25 Sekunden und ein Brühdruck von 9 bar (+/–1 bar) bei 25 ml Kaffee (+/–2,5 ml) vorgesehen. Die Temperatur beim Austritt der Brühgruppe beträgt 67 °C (+/–3 °C). Espresso kann in entsprechend kleinen Tassen oder passenden Gläsern serviert werden.

Die im Handel erhältlichen Kaffeemaschinen weisen **unterschiedliche Betriebssysteme** auf.

Espressomaschinen arbeiten mit einem Druck von etwa 9 bar (was einem Gewicht von 20 kg entspricht) und einer Wassertemperatur (Brühtemperatur) von ca. 92 °C. Erst der hohe Druck und die hohe Temperatur führen zur **Emulsion** (feinen Verteilung) der kaffeeeigenen Öl- und Fettsubstanzen und zur sogenannten **Crema**.

Was die Crema zu sagen hat
Die Crema liefert wichtige Hinweise auf die korrekte Einstellung sowie Abstimmung von Kaffeemischung, Kaffeemühle (Menge und Mahlgrad) und Kaffeemaschine (Brühtemperatur und Druck).

Siebträgermaschine, Halbautomat

Kaffeemaschinen mit dosierter, ständiger Ausgabe sind entweder mit einer Elektropumpe oder mit einem mechanischen System (Kolben) ausgestattet, die mit einem Wasserdruck von 9 bar das Kaffeepulver extrahieren. Bei der Pumpenmaschine wird das Wasser direkt dem Versorgungsnetz entnommen und durch einen Wärmetauscher auf die benötigte Temperatur erhitzt. Dem Wärmetauscher ist eine volumetrische Pumpe vorgeschaltet, die den benötigten Wasserdruck erzeugt.

Die Zeitspanne vom Beginn des Durchlaufs bis zum Erscheinen der ersten Kaffeetropfen wird als Quellzeit bezeichnet und beträgt ca. fünf Sekunden. Während des Durchlaufs füllen sich die Leitungen in der Brühgruppe langsam mit Wasser. Sind sie voll, wird das Wasser bei neun Atmosphären auf die Kaffeedosis gepresst. So werden die Substanzen aus dem Kaffeepulver verflüssigt.

Die halbautomatische Kaffeemaschine mit dosierter, ständiger Ausgabe setzt sich im Wesentlichen aus folgenden Bestandteilen zusammen:
- Druckkessel
- Ausgabegruppe mit Wärmetauscher
- Wärmequelle
- Elektropumpe oder Kolben
- Dampfentnahmehahn (zum Aufschäumen von Milch)
- Heisswasserentnahmehahn (Teewasser)
- Überwachungsvorrichtungen (Druckwächter)
- Höhenanzeiger des Wasserstandes
- Siebträger mit Siebeinsatz (Filterhalter)

⚠️ Schalten Sie bei Betriebspausen von sechs bis acht Stunden das Gerät nicht aus.

💬 Beschreiben Sie die Funktionen und die Handhabung der Maschinen aus Ihrem Betrieb.

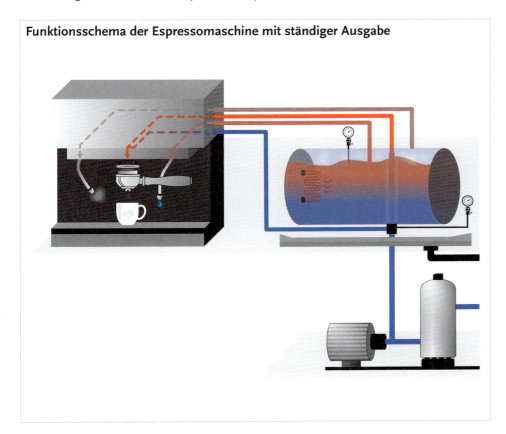

Eine perfekte Espresso-Brühung auf einem Siebträger: Der Kaffee rinnt optimal (Mauseschwanz).

Die Mahlung und Portionierung des Kaffees erfolgt mit einer separaten Mühle direkt in den Siebträger. Dabei ist zu beachten, dass das Pulver gleichmässig verteilt und gepresst wird. Vor dem Einsetzen in die Maschine wird der Rand des Siebträgers von Kaffeemehlresten befreit, um die Dichtungsringe zu schonen.

Der Siebträger hat **zwei Funktionen**:
- Er presst das Brühsieb gegen die Brühkopfdichtung.
- Er leitet anschliessend den aufgebrühten Kaffee in die untergestellten Tassen.

Das heisse Wasser wird durch ein feines Stahlnetz (Dusche, Brühsieb) gleichmässig auf das angepresste Kaffeepulver im Filter verteilt.

Siebträger ohne Boden: Hier muss man sehr präzise arbeiten.

Typen von Siebträgermaschinen/Halbautomaten

Siebträger mit Boden (ein oder zwei Ausläufe)

Siebträger ohne Boden (Naked Portafilter)

Damit das Brühsieb beim Ausklopfen des Kaffeesudes nicht aus dem Siebträger fällt, wird es mit einer Feder bzw. Klammer festgehalten.

⚠️ Stellen Sie maximal zwei Tassen übereinander. Fassen Sie die Tassen immer am Henkel an und nicht am Rand, wo der Gast trinkt.

> «Ein Barista putzt die ganze Zeit, daneben macht er Kaffee», so ein Barista-Weltmeister zum Thema Hygiene. In dieser Aussage steckt viel Wahres. Kaffeereste beispielsweise führen am nächsten Tag zu bitteren Ergebnissen.

Bedienung einer Espressomaschine (Halbautomat, Siebträgermaschine)

1. Frisches, enthärtetes Leitungswasser verwenden (abgestandenes Kesselwasser über die Heisswasserentnahme entleeren).
2. Wassertemperatur im Kessel zwischen 100 °C und 120 °C. Temperatur des Aufgusswassers ca. 92 °C (der genaue Wert hängt von der verwendeten Kaffeemischung ab).
3. Wasserdruck auf 9 bar einstellen.
4. Vor der Zubereitung des ersten Kaffees Siebträger in die Brühgruppe einsetzen und mit heissem Wasser gut erwärmen.
5. Vor Arbeitsbeginn einige Sekunden Dampf durch die Dampfdüse ablassen (Leerbezug).
6. Saubere, trockene Tassen mit der Öffnung nach oben am Tassenwärmer aufbewahren, so wird der Tassenboden stärker erhitzt und nicht der Tassenrand, an dem man sich den Mund verbrennen könnte. Wenn die Maschine eingeschaltet ist, lässt die abgegebene Hitze die Luft aufsteigen. So gelangt kein Staub in die Tassen.
7. Siebträger vor dem Einspannen in die Brühgruppe mit einem Pinsel von Kaffeepulverresten befreien. So kommt es zu keinen Schäden an der Dichtung des Brühkopfes und in der Folge zu keinem Wasseraustritt beim Siebträger. Dichtungen immer wieder überprüfen, damit kein Wasserverlust zwischen der Brühgruppe und dem Filterträger während der Durchlaufphase entsteht.
8. Richtige Tasse in Position bringen; Ausgabedauer für einen Espresso (25 bis 30 ml) zwischen 25 und 30 Sekunden.
9. Vor jedem Espresso oder Kaffeebezug kurz Flaschen (Brühkopf) spülen, damit keine Kaffeesatzreste mehr am Brühsieb kleben und es zu keinem Fremdgeschmack kommt; anschliessend das Sieb mit einem trockenen Tuch abwischen.
10. Siebträger nach dem Ausklopfen von Kaffeeresten mit einem dafür bestimmten Tuch oder Pinsel auswischen. Wasser ist nicht erforderlich. Den trockenen, sauberen Siebträger bis zur nächsten Verwendung eingespannt lassen, dadurch bleibt der Siebträger heiss und die Dichtungsringe trocknen nicht aus.
11. Tropftassen und Auffangtassen immer wieder waschen bzw. abwischen, damit keine Kaffeerückstände auf den Unterboden der Tasse bzw. auf die Untertasse gelangen; ebenso die Kaffeesatzschublade und Abschlagbehälter laufend reinigen
12. Dampfdüse nach jedem Milchaufschäumen mit einem eigenen Tuch säubern, um eine Verkrustung sowie Keimbildung zu vermeiden; vor und nach dem Aufschäumen kurz Dampf ablassen.

Kaffeeprodukte und ihre Zubereitung

Tägliche Reinigung nach Geschäftsschluss

- Dampfdüsen durch Dampfablassen spülen und mit heissem Wasser reinigen
- Dampfrohrdüse abschrauben und Dampfrohr mit spezieller Bürste reinigen und nachspülen
- Brühgruppe mit Blindfilter/Blindsieb reinigen
- Dichtungen und Duschen mit einer Teflonbürste säubern
- Tamperstation säubern
- Satz- und Abschlagbehälter leeren und säubern
- Siebträger über Nacht nicht einsetzen, damit die Brühgruppe belüftet wird und kein Muffton entsteht, Siebträger auf Maschine legen
- Filtereinsätze aus dem Siebträger entfernen und gründlich reinigen (evtl. über Nacht in Reinigungslösung einweichen und vor Arbeitsbeginn gut spülen)
- Düsen vom Milchschäumer/Erhitzer über Nacht in Reinigungslösung einweichen
- Abtropfschale und Gitter entfernen, reinigen und Abfluss gut durchspülen – es kann beim Flashen immer Kaffeesatz von den Brühköpfen in den Abfluss gelangen (Verstopfungen vorbeugen)

Filtereinsatz aus Edelstahl

Blindsieb   Gummiplatte zum Abdichten des Siebes   Reinigungsbürste für die Brühgruppe

💡 Profis und Liebhaber richten ihre Einstellung auch nach der Umgebungsfeuchtigkeit. Feuchteres Kaffeepulver z. B. verlangsamt die Extraktion und der Kaffee schmeckt bitter und weniger aromatisch. Umgekehrt läuft bei zu trockenem Pulver der Kaffee zu rasch durch und der Kaffee schmeckt wässrig.

Handhebelmaschine

Für Geniesser und Espresso-Liebhaber ist die Zubereitung mit der Handhebelmaschine ein besonderes Ritual.

> **Besser geht's nicht**
> Die Handhebelmaschine war die erste Maschine, die einen Espresso mit ca. 9 bar Druck brühen konnte. Sie ist die Königin aller Zubereitungsarten, wobei ihre Anwendung etwas Übung und viel Geschick erfordert.

Bei diesen Espressomaschinen wird das Wasser im grossen **Boiler** erhitzt und auf Temperatur gehalten. Bei der Kaffeezubereitung wird eine Portion Wasser über ein Ventil in eine separate Kammer gefüllt und mit dem Handhebel durch das Kaffeemehl im Siebträger gepresst. Gleichzeitig kann auch heisser Wasserdampf für die Zubereitung des Milchschaums entnommen werden.

Die Handhebelmaschine La Pavoni hatte im James Bond-Film «Live and Let Die» aus dem Jahre 1973 einen Auftritt. In einer Szene bereitet Bond sich und seinem Vorgesetzten M einen Kaffee mit der entsprechenden Maschine zu.

Vollautomatische Kaffee-/Espressomaschine (Vollautomat)

Vollautomaten sind mit modernster Kaffeebrühtechnik ausgestattet. Viele Kaffeespezialitäten sind **programmierbar** und werden über ein Bedienungsfeld (LCD-Display) per Knopfdruck zubereitet. Ausserdem verfügen sie über einen oder mehrere Vorratsbehälter für verschiedene Kaffeesorten mit integrierter Mühle.

💡 Qualitätsmaschinen in der Gastronomie vereinen beste Qualität mit modernsten Kontroll-, Einstellungs- und Wartungsmöglichkeiten und lassen sich mit allen gängigen Abrechnungs- und Kontrollsystemen verbinden.

Das Entfernen (Ausbürsten) von Kaffeeresten mittels Pinsel von der Siebträgerauflage, aus den Mahlscheiben, aus dem Dosierbehälter und aus den Öffnungen der Mühle in den Behälter bzw. in den Siebträger gehört zu den täglichen Reinigungsarbeiten.

In Vollautomaten steuern bzw. kontrollieren Computer folgende Abläufe:
- Frische Mahlung des Kaffees aufgrund der programmierten Feinheit und Dosierung
- Kontrolle des Drucks, der Temperatur und der Wassermenge für den Aufguss
- Automatische Milchaufschäumung und Zufügung für diverse Kaffeespezialitäten
- Kaffeesatz-/Sudauswurf mit Selbstreinigungssystemen
- Selbstdiagnose bei eventuellen Störungen
- Automatische Reinigungs- und Entkalkungsprogramme
- Erhebung der gespeicherten Daten
- Kompatibles Ausschankanlagen-Abrechnungssystem

WissensPlus

Dank dieser Funktionen lassen sich die vollautomatischen Maschinen einfach bedienen. Um guten Kaffee zuzubereiten, sollten sich Kaffeegeniesser und Mitarbeitende bei der Auswahl der Gerätschaften und bei der Zubereitung an den auf S. 88 beschriebenen Punkten orientieren.

Kaffeemühlen

Neben einer perfekt eingestellten Espressomaschine hat bei der Kaffeezubereitung vor allem die Kaffeemühle eine wichtige Funktion. Sie mahlt die Bohnen und portioniert das Kaffeepulver.

Die Kaffeebohnen enthalten Fette, Öle und Wachse, die beim Mahlen und vor allem beim Aufbrühen durch die hohe Wassertemperatur gelöst werden und sich an den Kontaktflächen anlegen. Da diese Stoffe mit Sauerstoff oxidieren, beeinflussen sie auch den Geschmack. Es ist daher wichtig, die Kaffeemühle (Bohnenbehälter, Dosierbehälter, Presser) sowie die Kaffeemaschine (Brühgruppe, Dampfrohr, Tropftasse, Siebe und Siebträger) täglich mit Sorgfalt zu reinigen.

Mühlen besitzen einen starken **Motor** mit gleichbleibender Drehzahl. Die Mahlgradeinstellung sollte feine Abstufungen aufweisen und die Mahlscheiben sollten aus gehärtetem Stahl oder Titan sein. Es soll auf eine einfache Bedienung, Einstellung, Reinigung und Wartung geachtet werden.

Die **Portionierung** kann entweder direkt in den Siebträger oder mittels einer Vorrichtung in einen Dosierbehälter erfolgen.

Dosiermühlen

Eine Dosiermühle besteht aus einem Vorratsbehälter für Kaffeebohnen mit Deckel, der auf der Kaffeemühle fixiert wird. Durch den Verschlusshebel am unteren Teil des Einfülltrichters werden die Bohnen zum Mahlwerk weitergeleitet. Der Behälter sollte nur mit der Bohnenmenge befüllt werden, die in den nächsten Stunden benötigt wird, da eine zu lange Aufbewahrung zu Aromaverlusten führt.

💡 Durch eine Schraube im Dosierbehälter oder unterhalb des Dosierbehälters kann die Kaffeemenge bei der Kaffeemühle mit Vorratsbehälter geregelt werden.

Kaffeeprodukte und ihre Zubereitung

Dosiermühlen

Ohne Vorratsbehälter

- Portion wird frisch gemahlen
- Genaue Einzel- und Doppelportionierung mit bzw. ohne Stampfnase erhältlich, evtl. erfolgt Verdichtung mit Tamper
- Bohnenbehälter muss täglich entleert und gereinigt werden

Mit Vorratsbehälter

- Kaffee wird vorgemahlen: Aromaverlust
- Teilweise ungenaue Portionierung des Kaffeepulvers durch das sogenannte Mitnahmesystem (Hebel am Dosierbehälter)
- Vorgemahlenes Kaffeepulver kann Luftfeuchtigkeit aufnehmen (schwierig zu verdichten)
- Bohnentrichter, Vorrats- und Dosierbehälter sowie das Mitnahmesystem müssen täglich entleert und gereinigt werden

Der **Stampfer** bzw. **Anpresser** (Stampfnase) dient dazu, den gemahlenen Kaffee zusammenzupressen und somit einen kompakten Kuchen im Siebträger zu bilden. Die gepresste Pulvermenge muss gleichmässig flach verteilt sein, um so eine volle Extraktion des Kaffeepulvers beim Brühvorgang zu erreichen.

Auch Tamper oder Anpressnasen müssen täglich gereinigt werden.

Mahlwerke

Scheibenmahlwerk

- Bei dieser in der Praxis häufig verwendeten Mühle werden die Kaffeebohnen durch **zwei Mahlscheiben** aus gehärtetem Stahl oder Titan zerkleinert.
- Der Mahlgrad wird durch den Abstand der Mahlscheiben bestimmt. Durch die hohe Rotationsgeschwindigkeit von 900 bis 1400 Umdrehungen pro Minute kommt es bei langem Gebrauch zu einer Überhitzung des Mahlgutes und somit zu Geschmacksveränderungen.
- Diese Mühlen eignen sich für einen täglichen Kaffeeverbrauch von drei bis vier Kilogramm und sollten nach etwa 500 kg auf Verschleiss überprüft bzw. gewechselt werden. Titanscheiben halten doppelt so lange, sind aber auch entsprechend teurer.

Kegelmahlwerk

- Bei dieser Kaffeemühle besteht das Mahlwerk aus zwei Kegeln mit unterschiedlicher Form.
- Aufgrund der geringeren Rotationsgeschwindigkeit von 400 bis 500 Umdrehungen pro Minute ist ein Erhitzen des Mahlgutes wesentlich geringer. Dafür mahlen sie nicht so genau und können einen höheren Staubanteil produzieren, der später die Sieblöcher verstopft.
- Maschinen mit Kegelmahlwerk eignen sich für einen täglichen Kaffeeverbrauch von mehr als vier Kilogramm. Die Mahlkegel sollten nach etwa 1200 Kilogramm überprüft bzw. gewechselt werden.

Mahlscheiben

> ### Sauberkeit schmeckt man
> Da Kaffeeöle in der Wärme rasch oxidieren und unangenehm ranzig riechen bzw. bitter schmecken, ist die regelmässige und gründliche Reinigung der Mühlen wichtig. Auch die Mahlscheiben, also das Mahlwerk, müssen etwa ein- bis zweimal pro Woche mit dem Vermahlen von pflanzlichem Reinigungsgranulat gesäubert werden. Anschliessend wird das Granulat vollständig entfernt und es werden etwa zwei Portionen Kaffeebohnen gemahlen, die nicht verwendet werden.

Mühlen mit Schlagmesser

Wie bei einem Mixer werden die Kaffeebohnen durch **rotierende Drehmesser** zerkleinert. Der Kaffee wird dadurch sehr **ungleichmässig** gemahlen. Dies führt zu einer ungleichmässigen Extraktion. Beim Mahlen erhitzt der Kaffee und die Kaffeeöle treten aus. Der Kaffee verändert sich im Geschmack, wird bitter und unangenehm intensiv.

Walzenmahlwerk (Langsam-Mahlwerke)

Ein Walzenmahlwerk besteht aus **zwei gerillten Walzen**, die sich langsam drehen und den Kaffee zerdrücken. Die Walzen sind dabei meist unterschiedlicher Geometrie (Grösse, Anordnung der Rillen) und laufen mit leicht unterschiedlicher Geschwindigkeit. Bei dieser Art von Mahlen gibt es fast **keine Erwärmung**, deshalb wird dieses Prinzip auch als das schonendste bewertet. Das Aroma bleibt bei dieser Art von Mahlen am besten erhalten.

Einstellung des Mahlgrades

Zur Einstellung des Mahlgrades dreht man den **Ring unter dem Einfülltrichter**, da für jede Kaffeesorte/-mischung eine andere Mahlart nötig ist. Das hängt von der Kaffeefaser, aber auch vom Feuchtigkeitsgrad der Bohnen und der Luftfeuchtigkeit ab.

Kaffee ist hygroskopisch und tendiert leicht dazu, die Luftfeuchtigkeit zu absorbieren. Dies ist für das Mahlverfahren ausschlaggebend, denn je nach Luftfeuchtigkeit – hoch oder niedrig – müssen die Bohnen etwas gröber bzw. feiner gemahlen werden.

Das **Mahlwerk** kann **automatisch** oder **halbautomatisch** ausgeführt sein. Beim automatischen Mahlwerk wird der Mahlvorgang über einen Mikroschalter im Inneren des Dosierbehälters gestartet oder gestoppt. Bei halbautomatischer Funktion wird das Mahlwerk manuell ein- bzw. ausgeschaltet.

Mahlgrad einstellen

WissensPlus
Kaffeemehl, das für Espresso ideal gemahlen wurde, bildet bei leichtem Schütteln kirschkerngrosse Klumpen.

Kaffeeprodukte und ihre Zubereitung

3.3 Zubereitung eines Espresso

So wie man bei einem Barkeeper exakt aufeinander abgestimmte Bewegungen bei der Cocktailzubereitung beobachten kann, lassen sich auch beim Barista **rituelle Bewegungsabläufe bei der Espressozubereitung** beobachten, vor allem beim Tampen.

Ohne Tamper kein Espresso

Tamper sind mit unterschiedlichen Griffformen sowie mit **geradem** oder **konvexem** (geschwungenem) Boden erhältlich. Ein konvexer Tamper wölbt den Kaffeekuchen am Rand leicht nach oben. Dadurch wird er stärker verdichtet und das Wasser kann am Rand nicht so leicht durchlaufen.

⚠️ Die Grösse des Tampers muss dem Sieb angepasst sein, damit das Pulver in allen Bereichen gleichmässig angepresst wird.

Tampen ist die Bezeichnung für das **Andrücken des Kaffeepulvers im Siebträger,** bevor dieser in der Brühgruppe fixiert wird. Dadurch wird eine gleichmässige, plane Oberfläche geschaffen, die für eine gute Extraktion des Pulvers wesentlich ist.

Nach dem Tampen werden die abgefallenen Kaffeereste mit einer Drehbewegung des Tampers ohne Druck geglättet (poliert). Somit kann das Wasser die glatte, waagrechte Fläche gleichmässig durchdringen.

Der Siebträger wird vor dem Einspannen in die Brühgruppe von etwaigen Kaffeepulverresten gesäubert.

Das Tampen wird entweder auf einer **Tamperstation** oder einer **Tampermatte** durchgeführt.

Tamperstation   Tampermatte (Tamperbase)

 WissensPlus

Faustregel: Je feiner der Mahlgrad, umso geringer kann der Druck ausfallen. Je gröber gemahlen wird, umso stärker muss angedrückt werden. Die Extraktionszeit von ca. 25 Sekunden sollte aber in allen Fällen eingehalten werden.

| Kaffee

Espressozubereitung

① Vorbereiten der erforderlichen Mise en Place für den Kaffeeservice.
② Kaffeepulver portionieren, gleichmässig im Siebträger verteilen, pressen/tampen und abwischen (Sieb/Siebträger).

💡 Perfekter Espresso schmeckt würzig, rund und harmonisch, wobei der Geschmack lange anhält.

③ Kurzes Spülen (Flashen) der Brühgruppe, bevor der Siebträger eingesetzt wird. Dabei wird für zwei Sekunden heisses Wasser abgelassen, um eventuell vorhandene Kaffeereste zu entfernen bzw. zu heiss gewordenes Wasser aus der Brühgruppe abzulassen.
④ Tropftasse abwischen.
⑤ Siebträger mit einer Vierteldrehung über den Bajonettverschluss in die Brühgruppe einspannen und auf die gewünschte Taste für die Extraktion drücken.

⑥ Angewärmte Tassen oder Gläser (40 °C) sofort unter die Ausläufe stellen.
⑦ Den Kaffee je nach Art vollenden, auf Untertasse bzw. Serviertasse stellen und sofort servieren.
⑧ Siebträger ausklopfen, reinigen und, falls nicht gebraucht, wieder einspannen.

Channeling

Channeling ist einer der übelsten Fehler, der bei der Espressozubereitung passieren kann. Wenn das Kaffeepulver im Siebträger nicht gut verteilt und verdichtet ist, sucht sich das Wasser den Weg des geringsten Widerstandes. Das Wasser bricht hier durch, bildet einen Kanal, «das sogenannte Channeling» und extrahiert an dieser Stelle das Kaffeepulver deutlich mehr. So entsteht an der Stelle des Kanals eine Überextraktion, die zu einem bitteren Geschmack im Kaffee beiträgt. An den anderen Stellen läuft zu wenig Wasser durch den Kaffee und extrahiert nur einen Teil des Kaffees. Dort entsteht eine Unterextraktion. Das Ergebnis in der Tasse ist sauer und aggressiv.

Ist das Ergebnis nicht (ganz) zufriedenstellend, kann dies mehrere Gründe haben.

Fehler	Ursachen
Der Espresso hat zu wenig Aroma.	■ Es wurde zu wenig Kaffee verwendet. ■ Der Kaffee ist zu alt oder wurde vor zu langer Zeit gemahlen. ■ Die Röstung ist zu hell. ■ Die Mahlung ist zu grob. ■ Der Kaffee wurde schlecht verpackt oder zu warm gelagert. ■ Es wurde zu viel bzw. zu hartes Wasser (über 15 °fH) verwendet. ■ Der Brühdruck liegt unter 7 bar. ■ Die Brühtemperatur liegt unter 86 °C.
Der Espresso ist zu sauer.	■ Die Röstung ist zu hell. ■ Die Kaffeesorte ist zu säureintensiv. ■ Die Brühtemperatur liegt unter 85 °C. ■ Der pH-Wert des Wassers liegt unter 7.
Der Espresso ist zu bitter.	■ Die Kaffeesorte hat einen zu hohen Robusta-Anteil. ■ Die Brühtemperatur liegt über 95 °C. ■ Die Röstung ist zu dunkel. ■ Es wird eine minderwertige Kaffeesorte verwendet. ■ Die Extraktionszeit ist zu lang. ■ Der Mahlgrad ist zu fein. ■ Die Kontaktteile der Espressomaschine werden nicht ausreichend gereinigt.
Der Espresso hat wenig oder gar keine Crema.	■ Der Kaffee ist zu alt. ■ Der Kaffee wurde schlecht verpackt oder zu warm gelagert. ■ Die Espressomaschine oder die Tassen sind verschmutzt. ■ Das Wasser ist zu weich (unter 7 °fH). ■ Die Brühtemperatur liegt unter 85 °C. ■ Die Kaffeemahlung ist zu grob – die Extraktion verläuft zu schnell. ■ Die Kaffeemahlung ist zu fein – die Extraktion verläuft zu langsam.
Die Crema löst sich schnell auf.	■ Die Brühtemperatur liegt über 95 °C. ■ Die Mahlung ist zu grob oder zu fein. ■ Die Espressotassen sind zu kalt oder zu heiss. ■ Der Wasserdruck ist zu niedrig.
Die Crema ist zu hell.	■ Die Röstung ist zu hell. ■ Die Brühtemperatur liegt unter 85 °C. ■ Der Kaffee ist zu alt. ■ Die verwendete Kaffeemenge ist zu gering.
Die Crema ist zu dunkel, der Kaffee schmeckt verbrannt.	■ Die Mahlung ist zu fein. ■ Die verwendete Kaffeemenge ist zu gross. ■ Der Espresso wird zu lange extrahiert. ■ Die Brühtemperatur oder der Wasserdruck sind zu hoch. ■ Die Kaffeeröstung ist zu dunkel.

Überextrahierten Kaffee erkennt man an einem dunklen Schaum mit einem Loch (wegen zu feiner Mahlung oder zu starker Dosierung). Er schmeckt ranzig bzw. rauchig.

Unterextrahierten Kaffee erkennt man an zu hellem, dünnem, rasch verschwindendem Schaum (wegen zu grober Mahlung, zu niedriger Wassertemperatur oder zu kurzer Extraktionszeit und zu wenig Kaffeepulver). Er schmeckt wässrig und schal.

Bei zu langer Extraktionszeit entsteht ein weisser Fleck im Schaum. Ist die gesamte Crema weiss, war die Wassertemperatur zu hoch.

Edelstahlkännchen zum Milchschäumen

⚠️ Wird weniger Milch benötigt, dann wird ein kleineres Kännchen verwendet und wiederum nur zur Hälfte gefüllt (Füllhöhe und Oberfläche müssen zusammenstimmen).

Guter Milchschaum schmeckt süsslich, ist feinporig, seidig glänzend und muss sich giessen lassen.

3.4 Milchschaum

Ob UHT- oder PAST-Milch, Vollmilch, teilentrahmte Milch oder Magermilch zum Aufschäumen verwendet wird, ist für die Konsistenz des Milchschaumes ohne Bedeutung, da Milchschaum aus Eiweiss und nicht aus Fett entsteht. Doch die Milchsorten unterscheiden sich geschmacklich. Den besten Geschmack erzielt man mit frischer Milch (4–8 °C). Je edler der Kaffee, desto fettfreier sollte die Milch sein, da Fett ein Geschmacksträger ist und zu viel Fett die feinen Kaffeearomen erdrückt.

> **Gut zu wissen**
> Beim Aufschäumen sollte die Milchtemperatur nicht über 65 °C liegen, da sonst das Milcheiweiss gerinnt und der Schaum schnell zusammenfällt. Bei noch höheren Temperaturen verbrennt der Milchzucker, das Getränk schmeckt leicht verbrannt.

Herstellung von Milchschaum

Milchschaum entsteht durch Milch und Luft, das heisst, man muss der Milch zuerst Luft unterheben (Ziehphase) und anschliessend die Luft in der Milch möglichst gut verteilen (Rollphase).

Die ideale Grösse des Kännchens ist 0,35 l für ein bis zwei Portionen bzw. 0,59 l für bis zu vier Portionen. Das Milchkännchen sollte zur Öffnung hin konisch und aus hygienischen sowie wärmeleitenden Gründen aus rostfreiem Stahl von etwa ein Millimeter Stärke sein. Die Grösse hängt von der zubereitenden Milchschaummenge ab.

Milchschaumherstellung – Ablauf

1. Die Milchkanne mit kalter Milch (4–8° C) zur Hälfte füllen. Je kälter die Milch, desto einfacher ist das Schäumen und desto mehr Zeit hat man.
2. Dampfventil kurz öffnen und kondensiertes Wasser aus dem Dampfrohr/der Dampflanze in die Tropftasse ausdampfen. Ventil wieder schliessen.
3. Dann wird der Dampfstab in die Milch getaucht und das Ventil wieder voll geöffnet. Nun wird das Kännchen so weit nach unten gezogen, dass das Dampfrohr nur so weit in die Flüssigkeit eintaucht (nähe Känncheninnenwand), dass die Dampfdüsen bis zu einem Zentimeter in der Milch sind. Dadurch kann viel Luft in die Milch gezogen werden, die Milchoberfläche wellt sich, das Milchvolumen nimmt stark zu und ein saugendes Geräusch ist dabei zu hören.

Ziehphase – die Dampflanze wird in einer Wirbelbewegung geführt. Mit den Fingern fühlt man die Temperatur der Kännchenwand.

Um die Temperatur gut zu fühlen, kann das Kännchen auch in der Hand gehalten werden.

Kaffeeprodukte und ihre Zubereitung

④ Milchkännchen leicht neigen und den Dampfhahn voll geöffnet lassen (dadurch entsteht der notwendige Wirbel für das Emulgieren der Milch). Während der gesamten Aufschäumphase wird das Kännchen in dieser Position gehalten. Man zieht so lange, bis das gewünschte Volumen erreicht ist. Dabei wird die Eintauchtiefe der Lanze immer wieder korrigiert, da sich das Milchvolumen im Kännchen erhöht. Das Gefäss mit der Hand leicht berühren, um die Temperatur (ca. 40 °C) am Kännchen zu fühlen.

⑤ Während dieser Ziehphase wird Luft unter die Oberfläche der Milch gezogen und feinporig verschlagen. Dabei wird die kalte Milch auf max. 40 °C erhitzt.

⑥ Anschliessend das Dampfrohr tiefer in die Milch eintauchen (ein bis zwei Zentimeter tiefer) und die emulgierte Milch im Kännchen kurz rollen lassen. Während der Rollphase werden die vorhandenen Luftbläschen gut eingearbeitet – der Milchschaum wird feinporig.

⑦ Während der Rollphase wird keine Luft mehr eingesaugt, sondern die Milch nur noch durcheinandergewirbelt, damit die Schaumbläschen möglichst fein werden und sich gut verteilen.

Ein Thermometer, am Kännchenrand eingehängt, verhindert, dass die Milch zu heiss wird und damit einen verkochten Geschmack erhält.

⑧ Den Dampfhahn schliessen und die Düse aus dem Kännchen ziehen, wenn eine Temperatur von ca. 65 °C erreicht ist bzw. wenn man das Kännchen mit der Handfläche nur mehr kurz berühren kann. Die Verwendung eines Thermometers ist möglich. Das Volumen der Milch hat sich verdoppelt.

⑨ Kurz etwas Dampf ablassen und dabei die Dampfdüse säubern.

⑩ Durch kreisende Bewegungen des Kännchens mit der Hand (Verrühren der Milch) bleibt die Milch cremiger.

⑪ Durch kräftiges Aufsetzen der Kanne auf der Arbeitsfläche wird der Schaum kompakter und grosse Luftblasen lassen sich aus der emulgierten Luft entfernen, bevor der Milchschaum auf den Kaffee gegossen wird.

⑫ Durch besondere Eingiesstechniken und auch durch die Verwendung von speziellen Saucen können bestimmte kreative Verzierungen gestaltet werden.

| Kaffee

Verschiedene Latte-Art-Motive

Milchschaumtechniken (Latte-Art)

Je nach Eingiesstechnik lassen sich mit Milch, evtl. einer Sauce und Kakaopulver Muster und Verzierungen gestalten. Im Handel angebotene Schablonen (vor allem für Kaffeepulver) werden eher im Privathaushalt verwendet. Die Grundlagen der Latte-Art sind ein Espresso mit fester Crema und perfekt zubereiteter Milchschaum sowie die richtigen bauchigen Tassen, deren Bodendurchmesser wesentlich geringer ist als der Tassenrand. Auf alle Fälle muss der Tassenboden rund sein.

Giessen

Der Milchschaum wird unter die Crema gegossen. Durch Schwenken entstehen Muster bzw. Bilder (z. B. Rosette, Herz).

Herzform

Für die **klassische Herzform** wird anfangs rasch eingegossen, um die Milch unter die Crema zu giessen, bis ein weisser Schaumsee in der Mitte auftaucht. Nun Tempo herausnehmen, um zuletzt mit einer kurzen Bewegung quer über den weissen Schaumsee eine Herzspitze entstehen zu lassen.

Farnblatt

Das Tempo beim Eingiessen ist entscheidend.

Kaffeeprodukte und ihre Zubereitung

Ziehen, Etching

Die Milchschaumoberfläche wird z. B. mit Schokoladesauce verziert, die zu einem Muster gezogen wird.

Der Fantasie sind keine Grenzen gesetzt.

 WissensPlus
Kunstvolle Latte-Art ist ein Mehraufwand, der einen gewissen «Ah-Effekt» bringt, sich aber zu Stosszeiten fatal auf den Service auswirkt und daher zeitlich sinnvoll eingesetzt werden muss. Für den Überraschungseffekt (und damit niemand wegen zu langer Wartezeit vergrault wird) kann die Latte-Art unter Umständen am Tisch des Gastes ausgeführt werden.

Eine weitere Möglichkeit, Kaffee besonders zu vollenden, bieten zahlreiche mit Sirupen aromatisierte Toppings aus Druckflaschen mit aufgesetzten Tüllen (z. B. Macadamia-Nuss- oder Marzipan-Ingwer-Geschmack).

Carving, Schnitzen

Durch Auf- und Abtragen des weissen oder hellbraunen Milchschaumes entstehen Kunstwerke. Diese dreidimensio-nale Arbeit gilt als Königsdisziplin der Latte-Art.

Freestyle

Nach dem Motto «Erlaubt ist, was gefällt» fallen darunter alle Arbeiten mit Kakaopulver, Sirupen, Likören etc.

Benötigte Werkzeuge für die Milchschaumzeichnungen sind:
- Löffel, um Punkte oder Flächen entstehen zu lassen
- Spatel, um Effekte zu zeichnen bzw. zu carven
- Lanze, um quasi im Kaffee zu schreiben
- Knopf für gleichmässig runde Punkte bzw. für das Hochziehen von Schaum
- Haken fürs Überheben/Unterziehen
- Flasche, um feine Linien mit Saucen zu ziehen

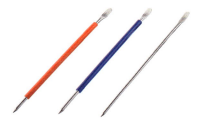

Latte-Art-Besteck

| Kaffee

> Von Gästen positiv bewertet werden kleine süsse Zusätze, die von abgepackten Karamellguetzli und Schokoladebohnen bis über einen kleinen Teller mit hausgemachten Guetzli oder Petits Fours reichen können.

3.5 Zucker

Zucker verändert ebenso wie Milch den Geschmack des Kaffees. Unter den Gästen finden sich verschiedene Kaffeegeniesser. Puristen trinken ihren Kaffee am liebsten schwarz, andere wiederum bevorzugen eine cremige Variante mit Milchprodukten oder brauchen etwas Süsses als Ergänzung zum Kaffee. Wie ein Kaffee getrunken wird, kann auch tages- oder anlassabhängig entschieden werden.

Daher wird für Gäste – je nach Standard des Betriebes – eine **Auswahl an Menagen** zur Verfügung gestellt. Hier gibt es zahlreiche Möglichkeiten, von verpackten Portionseinheiten für Milch und Zucker bis zu einer breiten Palette in entsprechend hochwertigem Geschirr.

Das Maximum an Service bietet eine Zuckermenage o. Ä., die sowohl weissen Zucker, Roh- oder Rohrzucker (passt besonders zu Robusta-Kaffees), Würfelzucker als auch Kandiszucker und Süssstoffe bietet.

> ⚠ Der Angebotsumfang kostenloser Beigaben muss in den Verkaufspreis miteinkalkuliert werden.

Bei offenen Zuckerbehältnissen ist vor und nach Servicebeginn laufend die Sauberkeit zu kontrollieren. Nichts ist abstossender als unsaubere oder verkrustete Zucker-Menagen.

3.6 Kaffeekulturen – Getränke und Spezialitäten

Kaffee ist weltweit beliebt und wird überall gerne konsumiert. Geschmäcker und Kulturen sind unterschiedlich, so auch beim Kaffee. Deshalb wird dieser je nach Land auch unterschiedlich zubereitet und konsumiert.

Beispiele verschiedener Kaffekulturen
- Obwohl es in der Schweiz auch Cappuccino, Latte Macchiato und Espresso gibt, ist das beliebteste Kaffeegetränk immer noch der Café Crème.
- In Deutschland kommt der klassische Kaffee aus der Filtermaschine.
- Wenn wir in Italien einen Kaffee bestellen, bekommen wir einen Espresso, der stehend an der Theke getrunken wird.
- Die Franzosen trinken ihren Kaffee meistens als Café au lait am Morgen.
- Der Österreicher lebt seine Wiener Kaffeehauskultur.
- Der Coffee to go mit süssen Flavours stammt aus den USA.
- In Brasilien gibt es schwarzen Filterkaffee mit und ohne Zucker.
- Der Australier trinkt seinen Long Black oder Flat White.

> 💡 Die Zubereitung von Mokka ist die älteste Zubereitungsart von Kaffee und wurde, zusammen mit der türkischen Kaffeekultur, zum UNESCO-Weltkulturerbe ernannt.

Schweizer Kaffeekultur

Verschiedene Rohstoff-Händler mit Sitz in der Schweiz, hauptsächlich im Raum Genf, beherrschen den Kaffeewelthandel. 70–80 % des weltweit gehandelten Rohkaffees, mehr als 130 Millionen Säcke, werden davon über die Schweiz abgewickelt.

Effektiv importiert die Schweiz jedoch nur knapp 1,8 Millionen Säcke, wovon etwas mehr als 600 000 – unter anderem in Form von gemahlenem Kaffee in Aluminiumkapseln – wieder exportiert werden. Damit ist Kaffee zum wichtigsten Exportgut der Schweiz geworden, noch vor Schokolade oder Käse.

WissensPlus
Nestlé mit seinem einzigartigen Nespresso-System gilt als der grösste und profitabelste Kaffeehersteller der Welt. Die Geschichte von Nespresso ist von Leidenschaft, schweizerischer Perfektion und kontinuierlicher Innovation geprägt.

Die beliebtesten schweizerischen Kaffeespezialitäten	
Café Crème	125 ml Kaffee aus dem Vollautomaten oder Siebträger, serviert mit Kaffeerahm – separat im Kännchen oder als Kaffeerahm Portionen. Durch die Espressozubereitung hat jede Tasse eine gleichmässige Creme, daher auch die Bezeichnung «Schümli-Kafi».
Schale	Ein kräftiger Kaffee mit viel heisser Milch.
Café Melange	Dabei handelt es sich um einen Kaffee mit Schlagrahm. Der geschlagene Rahm wird meist separat in einem Schälchen serviert.
Kafi Luz, Luzerner Kafi, Kafi Zwetschgen oder Kafi fertig	Ein dünner Kaffee mit Schnaps und Zucker, der im Kaffeeglas serviert wird. Kafi fertig: anstelle eines dünnen Kaffees wird ein normaler Kaffee verwendet.

Schweizer Café Crème mit Crémier und Zuckerdose; für Café Crème sind eine hellere Röstung und ein gröberer Mahlgrad ideal.

Deutsche Kaffeekultur

Der typische deutsche Kaffee ist ein schwarzer Filterkaffee. Der Stärkegrad hängt vom Kaffeebrüher ab, und wenn dieser Magenprobleme hat, muss oft die ganze Familie heisses Wasser mit Kaffeearoma trinken. Dazu gibt es häufig Kaffeerahm aus dem Kännchen und ein paar Stückchen Zucker.

Kafi Luz, auch Luzerner Kafi

Die beliebtesten deutschen Kaffeespezialitäten	
Filterkaffee	Mit dem Handfilter oder der Kaffeemaschine zubereitet, dabei wird der gemahlene Kaffee mit heissem Wasser aufgebrüht.
Milchkaffee	Filterkaffee, Kaffee aus der Siebträgermaschine oder Mokkakanne mit Milch, dabei ist das Verhältnis meistens halb Milch, halb Kaffee.
Rüdesheimer Kaffee	Kaffee mit Weinbrand flambiert, mit Schlagrahm, Vanillezucker und Schokoladenstreusel verziert.
Eiskaffee	Gekühlter Kaffee mit Vanilleeis.

Rüdesheimer Kaffee

Das Café Procope in Paris

Französische Kaffeekultur

Die Franzosen sind wie kaum ein anderes Volk für «Savoir vivre», also eine genussvolle Lebenskultur bekannt. Dazu gehört auch eine geschichtsträchtige Kaffeekultur.

WissensPlus

Das Café Procope an der 13 rue de l'Ancienne Comédie in Paris gehört wohl zu den ältesten noch existierenden Restaurants der Welt. Bekannt wurde das Kaffeehaus als Treffpunkt von Schriftstellern, Politikern, Schauspielern und Künstlern.

Kaffee ist für die Franzosen das zweitbeliebteste Getränk nach Mineralwasser und vor dem Wein. Die in den Café au lait getunkten Croissants mit etwas Marmelade sind nicht nur ein Klischee, viele Franzosen frühstücken wirklich so. Tagsüber trinken sie den Café «noir», also schwarz.

Franzosen lieben beim Kaffeetrinken den Blick zur Strasse.

Die beliebtesten französischen Kaffeespezialitäten	
Café au lait	Ein Kaffee mit viel Milch, serviert in einer Schale, sodass man ein Croissant oder ein Stück Baguette (inklusive Butter und Marmelade) hineintunken kann. Er wird zuhause oder im Café zum Frühstück getrunken.
Café allongé	Ein kleiner schwarzer Kaffee mit der gleichen Menge an heissem Wasser.
Café crème	Ein Kaffee mit aufgeschäumter Milch.
Café filtre	Ein Filterkaffee, oft mit einem aufgesetzten Plastikfilter direkt auf der Tasse.
Café granité	Ein schwarzer, sehr starker, süsser Kaffee wird zunächst gefroren, dann zerstossen und mit Mokkalikör verfeinert.

Österreichische Kaffeekultur

Ob Mokka, Melange oder Verlängerter: Kaffee gehört zu Österreich wie die Berge und Mozart. Die international bekannte Kaffeehauskultur mit ihren Kaffeehäusern und Röstereien gehört sogar zum immateriellen UNESCO-Kulturerbe Österreichs.

Marmortischchen, auf denen der Kaffee serviert wird, Zeitungstischchen, Logen und die legendären Thonet-Stühle: All diese Details sind untrennbar mit der **Wiener Kaffeehauskultur** verbunden.

Wiener Kaffeehauskultur

WissensPlus

Der Sage nach begann alles mit einem gewissen GEORG FRANZ KOLSCHITZKY. Zur Zeit der Zweiten Wiener Türkenbelagerung 1683 schlich er sich ins Lager der Türken, um diese auszukundschaften, und erhielt nach dem Sieg der Wiener zum Dank einen Sack mit unbekannten Bohnen aus der Kriegsbeute. Es waren Kaffeebohnen – und schon  kurze Zeit später eröffnete das erste Kaffeehaus von Wien. Ein folgenreiches Ereignis, denn heute existieren in ganz Österreich über 15 000 Cafés.

Kaffeeprodukte und ihre Zubereitung

Die beliebtesten österreichischen Kaffeespezialitäten	
Kleiner Mokka oder Kleiner Schwarzer	Ursprünglich ein türkisch zubereiteter Kaffee in der Messingkanne, später eine kleine Tasse gefilterter Kaffee. Heute meist ein kleiner Espresso (auch als kleiner Schwarzer bezeichnet), der in einer kleinen Mokkaschale serviert wird.
Verlängerter Schwarzer	Ein kleiner Espresso, mit der doppelten Wassermenge verlängert und in einer Doppelmokkaschale serviert.
Kleiner oder grosser Brauner	Ein kleiner oder doppelter Espresso mit Rahm oder kalter Milch (meist separat im Kännchen).
Wiener Melange	Kleiner Espresso, der manchmal etwas verlängert und mit der gleichen Menge halb aufgeschäumter Milch in einer Melangeschale serviert wird. Die Melangeschale ist etwas grösser als die Doppelmokkaschale.
Kapuziner	Ein grosser Espresso mit geschlagenem Rahm, der mit Kakaopulver bestreut wird.
Überstürzter Neumann	Geschlagener Rahm in einer Kaffeetasse, der mit einem doppelten Espresso aufgegossen wird.
Verlängerter Brauner	Ein verlängerter Schwarzer in einer Doppelmokkaschale, mit Rahm oder kalter Milch, separat im Kännchen serviert.

Klassische Getränketasse (kleines Plateau) mit Melange und einem kleinen Glas Wasser

Italienische Kaffeekultur

Italien ist die Kaffeenation schlechthin, der Espresso ein Heiligtum. Wer in Italien einen «Caffè» bestellt, bekommt einen **Espresso.** Espresso trinkt man in Italien den ganzen Tag, als schnelle Pause an der Theke in einer der unzähligen Espressobars heruntergestürzt.

Wer einen grösseren Kaffee bestellen möchte, ordert den **«Caffè doppio»,** einen doppelten Espresso. **Cappuccino** wiederum wird in der italienischen Kaffeekultur traditionell nur zum Frühstück bestellt, am besten mit einem Stück süssen Gebäck wie einem Cornetto (einer Art Croissant). Insgesamt verbraucht ein durchschnittlicher Italiener 5,6 kg Kaffeebohnen im Jahr.

Caffè Florian in Venedig

WissensPlus

Die im Cappuccino enthaltene Milch wird morgens als Teil der Mahlzeit verstanden, später am Tag aber von den meisten als zu gehaltvoll empfunden.

Espresso Macchiato

💡 Häufig sprechen Gäste den Espresso fälschlicherweise mit einem «x» aus. Die Bezeichnung «Expresso» hat aber nichts mit einem «schnellen» Kaffee zu tun und ist im deutschsprachigen Raum falsch. Übrigens bestellt der Gast in Italien automatisch einen «kleinen Kaffee» und erhält einen Espresso.

Die beliebtesten italienischen Kaffeespezialitäten	
Espresso	Ein kleiner nach Espressomethode zubereiteter schwarzer Kaffee mit entsprechender Crema, ca. 30 ml.
Ristretto	Espresso, sehr konzentriert, ca. 20 ml.
Espresso macchiato/ Caffè macchiato	Ein Espresso mit etwas aufgeschäumter Milch, in einer kleinen Tasse oder im Glas serviert.
Cappuccino	Ein Espresso in der grossen Tasse, mit cremigem Milchschaum aufgegossen. Im deutschsprachigen Raum wird der Milchschaum meist mit Kakaopulver bestreut. Original wird er ohne Kakaopulver in einer nach oben weiter werdenden Tasse serviert.
Espresso doppio con latte	Ein doppelter Espresso mit aufgeschäumter Milch.
Espresso con panna	Ein Espresso in der Cappuccino-Tasse mit geschlagenem Rahm, separat serviert.
Latte macchiato	Ein grosses Glas aufgeschäumte Milch, die mit einem Espresso übergossen wird.
Caffè Americano	Ein Espresso in einer etwas grösseren Tasse und mit heissem Wasser aufgegossen.
Caffè corretto	Ein Espresso wird mit 2 cl Grappa, Weinbrand oder Likör «korrigiert».
Caffè lungo	Ein Caffè mit dem Zusatz «lungo» ist ein Espresso, der mit mehr Wasser zubereitet wird und daher weniger konzentriert ist.

Australische Kaffeekultur

Wie die meisten Länder besitzt Australien eine eigene Kaffeekultur. Mittlerweile wird auch Kaffee angebaut und überwiegend im Inland konsumiert. Die australischen Kaffeebohnen haben ein mildes und weiches Aroma und gelten als relativ koffeinarm.

Aber nicht nur der Anbau der Bohnen hat in Australien an Popularität gewonnen. Über die Jahre hat sich hier der Konsum des «Coffee to go» oder Take-away-Coffee enorm entwickelt. Zudem findet man immer mehr Kaffeehäuser. Der Espresso ist die bevorzugte Kaffeespezialität der Australier: Wer in Australien einen «Coffee» bestellt, bekommt einen Espresso serviert. Der Espresso wird dort als «Short Black» bezeichnet.

Die beliebtesten australischen Kaffeespezialitäten	
Long Black	Eine Kaffeetasse wird mit heissem Wasser gefüllt und anschliessend ein doppelter Espresso oder Ristretto hinzugegossen.
Flat White	Ein Espresso mit aufgeschäumter Milch. Der Milchschaum sollte für die Verzierung (Latte Art) besonders feinporig zubereitet werden.

Amerikanische Kaffeekultur

Typisch für die USA ist der Filterkaffee, der in grossen Mengen schwarz oder mit viel Milch, stehend oder gehend als **«Coffee to go»** getrunken wird. Weltweit mittlerweile als Synonym für die amerikanische Kaffeekultur bekannt ist die Kaffeekette **Starbucks.**

Der «American Way of Coffee» ist heute auch in vielen Städten Europas zuhause. Grund dafür ist die rasante Verbreitung dieser amerikanischen Variante des Kaffeehauses, die vor allem bei jüngeren Semestern und Junggebliebenen gut ankommt.

Inspiriert durch eine Italien-Reise eröffnete der Starbucks-Gründer HOWARD SCHULTZ die ersten Coffeeshops in den Vereinigten Staaten mit dem Prinzip, überall den gleichen Geschmack und die gleiche Qualität beim Kaffee wie bei der Ausstattung zu bieten (vergleichbar mit McDonald's).

WissensPlus
Spezialitäten wie Frappuccino, Iced Coffee, Instant Coffee, Coffee to go und Variationen von «Flavoured Coffee» liegen stark im Trend. Serviert werden sie häufig in Bechern mit der Aufschrift: «Vorsicht! Inhalt ist heiss!»

Cold Brew – mehr als nur kalter Kaffee

Anders als bei der herkömmlichen Kaffeezubereitung mit heissem Wasser wird bei dieser Zubereitungsart **kühles Wasser** mit Raumtemperatur verwendet. Cold-Brew-Kaffee enthält im Vergleich weniger Säure und Bitterstoffe. Das Kaffeekonzentrat ist mit bis zu zwei Wochen sehr lange haltbar und für Kaffeegeniesser mit einem empfindlichen Magen eine echte Alternative.

Das Cold-Brew-Verfahren ist in der Herstellung etwas **aufwendiger** als die herkömmliche Kaffeezubereitung. Der Aufwand lohnt sich jedoch. Nachdem das frisch gemahlene Kaffeepulver mit kaltem Wasser vermischt wurde, muss der Kaffee mindestens 14 bis 16 Stunden lang bei Raumtemperatur abgedeckt mit einer Frischhaltefolie ziehen. Im Vordergrund steht das Geschmackserlebnis, das beim «Kaltbrühen» erzielt wird. Die lange Ziehzeit extrahiert die süsslichen Aromen des Kaffees.

Cold Brew Kaffee

Gut zu wissen
Je nach Mahlgrad des Kaffeepulvers kann der Vorgang etwas länger dauern. Um gröbere Partikel zu entfernen, wird der kalte Kaffee zuerst durch ein feines Sieb gegeben und anschliessend sorgfältig gefiltert.

Cold Brew kann auf viele Arten serviert werden:
- Cold Brew pure
- Nitro Cold Brew: mit Stickstoff versetzt
- Vanillato: mit kalter Milch und Vanillesirup
- Freddo: mit kalter Milch
- Cold Brew Hipster: mit Mandel- oder Sojamilch

Nitro Cold Brew wird in Stahlfässer abgefüllt und mit Stickstoff (Nitro) versetzt, der dem Getränk seine cremige Textur verleiht.

Kaffee

Marokkaner

Irish Coffee

🔗 Auch der Türkische Kaffee ist eine Kaffeespezialität. Dieser wurde bereits auf S. 84 beschrieben.

Weitere Kaffeespezialitäten	
Gewürzkaffee	Den Tassenboden mit 1 cl Rum bedecken, drei Gewürznelken und auf Wunsch des Gastes Zucker beifügen, mit Kaffee aufgiessen und mit einer Zimtstange umrühren. Auf Wunsch mit geschlagenem Rahm und Zimtpulver garnieren.
Marokkaner	1 cl flüssige Schokolade in ein Glas geben. Das Glas drehen und dabei so schräg halten, dass die Schokolade zum Glasrand läuft. Anschliessend einen grossen Espresso auf das Schokoladebett giessen. Milchschaum auf den Kaffee geben und mit Kakaopulver garnieren.
Irish Coffee	2 Kaffeelöffel braunen Zucker (Rohzucker) und 4 cl Irish Whiskey in ein original Irish-Coffee-Glas geben und mit einem grossen Espresso aufgiessen. Leicht geschlagenen Rahm vorsichtig über einen Löffelrücken auf die Flüssigkeit laufen lassen. Manchmal wird Irish Coffee auch flambiert, was aber nicht dem Originalrezept entspricht.
Kaffeecocktails	Sie werden meist im Shaker oder Aufsatzmixer zubereitet und oft in einem Stielglas mit einigen Eiswürfeln serviert.
Bailey's Kaffeeshake	Im Shaker oder Aufsatzmixer einen grossen erkalteten Espresso mit 2 cl Bailey's Likör, 2 cl Rahm und 1 Kaffeelöffel Staubzucker mischen und in einem Stielglas mit einigen Eiswürfeln (auf Wunsch mit geschlagenem Rahm) und einem Trinkhalm servieren.
Kahlúa-Shake	Im Shaker oder Aufsatzmixer einen grossen erkalteten Espresso mit 2 cl Kokosmilch, 2 cl Kahlúa-Likör und 1 Kaffeelöffel Staubzucker mischen und in einem Stielglas mit einigen Eiswürfeln, geschlagenem Rahm, gehackten Kaffeebohnen und einem Trinkhalm servieren.
Amerikanischer Eiskaffee-Flip	1 Eigelb mit 1 Teelöffel Zucker, 2 cl Cognac und 2 cl Rahm mixen, dann in ein hohes Glas mit einigen Eiswürfeln giessen. Mit kaltem Kaffee auffüllen und mit einem Trinkhalm servieren.

Kaffeeservice und Kaffeebeurteilung

Drei Tassen am Tag: So viel Kaffee wird in der Schweiz durchschnittlich getrunken. Das Angebot in den Cafés wird immer kreativer. Dennoch ist das bei den Schweizern beliebteste Kaffeegetränk immer noch der Café Crème, auch bekannt als «Schümli». Gut jeder dritte servierte Kaffee ist ein «Schümli».

Meine Ziele

Nach Bearbeitung dieses Kapitels kann ich
- aufzeigen, wie Gästen wertvolle Empfehlungen und Hintergrundinformationen zu kalten und warmen Kaffees bzw. auch zu Milchmischgetränken mit Kaffee in Angebotskarten und Verkaufsgesprächen gegeben werden können;
- verschiedene Irrtümer bezüglich Kaffee mit Argumenten widerlegen;
- die Grundregeln des klassischen Kaffeeservice nennen und diese anwenden;
- den Ablauf eines Cupping beschreiben, ihn vorbereiten, dessen fünf Geschmackstoffe nennen und ihn gemäss SCA-Cupping Regeln durchführen.

1 Gästebetreuung

In Emmas Lehrbetrieb wird unter jede Kaffeetasse eine spezielle Spitzenunterlage gelegt. Zudem wird der Kaffee mit einem kleinen Teller hausgebackener Guetzli serviert.

1.1 Kaffeeservice

Ein gepflegter Kaffeeservice gewinnt nicht nur in Europa, sondern auch international zunehmend an Bedeutung. Bei der Umsetzung gibt es unterschiedliche Möglichkeiten, wobei im klassischen Kaffeeservice grundsätzlich zwei Varianten unterschieden werden.

🔗 Weitere Kaffeezubereitungsarten und Tipps zum Service finden Sie im Restaurant-Service-Skills-Training-Book im Kapitel «Zubereitung von Kaffeegetränken».

Kaffeeservice	
Kaffee in der Tasse oder im Glas	**Portionenkaffee**
■ Kaffeemengen, bestehend aus verschiedenen Zuckersorten und Süssstoffen, werden mit Friandise vorgängig eingedeckt. ■ Der Kaffee in der Tasse wird dem Gast von rechts vorgesetzt. Dabei zeigt der Henkel der Kaffeetasse nach rechts und der Löffel liegt parallel dazu.	■ International wird der Kaffee oft aus Kannen oder Krügen von rechts in der davor eingesetzten Tasse eingeschenkt. Hierzu verwendet man in der linken Hand ein Servicetuch, um die möglichen Tropfen an der Kanne aufzufangen. ■ Die Krüge können nach dem Ausschenken auf Unterteller auf dem Tisch eingesetzt werden. Kaffeerahm oder Milch können von rechts passiert oder mit den Kaffeemengen auf den Tisch eingesetzt werden.

Zu einfachen Kaffees sollen regionale bzw. einfache Süssspeisen serviert werden. Zu Kaffeespezialitäten werden darauf abgestimmte spezielle Desserts gereicht.

Servicetipps
- Achten Sie auf Sauberkeit und eine vollständige Mise en Place.
- Servieren Sie Kaffee ausschliesslich in vorgewärmten Kaffeetassen, Gläsern und Kaffeekannen.
- Espressotassen sollten etwas dickwandiger sein, um die Wärme besser halten zu können. Die Öffnung sollte relativ klein sein, damit sich die Crema länger hält.
- Stellen Sie Zucker und Süssstoff ein. Eine Auswahl an mehreren Zuckerarten wird von Gästen sehr geschätzt.
- Frische Milch bzw. Kaffeerahm ist zu bevorzugen.
- Zur Neutralisierung des Geschmackes wird in den meisten Gastronomiebetrieben ein Glas stilles Wasser zum Kaffee serviert.
- Fassen Sie die Tassen immer am Henkel und die Löffel immer am Griff an.
- Tassenhenkel und Löffel zeigen beim Einstellen immer nach rechts.
- Aufmerksamkeiten wie Guetzli oder Pralinen zum Kaffee werden von den Gästen geschätzt.
- Tassen werden erst dann abgeräumt, wenn der Gast bezahlt bzw. eine weitere Bestellung macht.

1.2 Harmonie von Kaffee, Getränken oder Speisen

Jede mit einem Kaffee genossene Zugabe – Milch, Zucker, Spirituosen, Getränke oder Speisen – hat eigene Aromastoffe wie Eiweisse oder Fette. Milch beispielsweise ändert nicht nur die Farbe, sondern auch den Geschmack und die Textur (das Gefühl im Mund) des Kaffees. So kann das Milcheiweiss die Wahrnehmung von Säure, Bitterstoffen, Röststoffen und die Kaffeeintensität herabsetzen. Die Milchfette hingegen verstärken den cremigen, milchigen Eindruck des Kaffees.

Zu Kaffee passt kohlensäurearmes Mineralwasser oder weiches Leitungswasser, das am besten kalt, aber nicht eiskalt serviert wird.

Die legendären Luxemburgerli von Sprüngli

Spirituosen und Kaffee

Besonders in der gehobenen Gastronomie sollten Kaffee und Spirituosen nicht gemischt werden, da die alkoholische Schärfe durch das Erhitzen betont und durch die Beigabe von Zucker meist behoben wird.

Zu einer Arabica-Varietät mit fruchtiger und säurehaltiger Note und rauchigen, holzigen Röstnoten passen zum Beispiel Rum, Cognac, Armagnac oder Brandy. Die Aromenvielfalt von Spirituosen, die im Holzfass lagern, lässt sich bestens mit Kaffee kombinieren. Beim Whisky passen grundsätzlich solche mit einer malzigen Note.

💡 Bieten Sie zum Kaffee immer einen passenden Digestif an. Auch Obstdestillate wie z. B. Birnenbrand passen.

Speisen und Kaffee

Kaffee bzw. Kaffeegetränke sind zum Frühstück sowie zu Kuchen beliebt. In Österreich und Deutschland werden vor allem nachmittags Kuchen und Torten mit Kaffee kombiniert.

Kaffee beendet in vielen Ländern nicht nur das Mittag- und Abendessen, sondern wird z. B. von amerikanischen Gästen auch zu den Mahlzeiten getrunken. Auch in Europa ist es nicht unüblich, zu einem Mittagessen Kaffee zu trinken.

⚠️ Die Aromen des Kaffees werden durch Bitterstoffe in Speisen eher unangenehm.

WissensPlus
Fettreiche Speisen wirken neutralisierend auf den Geschmack des Kaffees. Fett im Kaffee (Kaffeerahm oder Milch) wiederum lässt die Geschmackselemente der Speisen neutral erscheinen.

1.3 Zehn Irrtümer über Kaffee

Kaffee entzieht dem Körper zu viel Wasser.
Laut Ernährungswissenschaft versorgt auch gebrühter Kaffee den Körper mit Flüssigkeit, vor allem wenn man an täglichen Kaffeegenuss gewöhnt ist.

Je länger Kaffee zieht, desto besser schmeckt er.
Die meisten Aromastoffe lösen sich rasch aus dem Kaffeemehl. Nur Bitterstoffe (vorwiegend Gerbsäure) brauchen mehr Zeit, um sich zu entfalten. Deshalb wird er bitter und wirkt adstringierend.

Viele Geschichten ranken sich um den Kaffee.

Soll man Mineralwasser zur Zubereitung von Kaffee verwenden?

🔗 Den genauen Unterschied zwischen UHT- und PAST-Milch finden Sie auf S. 181 beschrieben.

Der Mahlgrad hängt von der Zubereitungsart ab.

Kaffeebohnen dürfen nicht im Kühlschrank gelagert werden.

Die aromatischen Verbindungen von geröstetem Kaffee sind gegenüber Kälte unempfindlich. Eine luftdichte Verpackung schützt vor Feuchtigkeit und Fremdgerüchen.

Mineralwasser eignet sich für die Kaffeezubereitung.

Ein Mineralwasser mit hohem Mineralstoffgehalt und Eigengeschmack neutralisiert die feinen Säuren im Kaffee bzw. verfälscht den Geschmack. Hingegen ist ein sehr weiches Mineralwasser gut geeignet für eine Kaffeezubereitung.

Salz auf dem Kaffeemehl rundet den Geschmack ab.

Salz verstärkt die Säure und schadet dem Geschmack des Kaffees.

Ein «verlängerter Espresso» ist leichter.

Durch das intensive Auslaugen des Kaffeemehls bei der Espressozubereitung (Überextraktion) verdreifacht sich der Schadstoffanteil im verlängerten Kaffee gegenüber einem kleinen Espresso.

Mit UHT-Milch (ultrahocherhitzte Milch) gelingt Milchschaum optimal.

Die Qualität des Schaums wird durch den Eiweissgehalt und die Temperatur der Milch bestimmt, nicht durch die Konservierung. Ausserdem schmeckt PAST-Milch besser. Die Milch sollte beim Aufschäumen nicht über 67 °C erhitzt werden, da sonst das Eiweiss gerinnt und der Milchzucker verbrennt.

Rohkaffee und gerösteter Kaffee sind Jahre haltbar.

Das beste Aroma entfaltet natürlich frisch gerösteter und frisch gemahlener Kaffee. Optimal frisch aufgebrühter Kaffee ist aromatisch und schmeckt weder bitter noch verbrannt.

Am besten haltbar ist Kaffee in luftdichten Verpackungen, da der Kaffee bei Kontakt mit Sauerstoff Aroma verliert und chemische Prozesse mit dem Sauerstoff die Öle und Fette im Kaffee verändern können. Aber auch gut gelagert leidet die Genussqualität von Kaffee schon nach ca. neun Monaten.

Eine hohe Brühtemperatur ergibt einen kräftigeren Kaffee.

Durch das Kochen von Kaffee bzw. durch das Aufbrühen mit kochendem Wasser wird der Kaffee bitter und säurebetonter. Die Brühtemperatur sollte unter 95 °C liegen.

Durch eine feine Mahlung wird weniger Kaffee benötigt.

Wenig sehr fein gemahlener Kaffee kann zu einem dünnen, bitteren Kaffee führen. Der Mahlgrad muss auf die Zubereitungsart (z. B. Espresso, Filter, türkische Methode) abgestimmt werden. Als Richtwert für die Kaffeemenge pro Tasse gelten sieben bis acht Gramm.

2 Kaffee-Sensorik und Cupping

> *Auszug aus einem Food-Blog   Bewertet am 8. September 20..*
>
> *Genuss pur – Kaffeeverkostung im Hotel Sonnenschein*
>
> *Eine tolle Sache, wie einem der Barista des Hotels Kaffee näherbringt. Wir haben nicht gewusst, dass Kaffee so unterschiedlich schmecken kann! Freue mich schon auf den nächsten Besuch.*

2.1 Die sensorische Analyse

Eine sensorische Analyse ist eine wissenschaftliche Disziplin. Sie beschäftigt sich mit der Bewertung von Lebensmitteln oder Materialien und erfolgt über die fünf menschlichen Sinnesorgane Riechen, Schmecken, Tasten sowie Sehen und Hören.

Angewendet wird die sensorische Bewertung in der industriellen und handwerklichen Produkteentwicklung, in der Produktion, in Qualitätskontrollen, Qualitätssicherung, Marketing und Forschung.

Die Verkostungstemperatur darf nicht heiss, sondern nur lauwarm sein. Alternativ kann in drei Durchgängen verkostet werden: warm, lauwarm, kalt.

WissensPlus
Die sensorische Analyse ist innerhalb der Lebensmitteluntersuchung eine eigenständige analytische Untersuchung. Die Art der Prüfmethoden und die Auswahl geeigneter Prüfmittel sind vom Produkt abhängig. Die professionelle Durchführung sensorischer Tests unterliegt wissenschaftlichen Standards.

Vorbereitung eines Cupping: Die Brühtemperatur sollte zwischen 92 und max. 95 °C sein.

Prüfmittel

Prüfmittel im engeren Sinne sind Messeinrichtungen, die bei einer Qualitätsprüfung eingesetzt werden. Prüfmittel können feste Einrichtungen eines Arbeitsplatzes, bewegliche Geräte oder Gegenstände sein. Diese sind systematisch überwachbar und werden in regelmässigen Zeitabständen überprüft, kalibriert oder gegebenenfalls geeicht, um genaue Messergebnisse zu gewährleisten.

Vorteile von Maschinen:
- Präzise Ergebnisse
- Ergebnisse sind immer gleich
- Reproduzierbarkeit
- Immer einsatzbereit

Auch Menschen können Prüfmittel sein. Deren Sinne, Sinnesorgane und Sinnesempfindungen bilden ein System, das die sensorische Analyse ermöglicht.

Vorteile von Menschen:
- Sensitiv
- Schnell einsetzbar mit fünf Sinnen
- Fähig, Unterschiede zu erkennen
- Sensorisches Gedächtnis (Ausdrucksweise und Wortwahl)
- Ergänzendes Prüfmittel zu Maschinen und Untersuchungsmethoden (z. B. mikrobiologische, chemische oder physikalische Analysen)

💡 **Befragungen** dienen dazu, systematisch Informationen über Einstellungen, Meinungen, Wissen und Verhaltensweisen von Menschen zu gewinnen.

Sensorische Prüfung

Die Wahrnehmung von sensorischen Qualitätsmerkmalen ist subjektiv. Mithilfe der sensorischen Analyse besteht die Möglichkeit, die mit den menschlichen Sinnen subjektiv erfassten Eindrücke zu objektivieren, um so reproduzierbare Ergebnisse zu erhalten.

Im Rahmen von Entwicklung, Marketing und Qualitätssicherung von Produkten werden Methoden der sensorischen Analyse angewendet, um Kriterien der sensorischen Qualität von Produkten, wie Beliebtheit, Abweichung vom Standard, etc. beurteilen zu können. Dabei wird zwischen zwei Testmethoden unterschieden. Einerseits gibt es die analytische bzw. **objektive Testmethode,** anderseits die **hedonische Prüfung bzw. Konsumententests.**

Hedonische Analytik

Die hedonische Analytik ist eine subjektive Beurteilung. Anhand dieser soll beurteilt werden können, wie gut jemandem eine Probe schmeckt, welches Produkt ein Kunde bevorzugt (Konsumentenumfragen) oder wie ein Produkt sein sollte, damit der Konsument es kauft.

Dabei wird keine regelmässige Schulung der Sinne der ausgewählten Prüfer vorgenommen. Ziel ist es, eine Beliebtheitsaussage von den prüfenden Personen zu erhalten. Die Ergebnisse sind nur reproduzierbar bei einer grossen Anzahl an Prüfern (mindestens 50 Teilnehmende).

Sensorische Analytik

Die sensorische Analytik ist eine objektive Beurteilung von Produkten bzw. Proben durch trainierte Prüfer (Panelisten). Das Prüfungsgut wird i. d. R. von allen Prüfern gleich bewertet.

Zur Messung der Kriterien braucht es geschulte Sinne. Dies erfordert regelmässige Schulungen sowie das Durchführen von Schwellen- und Geschmackserkennungstests. Mit einer regelmässigen Teilnahme an Degustationen werden die Sinne geübt und geschärft.

Eine sensorische Analyse erfolgt in **vier Schritten.**

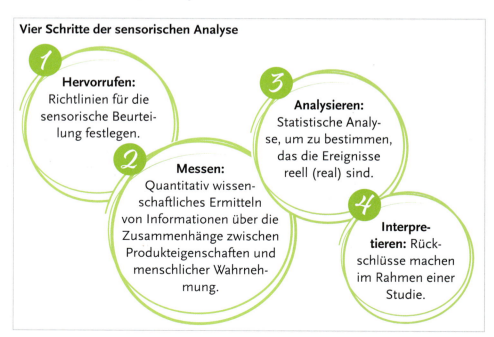

Vier Schritte der sensorischen Analyse

1. **Hervorrufen:** Richtlinien für die sensorische Beurteilung festlegen.
2. **Messen:** Quantitativ wissenschaftliches Ermitteln von Informationen über die Zusammenhänge zwischen Produkteigenschaften und menschlicher Wahrnehmung.
3. **Analysieren:** Statistische Analyse, um zu bestimmen, das die Ereignisse reell (real) sind.
4. **Interpretieren:** Rückschlüsse machen im Rahmen einer Studie.

2.2 Wahrnehmung über die fünf Sinne

Wir haben **fünf Sinne:** Sehsinn, Geruchssinn, Geschmackssinn, Tastsinn und Gehörsinn. Die Reizaufnahme resp. -auslösung erfolgt jeweils am **Sinnesrezeptor** (Geruchssinneszelle, Geschmackssinneszelle). Die Information des Reizes wird kodiert und an die Gehirnzellen weitergeleitet. Im Gehirn wird die Information wahrgenommen und die Empfindung verarbeitet.

Die Wahrnehmung spielt in jeder Form der Kommunikation eine zentrale Rolle.

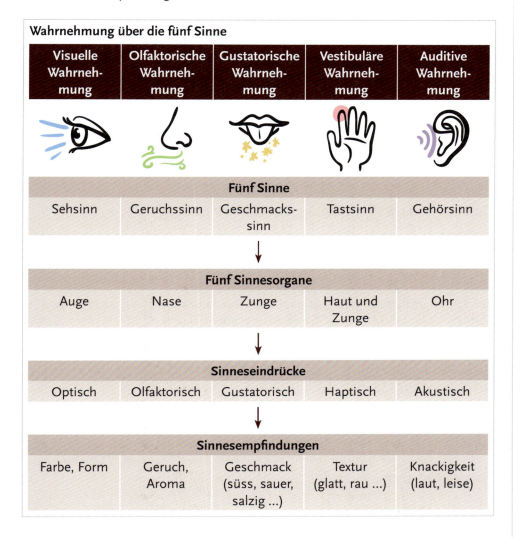

Trigeminale Wahrnehmung

Unter einer trigeminalen Wahrnehmung versteht man die **Sinnesreize,** die über den **Nervus Trigeminus** vermittelt werden. Trigeminale Nervenverbindungen sind für die Wahrnehmung von **taktilen und thermalen Empfindungen** sowie von **Schmerzempfindungen** verantwortlich.

Der Gesichtsnerv Trigeminus vermittelt taktile Empfindungen der Gesichtsregion und ist an der Duftwahrnehmung beteiligt. Deshalb spricht man auch von einer gustatorischen (Geschmackssinn «Zunge»), olfaktorischen (Geruchssinn «Nase») und der trigeminalen Wahrnehmung (Mundgefühl). Über den Nervus Trigeminus nimmt man primär irritative Eigenschaften wie Brennen, Schärfe, Adstringenz, Prickeln, Beissen, Stechen, Kühlen war. Sekundäre Reaktionen und Reflexe sind Schwitzen, Weinen oder Niesen.

⚠ Menschen haben unterschiedliche Wahrnehmungen. Ausschlaggebend sind Genetik und Veranlagungen (Sensitivität, Speichelproduktion und die Mundgeometrie) sowie das Alter und Geschlecht. Massgeblich sind auch physikalische Faktoren (Hunger, Müdigkeit, emotionale Belastung etc.) und psychologische Faktoren (Motivation, Präferenzen, Kultur etc.).

WissensPlus

Gesteuert wird die trigeminale Wahrnehmung über Zunge, Nase und Haut. Auslösende Substanzen können Chili, Pfeffer, Ingwer, Tabak oder auch Kohlensäure sein.

Olfaktorische Wahrnehmung: Geruch (Nase)

Es gibt 50 Millionen Geruchsrezeptoren auf dem Riechepithel. Menschen können nur gerade 10 000 Gerüche empfinden oder erkennen und bis zu 4000 Gerüche unterscheiden. Durch das Schlucken fliesst Luft durch den Nasen-Rachen-Raum zu den Riechorganen, dies erhöht die Wahrnehmung. Ein Training kann die Erkennung resp. die Wahrnehmung von Gerüchen um bis zu 1000 Gerüchen erhöhen. Schlürfen (Cupping) erhöht die Strömung von flüchtigen Komponenten zu den Riechorgangen um bis zu < 130 %.

Gustatorische Wahrnehmung: Geschmack (Zunge)

Die Zunge dient bei der Nahrungsaufnahme gleichzeitig als Kau- und Zerkleinerungs- sowie Schluckhilfe. Hierbei stuft sie die Geschmacksinformation aus der Nahrung ein.

Auf der Zunge befinden sich zahlreiche Papillen, die fadenförmig, keulenartig oder platt sind. Mit den rund 10 000 Geschmacksknospen auf der Zunge können die fünf Grundgeschmäcker **süss, sauer, salzig, bitter** und **umami** wahrgenommen werden.

WissensPlus

Die Empfindung durch die Geschmacksknospen ist eine subjektive Gesamtheit von Sinneseindrücken aus Reizen (Stimuli), gelöst in Wasser, Öl oder Speichel (der Mensch kann nur etwas in flüssiger Form schmecken und analysieren). Die sogenannten mechanischen Papillen dienen vor allem der Aufnahme von Tastempfindungen.

2.3   Die Sensorik beim Kaffee

Cupping = Schlürfen, Verkosten.

Bei der sensorischen Analyse von Kaffee – auch **Cupping** genannt – werden Geschmackseigenschaften und Aromen des Kaffees analysiert, identifiziert und bestimmt. In einer professionellen Degustation werden Geschmacks- und Aromafelder erkannt. Deren Eigenschaften werden nach Intensität und Qualität bewertet. Der Gesamteindruck definiert das Potenzial des Kaffees.

WissensPlus

Grundsätzlich sind fast alle Menschen in der Lage, Geschmäcker zu unterscheiden resp. wahrzunehmen. Die jeweils unterschiedliche Empfindung ist zum Teil auch genetisch bedingt. Ein regelmässiges Verkostungstraining kann das Erkennen verschiedener Geschmäcker erhöhen.

Bereit für das Cupping

Kaffeeservice und Kaffeebeurteilung

Wichtigste Sinne für eine Kaffeeanalyse	
Orthonasale Wahrnehmung	Retronasale Wahrnehmung
Sie geht über die Nase ins Hirn.	Sie geht über den Mund in den Hals und ins Hirn.

Degustation von Kaffee

Die Kaffeekomponenten

Ein Rohkaffee enthält mehr als 400 organische und nicht organische Komponenten. Während des Röstprozesses entwickeln sich in der Kaffeebohne mehr als 800–1000 Komponenten, darunter auch viele Aromen-Verbindungen.

Geschmäcker und Aromen

Der Kaffeegeschmack wird von diversen Faktoren beeinflusst, u. a. von der Kaffeesorte, der Bodenbeschaffenheit und Lage des Anbaugebietes sowie vom Röstprozess.

Bei den Geschmacks- und Aromaeigenschaften wird beurteilt nach:
- Geruch und Komplexität
- Säuregehalt
- Bitterkeit
- Körper und Mundgefühl
- Geschmack und Aroma

Die Bewertungskriterien für ein professionelles Cupping finden Sie in Ihrem digitalen Zusatzpaket.

Positive und negative Aromen im Kaffee (Le Nez du Café)	
Positiv	**Negativ**
- Zitrus	- Erdig
- Floral	- Zwiebeln
- Mandeln	- Fermentierte Kirschen
- Honigartig	- Muffig
- Johannisbeeren	- Holzig/alt
- Zedernholz	- Gummiartig/Kautschuk
- Aprikosen	- Medizinisch
- Schokolade	- Jodartig
- Jasmin	- Essigartig

Le Nez du Café ist ein Thesaurus der Düfte, mit dem sich die Vielfalt der Kaffee-Aromen in Worte fassen lässt: www.lenez.com

Säure-Arten

Wir unterscheiden folgende Säure-Arten, die man beim Cuppen wahrnehmen kann und die im Mund eine Adstringenz bewirken, wie z. B. ein unangenehmes Mundgefühl oder ein Zusammenziehen:
- Zitronensäure (z. B. Zitrone, Limette, Orange, Grapefruit)
- Apfelsäure (z. B. Apfel, grüner Apfel)
- Milchsäure (z. B. Joghurt)
- Weinsäure (z. B. Trauben)

Die Cupping Bowls werden aufgegossen. Das Kaffee-Wasser-Verhältnis ist 8,25 g auf 150 ml.

| Kaffee

3 Kalkulation

Die Kaffeepreise in den Restaurants variieren teilweise sehr stark. Emma möchte wissen, wie der Kartenpreis einer Tasse Kaffee berechnet wird.

💡 Je nach Kanton oder Stadt ist der Kaffeepreis sehr unterschiedlich. Er bewegt sich zwischen CHF 3.20 und CHF 5.50. Der Durchschnittspreis liegt bei CHF 4.25.

Für die Kalkulation des Verkaufspreises sind zuerst die anfallenden Kosten des Betriebes zu berücksichtigen. Sie beinhalten **Fixkosten, variable Kosten** und den **Deckungsbeitrag.**

Beispiele
- **Fixkosten:** Abschreibung der Kaffeemaschine, Unterhalt der Geräte, Anschaffungskosten und Ersatzkosten für Porzellan
- **Variable Kosten:** Kaffeebohnen, Wasser, Elektrizität, Zucker, Kaffeerahm, Beilage, Tassenunterlage, Entsorgung
- Dazu kommt der **Deckungsbeitrag des Betriebes.** Dieser umfasst Löhne und Sozialkosten, Miete, allgemeine Betriebskosten sowie Finanz- und Anlagekosten.

Kalkulation des Verkaufspreises von Kaffeegetränken

Zur Kalkulation des Verkaufspreises müssen zuerst die **Warenkosten** ermittelt werden. Die Kalkulation erfolgt nach Durchschnittswerten der Kosten in Prozent, welche vom Verband CafetierSuisse jährlich publiziert werden.

Beispiel: Nettowarenkosten für einen Espresso
Die Nettowarenkosten betragen für ein Kilogramms qualitativ hochwertigen

Bohnenkaffee	CHF 20.00
Portionsmenge	9 g
Verlust	2 %

Berechnung der verkaufbaren Portionen

Verpackungsinhalt	1000 g	=	100 %
− Verlust	20 g	=	2 %
Verkaufbare Menge	980 g	=	98 %
Portionsgrösse	9 g	=	0,9 %

Verkaufbare Portionen
109 Portionen (980 g : 9 g = 109 Portionen)

Nettowarenkosten pro Espresso
CHF 20.00 : 109 = **CHF 0.18**

⚠️ Werden im Restaurant weitere Beigaben wie Konfekt oder gar Petits Fours beigestellt, müssen diese Kosten auch in die Kalkulation einfliessen.

Dann erst erfolgt die eigentliche Kalkulation des Kartenpreises, also des Betrages, den der Gast in der Getränkekarte lesen kann.

Kaffeeservice und Kaffeebeurteilung

Kalkulation des Verkaufspreises/Kartenpreises für einen Kaffee

Der Verkaufspreis errechnet sich über den prozentualen Anteil der drei Kostenfaktoren und des Gewinnanteils, die sich aus den Durchschnittskosten eines Betriebes ableiten lassen:

Verkaufspreis	100 %
Variable Kosten	8 %
Fixkosten	14 %
Deckungsbeitrag	70 %
Gewinnanteil	8 %

Dazu kommt die **Mehrwertsteuer** von 7,7 %. So ergibt sich der effektive Verkaufspreis in der Karte.

Berechnen Sie die Mehrwertsteuer eines Kaffees mit einem Verkaufspreis von CHF 4.50.

Kalkulation des Verkaufspreises für einen Kaffee für CHF 4.30

Effektiver Verkaufspreis	(EVP)	107,7 %	CHF 4.30
Basis Verkaufspreis Dieser gilt als Basis der Kalkulation	(BVP)	100 %	CHF 4.00
– Variable Kosten	Kaffeebohnen, Wasser, Elektrizität, Zucker, Kaffeerahm, Beilage	8 %	CHF 0.32
– Fixkosten	Abschreibung der Kaffeemaschine, Unterhalt und Reinigung der Geräte (2 %), Anschaffungskosten (10 %), und Ersatzkosten für Porzellan (2 %)	14 %	CHF 0.56
– Deckungsbeitrag	Löhne und Sozialkosten (55 %), Miete, allgemeine Betriebskosten sowie Finanz- und Anlagekosten (15 %)	70 %	CHF 2.80
– Gewinn		8 %	CHF 0.32

Berechnen Sie den Verkaufspreis, wenn der Betrieb einen Gewinn von CHF 0.80 pro Kaffee erwartet.

I | Kaffee

Irish Coffee

Kalkulation des Verkaufspreises für einen Irish Coffee für CHF 8.50

Effektiver Verkaufspreis	(EVP)	107,7 %	CHF 8.50
Basis Verkaufspreis Dieser gilt als Basis der Kalkulation	**(BVP)**	**100 %**	**CHF 7.90**
– Variable Kosten	Gemäss Basisberechnung Kaffee		CHF 0.32
	Zusätzlicher Warenaufwand für Spezialkaffee: ■ Portion Rahm (CHF 0.60) ■ Portion Whiskey (CHF 1.70)		CHF 2.30
– Fixkosten	Gemäss Basisberechnung Kaffee		CHF 0.56
– Deckungsbeitrag	Gemäss Basisberechnung Kaffee		CHF 2.80
– Gewinn		24 %	CHF 1.92

WissensPlus

Man sollte in regelmässigen Abständen neu kalkulieren, da laufende Betriebskosten (z. B. Wassergebühren, Rohstoffe, Energie, Abfall, Personalkosten) stetig steigen und bei zu später Preiserhöhung der unternehmerische Erfolg stark leidet.

II Tee

Als Getränk mit jahrtausendelanger Tradition bringt Tee viel Flair, aber auch immer wieder neue Varianten und Trends in die Heissgetränke-Landschaft unserer Gastronomie.

Fachkräfte sind daher beim Thema Tee laufend gefordert – schliesslich wollen Fans der Teekultur in vielerlei Hinsicht beraten und verwöhnt werden. Wichtig dabei ist fundiertes Fachwissen über das Produkt Tee sowie Kenntnisse und praktische Erfahrung im Umgang mit Tee. Die daraus entstehende Sicherheit ist die beste Basis für eine erfolgreiche Gästeberatung – und eine langfristige Kundenbindung, denn begeisterte Gäste kommen immer wieder gerne.

- **Geschichte und Anbau von Tee** .... **Seite 120**
- **Verarbeitungsarten von Tee** .... **Seite 131**
- **Teeinhaltsstoffe und Wirkung von Tee** .... **Seite 146**
- **Teekulturen, Zubereitung und Service von Tee** .... **Seite 149**
- **Kräuter-, Gewürz- und Früchteaufgüsse** .... **Seite 160**
- **Tee- und Aufgussangebote in der Gastronomie** .... **Seite 165**

Geschichte und Anbau von Tee

💡 China ist das Ursprungsland des Tees und pflegt seine Teekultur seit etwa 5000 Jahren.

⚠️ **Im deutschen Sprachgebrauch wird der Begriff Tee auch für Aufgüsse anderer Pflanzen(teile) verwendet.** Diese Aufgüsse (z. B. Kräuteraufgüsse wie Pfefferminztee) bilden ein eigenes Thema und werden auf S. 160 abgehandelt.

Hinter dem kurzen Begriff Tee verbirgt sich ein Getränk von grosser Vielfalt und Bedeutung. «Tee» steht für alle Verarbeitungsarten der Teepflanze Camellia Sinensis. Tee ist ein veredeltes Produkt, das uns sowohl als Alltagsgetränk wie als hochwertiges Genussmittel begegnet.

Heute ist Tee **nach Wasser das am häufigsten konsumierte Getränk der Welt.** Tee ist reich an Aromen, feinen Düften, ätherischen Ölen sowie heilsamen Inhaltsstoffen. Er wirkt ausserdem anregend und fördert die Konzentration.

In Europa werden hauptsächlich kräftige, aromatische Tees, z. B. aus Indien und Sri Lanka, getrunken. Tee aus China wird meist als zu weich und zu rauchig empfunden. Der Konsum von grünem Tee, dem eine gesundheitsfördernde Wirkung nachgesagt wird, sowie von Eistee ist in den letzten Jahren stark gestiegen.

Eine **Neuentwicklung** sind Teesirupe für die schnelle Küche. Diese Fruchtsaftkonzentrate mit Teeextrakten oder Kräuterauszüge haben mit Tee nichts gemein. Sirup wird in einem bestimmten Verhältnis mit kochend heissem Wasser aufgegossen, z. B. für Punsch (heisses Mischgetränk mit Alkohol). Die trendige Abwandlung des Caffè Latte ist der Chai Latte.

Chai Latte ist schwarzer Tee mit Gewürzen wie Zimt, Ingwer, Kardamom und Gewürznelken mit geschäumter Milch. Er stammt vom gewürzten indischen Tee, Chai genannt.

🎯 Meine Ziele

Nach Bearbeitung dieses Kapitels kann ich

- über den Ursprung und die Verbreitung von Tee Auskunft geben;
- Qualitäten bezüglich Pflanzen, Anbau und Ernte beurteilen;
- die wichtigsten Teeanbauländer bzw. -regionen und deren unterschiedlichen Teequalitäten nennen und zuordnen.

Chai Latte *Tschai Latte*

Geschichte und Anbau von Tee

1 Ursprung des Tees

Die Bezeichnungen für Tee ähneln sich über die europäischen Sprachgrenzen. In China oder Indien heisst Tee dagegen «cha» oder «chay».

Tee wurde **erstmals in China kultiviert** und als Heilmittel verwendet. Es ist jedoch unklar, wann genau aus Blättern des Teestrauches erstmals ein Getränk zubereitet wurde. Es ranken sich jedoch zahlreiche Legenden um dieses Ereignis.

WissensPlus
Während der Tang-Dynastie im China des 8. Jahrhunderts n. Chr. entstand ein berühmtes Buch über Tee, seine Herkunft und Sorten sowie die richtige Zubereitung: Cha Jing (deutsch: Das klassische Buch vom Tee) von Lu Yu. Einige Zeit später wurde die Zubereitung des Tees zum Mittelpunkt eines buddhistischen Rituals, aus dem sich später die japanische Teezeremonie entwickelte. In den darauffolgenden Dynastien entwickelte sich die Teekultur weiter.

Während der Song-Dynastie (960–1280) entstanden erste Blatt-Tees, die in der Ming-Dynastie (1368–1644) in Mode kamen und sich bis heute durchsetzen konnten. Ebenfalls in der Ming-Zeit wurde die Oolong-Verarbeitung erfunden: Der Tee war einfacher zuzubereiten und lagerfähiger.

Unter der Qing-Dynastie der Mandschu (1644–1911) führten die für die Briten ungünstigen Handelsbedingungen zu den beiden Opiumkriegen. China wurde dadurch gezwungen, Häfen für den Handel zu öffnen und einige Gebiete abzutreten (z. B. Hong Kong). Um grössere Mengen an Tee produzieren zu können, entstand Anfang des 19. Jahrhunderts der schwarze Tee als einfachere Verarbeitungsart zu Oolong (siehe ab S. 135).

Die Niederländer waren die Ersten, die chinesischen Tee nach Europa importierten. Bald darauf begannen die Briten mit der East India Company den Teehandel aufzubauen. Wurde Tee anfänglich nur als Heilmittel in Apotheken gehandelt, fand man schon bald Geschmack an seinem feinen Aroma.

Der Legende nach entdeckte der chinesische Kaiser SHENNONG die heilende Wirkung der Teepflanze. Während er verschiedene Kräuter auf deren Wirkung untersuchte, sei ihm ein Teeblatt in kochendes Wasser gefallen. Der aufsteigende Duft habe ihn begeistert und er habe sich nach dem Probieren frisch und belebt gefühlt.

1.1 Verbreitung von Tee

Über Jahrhunderte wurde die Teepflanze durch Menschen im ganzen südlichen China verbreitet. Grundsätzlich gilt, dass Tee südlich des Yangtse-Flusses überall angebaut werden kann. Die meisten chinesischen Teeanbaugebiete existieren schon seit der Tang-Dynastie (618–906). In dieser Zeit gelangten auch erstmals Teesamen nach **Japan.** Erst Anfang des 19. Jahrhunderts brachten Briten und Niederländer Teepflanzen in ihre Kolonien Niederländisch-Indien (Indonesien) und Britisch-Indien (dort v. a. nach Assam, Darjeeling). Später wurde auch in anderen Kolonien, vor allem in Afrika, Tee angebaut, heute auch in Südamerika.

💡 In Südamerika und Afrika ist Tee mittlerweile eines der wichtigsten Handelsgüter.

Artisanal = steht für ein Handwerk, für dessen Ausübung spezielle Fähigkeiten nötig sind.

Teeplantage mit Varietätengarten

Tee ist weltweit zu einem begehrten Genussmittel geworden. Er hat in unseren Breitengraden jedoch nicht annähernd die Bedeutung, die er in asiatischen Ländern hat. Der europäische Tee-Markt und die Kenntnisse über Tee waren lange Zeit geprägt von Tees aus ehemaligen Kolonien. Tees aus diesen Gebieten werden nach dem Vorbild der von den Briten in Indien und den Niederländern in Indonesien eingeführten industriellen Art der Teeverarbeitung produziert.

In China wird Tee jedoch seit Jahrtausenden als Kunstform zelebriert und artisanal hergestellt. Wie Indien exportiert auch China Tee nach Europa. Meist handelt es sich um eine eher einfache Qualität, da bei uns Tee nach wie vor als preiswertes Alltagsgetränk bekannt ist. Für den chinesischen Teemarkt werden jedoch wertvolle, kunstvoll verarbeitete Tees aus bester Lage produziert (vergleichbar mit europäischen Spitzenweinen) und zu sehr hohen Preisen gehandelt.

Mit zunehmender Entwicklung der westlichen Teekultur gelangen auch hochwertige chinesische und japanische Tees nach Europa. Die Gruppe der Teeliebhaber wächst stetig. Tee wird als hochwertiges Genussmittel wertgeschätzt. Diese Entwicklung zeigt sich auch in der Gastronomie, in den Ansprüchen der Gäste.

Das Fachgebiet Tee ist im Wandel und neue Erkenntnisse führen zu höchstem Genuss. Ein ausgewähltes Teeangebot und ein schön zubereiteter Tee drücken dem Gast gegenüber Wertschätzung aus und stehen für Gastfreundschaft.

1.2 Der Name «Tee» (oder «Cha»)

Beide Bezeichnungen, Tee und Cha, kommen aus China. Die Verbreitung der Bezeichnungen zeigt, wie Globalisierung funktionierte, bevor es den Ausdruck überhaupt gab. Die unterschiedlichen Regionen, von wo aus Tee seinen Siegeszug begann, hatten in ihren Dialektsprachen unterschiedliche Bezeichnungen für Tee und gaben diese ihren jeweiligen Händlern weiter. Das Wort Cha verbreitete sich so eher auf dem Landweg, entlang der berühmten Seidenstrasse über Indien nach Persien. Der Ausdruck Tee kam durch niederländische Händler über das Meer nach Europa.

WissensPlus
Weltweite Verbreitung der Begriffe Tee und Cha

2 Die Teepflanze

> *Eine Pflanze – eine Vielzahl an unterschiedlichen Getränken? Das kann doch nur wie beim Wein an der Herkunft und Aufbereitung liegen!*

Teeplantage in Indien

Die Teepflanze «camellia sinensis» heisst übersetzt «chinesische Kamelie» und gilt als immergrüner Busch, der in subtropischem Klima wächst. Wild wachsend würden Teebäume eine Höhe von 15 Metern und mehr erreichen. Um die Ernte zu erleichtern, werden die Pflanzen üblicherweise auf die Grösse eines etwa einen Meter hohen Busches zurückgeschnitten.

WissensPlus

Der Ursprung der Teepflanze liegt im chinesischen Grenzgebiet von Yunnan (nördlich von Vietnam, Laos, Burma und östlich von Assam). In diesen Regionen gibt es nach wie vor mehrhundertjährige Bäume, die vor allem in Yunnan sorgfältig bewirtschaftet werden. Die Blätter dieser alten Bäume sind besonders wertvoll und werden zu Tees von höchster Qualität (Pu Erh) verarbeitet.

2.1 Teesorten

Die Familie der camellia sinensis wird im Pflanzenverzeichnis der Royal Botanic in vier Unterkategorien eingeteilt. Ihre beiden international für Tee relevanten Unterarten werden als

- **camellia sinensis var. Sinensis** (kleinblättriger, sehr verbreiteter, sehr resistenter Chinatee aus subtropischem Klima, darunter spezifische Arten für Oolong) und als
- **camellia sinensis var. Assamica** (grossblättriger, sehr verbreiteter Assamtee aus tropischem Klima) bezeichnet.

Daneben existieren heute zahlreiche Hybride, insbesondere Kreuzungen von China- und Assamtee, um die Vorteile beider Pflanzen gleichzeitig nutzen zu können.

💡 Die einzelnen Gruppen können in unzählige weitere lokal angepasste oder gezüchtete Teepflanzenvarietäten weiter unterteilt werden.

2.2 Anbau von Tee

Für die Qualität eines Tees sind neben der Verarbeitung auch die Anbaubedingungen ausschlaggebend. Nur wertvolles Pflückgut kann zu einem wertvollen Tee veredelt werden. Jede Teeart hat eigene ideale Bedingungen.

⚠️ Für die Charakteristik eines Tees spielen wie bei allen Getränken aus der Natur folgende Faktoren eine Rolle:
- Die Pflanze
- Das Anbaugebiet
- Die Anbauhöhe (Klima)
- Die Bodenbeschaffenheit
- Die Lage

Anbaurichtlinien für Teequalitäten

Wertvolles Pflückgut	Einfaches Pflückgut
Das Blatt wächst langsam, im Frühling, in wolkig-nebligem Klima, an den Hängen des Berges.	Das Blatt wächst schnell, im warmen Sommer, im sonnigen Unterland.
Pflanzen und Boden werden sorgfältig bewirtschaftet. Die Qualität steht im Vordergrund.	Pflanzen und Boden werden industriell bewirtschaftet. Menge und Ertrag stehen im Vordergrund.
Die Anzahl der Erntedurchgänge wird sorgfältig kontrolliert, um die Pflanzen nicht zu übernutzen.	Geerntet wird, sobald Blätter spriessen, die Pflanzen werden übernutzt.
Ausgeprägte Biodiversität	Monokultur
Alte Bäume oder gereifte junge Bäume	Junge Bäume werden zu früh abgeerntet und sind daher schneller wieder auszutauschen.
Gepflückt wird sorgfältig von Hand.	Gepflückt wird von Hand oder maschinell.

Aus einem Kilogramm Teeblätter entstehen etwa 125–250 Gramm Schwarztee.

💡 Die Teepflanze ist eine subtropische Pflanze. Sie kann in entsprechendem Klima rund um die Welt angebaut werden.

2.3 Ernte von Tee

Die Teepflanze durchläuft im Verlauf des Jahres mehrere Wachstumsphasen mit entsprechenden Erntezeiten. Deshalb werden im Frühling, im Sommer und im Herbst Blätter geerntet und verarbeitet. Nach der langen Ruhephase im Winter entstehen im Frühling besonders wertvolle Blätter.

Doch nicht jedes der tausenden Blätter eines Strauches wird zu Tee. Die Pflückformel für Qualitätstee lautet grundsätzlich: **two leaves and a bud.** Das heisst, dass nur die beiden obersten Blätter und die Knospe vom Strauch gepflückt werden dürfen, da sie das feinste Aroma haben. In den Wachstumsperioden kann man die Blätter eines Teestrauchs etwa alle 10 bis 15 Tage ernten.

Das erste Mal kann man von einem fünfjährigen Strauch ernten. Die Pflanzen werden jährlich zum Ende der Pflücksaison auf eine Höhe von 1 bis 1,4 Metern zurückgeschnitten. Dies fördert den Neuaustrieb, erleichtert die Pflückarbeit und hält die Bewuchsdecke (den Pflücktisch) niedrig und dicht. Im Plantagenanbau werden Assampflanzen nach etwa 30 Jahren und Chinapflanzen nach etwa 60 Jahren erneuert.

Geschichte und Anbau von Tee

Die Urwälder der Provinz Yunnan im südwestlichen China beheimaten mehrhundertjährige Teepflanzen. Die Blätter dieser uralten Pflanzen ergeben ganz besondere, aussergewöhnliche Tees (Pu Erh).

2.4 Teeanbauländer

Durch die starken Klimaveränderungen der letzten Jahre werden sich die üblichen Pflückzeiten voraussichtlich weltweit verschieben.

Tee aus China

Das Ursprungsland des Tees bietet bis heute die **grösste Teevielfalt.** Die unterschiedlichen Arten, von weissem bis postfermentiertem Tee, werden in unterschiedlichen Qualitäten hergestellt. Da Tee in China eine lange Tradition hat, ist er einerseits in einfacher Teequalität im Alltag präsent, andererseits gilt ein wertvoller Tee als Statussymbol (artisanal hergestellte Tees). Die Pflücksaison beginnt traditionell im März. Tees, die vor dem 4. bzw. 5. April (Qing-Ming) geerntet werden, gelten als besonders wertvoll.

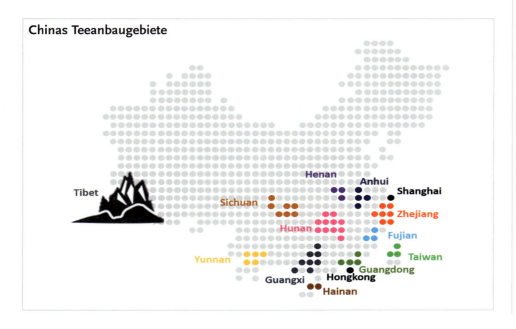

Anhui: Ausblick auf Huangshan, die gelben Berge, Heimat des berühmten Tai Ping Hou Kui

Fujian: Teegarten in Wuyishan. Die mineralischen Böden prägen den Tee.

Sanxia in Taiwan

Teelandschaft in Sichuan

Hunan: die mystischen Teegärten für Jun Shan Yin Zhen (gelber Tee)

Anhui

Aus vielen wild- und halbwild wachsenden Teegärten im zerklüfteten Bergland kommen **erlesene Teesorten,** wie z. B. der Keemun-Tee (chinesisch: Qimen). Der weltbekannte Tee ist die Krönung der chinesischen Schwarzteekunst. Er hat ein einzigartiges «getoastetes» Aroma, einen wunderbaren Duft und ist im Geschmack voll, rund und fruchtig-süss. Aus Anhui kommen auch einige berühmte grüne und gelbe Tees, so wie der gesuchte Tai Ping Hou Kui.

Fujian

Der Ruf der **weissen Tees** aus Nordfujian ist legendär. Fujian ist zudem die Heimat des berühmten Wuyi Rock Tea und anderer Oolong-Arten wie Anxi Tieguanyin, die in der Aromatik vielfältig und sehr gesucht sind. In den Wuyi-Bergen wurde Anfang des 19. Jahrhunderts vermutlich der schwarze Tee erfunden. Dort entstand im Laufe der Zeit der geräucherte Schwarztee, der in Europa unter dem Namen Tarry Lapsang Souchong bekannt wurde.

Yunnan

Fast angrenzend an das indische Assamgebiet wird Yunnan als **Ursprungsgebiet der Teepflanze** angesehen. Noch heute werden in Yunnan in Vergessenheit geratene Teegärten mit mehrere hundert Jahre alten Bäumen wiederentdeckt. Dort entstehen die wertvollen Pu-Erh-Tees, die – wenn aus über hundertjährigen Teepflanzen hergestellt – in ihrer Qualität einzigartig sind. Die entsprechenden Tees werden frisch getrunken oder zur Reifung gelagert. Mit dem Alter verändern die Tees ihren Charakter, werden rarer und dementsprechend äusserst wertvoll. Sogenannte fermentierte Pu Erh (mit beschleunigtem Reifungsprozess) und würzige schwarze Tees ergänzen das Sortiment aus dieser Provinz.

Taiwan (Formosa, Republik China)

Hoch im Ansehen stehen neben dem Grüntee die teiloxidierten **Oolong-Tees.** Es werden dunklerer Fancy-Oolong und Oriental-Beauty, aber auch viele grünere Kugelblatt-Oolong produziert. Taiwan-Oolongs erzielen höhere Preise als die wertvollsten Darjeelings.

Sichuan

In der Provinz Sichuan herrscht ein aussergewöhnliches Klima: subtropisch trotz kontinentaler Lage. In den Hügeln entstehen grüne Tees, schwarze Tees, postfermentierte Tees für Tibet sowie aussergewöhnliche gelbe Tees.

Guangxi

In Guangxi wird Liu Bao hergestellt, neben Pu Erh ein weiterer bekannter postfermentierter Tee. Ansonsten entstehen in dieser Provinz hauptsächlich einfache Exportqualitäten von weissen und grünen Tees.

Hunan

Hier werden unterschiedliche postfermentierte Tees hergestellt, die für den Export in nomadisch geprägte Teile Asiens, nach Xinjiang, in die Mongolei oder nach Zentralasien und Sibirien vorgesehen sind. Dort wird der Tee im Alltag als Nahrungsmittel angesehen und er gilt als Nährstofflieferant. Neben grünen und postfermentierten Tees entsteht hier, im zentralen China, **einer der berühmtesten gelben Tees:** Jun Shan Yin Zhen. Dieser wertvolle Tee wird als Prestigeobjekt gehandelt und zu entsprechend hohen Preisen verkauft.

Yunnan	⟩ *Yünnan*
Sichuan	⟩ *Setchuan*
Guangxi	⟩ *Guangschi*
Zhejiang	⟩ *Tschedschiang*

Zhejiang

Zhejiang befindet sich als relativ wohlhabendes Gebiet im Südosten Chinas, an der Küste zum Ostchinesischen Meer. Hier wird neben anderen grünen Tees der berühmte **Long-Jing-Tee** angebaut, auch bekannt als **Drachenbrunnentee.**

Guangdong

Guangdong ist die südlichste Provinz des Festlandes China. Sie liegt in der tropischen und der subtropischen Klimazone. Die Provinz ist für ihre schwarzen Tees und Oolongs bekannt. Der berühmteste ist der **Phoenix-Dancong-Tee.**

Guangdong: alte Teesträucher für Phoenix Single Bush

Hainan, Henan und weitere Provinzen im südlichen China

Neben einigen bekannten **grünen Tees** wie z. B. Xin Yang Mao Jian werden auch in diesen Provinzen hauptsächlich günstige Qualitäten einfacher Grüntees hergestellt.

Tee aus Japan

In Japan ist Tee kulturell ebenfalls tief verwurzelt. Im Unterschied zu China wird jedoch in Japan **fast ausschliesslich grüner Tee** hergestellt. Meist wird japanischer Tee mit Hochtechnologie in unterschiedlichen Qualitäten erzeugt (z. B. sogar hochwertige Tees in maschineller Verarbeitung, aber unter der strengen Kontrolle von Teemeistern). Kaum in den Handel kommen handverarbeitete Tees einzelner Produzenten.

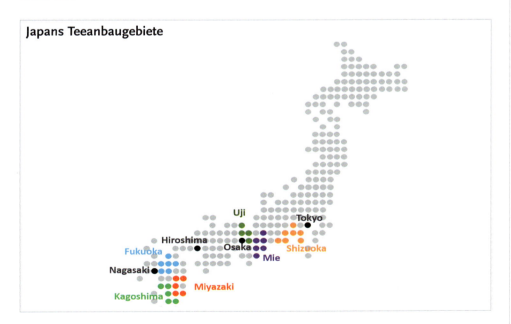

Japans Teeanbaugebiete

Wichtigstes japanisches Anbaugebiet ist Shizuoka mit den Hochgebirgslagen am Fujijama. Fast die Hälfte des japanischen Tees (vor allem Senchas) wird hier gepflückt. Bedeutsame Gebiete sind auch Kagoshima auf Kyushu sowie Kyoto mit dem Uji-Distrikt, der schon vor Jahrhunderten den berühmten **Kaisertee** lieferte und heute den Weltmarkt mit **kostbarstem Grüntee – dem Gyokuro –** und besten **Senchas** versorgt.

II Tee

Epigallocatechingallat = diesem Wirkstoff wird eine grosse medizinische Vielfalt nachgesagt. Unter anderem soll er gegen Alzheimer, Parkinson und Diabetes helfen und Gehirnaktivitäten sowie Herzmuskelzellen stärken.

WissensPlus

Gyokuro, die sogenannten **Schattentees,** sind eine Besonderheit. Dafür werden die Teesträucher einige Wochen vor der Ernte mit Strohmatten oder Planen abgedeckt, um ein besonders hohes Aroma zu erzielen. Der Tee schmeckt sehr intensiv und fein-herb, enthält neben viel Karotin die Vitamine A und D und ist reich an Epigallocatechingallat (EGCG).

Sencha – gedämpfter Tee
Dieser gelblich-grüne, helle Tee wird in Japan am häufigsten getrunken. Der Geschmack ist leicht herb und frisch. Er hat eine leichte Restsüsse. Je dunkler das Blatt, desto besser die Qualität.

Tee aus Indien und anderen ehemaligen Kolonialländern

Im Gegensatz zu China und Japan haben Indien und andere ehemalige Kolonialländer **keine über Jahrtausende entstandene Teekultur.** Tee wurde durch damalige Kolonialmächte wie Grossbritannien oder die Niederlande in deren Kolonien gebracht, um den Handel mit China zu umgehen. Dies geschah im 19. Jahrhundert, zur Zeit der Industrialisierung in Europa. So wurde Tee schon bei der Entstehung der neuen Anbaugebiete in grossen Mengen industriell und **für den Export** nach Europa produziert.

Noch immer wird der Grossteil der in Indien produzierten Tees exportiert, ebenso wie in Sri Lanka, ehemals Ceylon, oder Kenia. Allerdings wird auch in Indien viel Tee getrunken, in englischer Manier oder als Chai mit Gewürzen und Milch.

Qualitätsbezeichnungen für industriell hergestellte Tees finden Sie ab S. 143.

In den ehemaligen Kolonialländern gibt es keine handwerkliche Teeproduktion – die Herstellung erfolgt ausschliesslich industriell. Innerhalb einer bestimmten Kategorie gibt es zwar unterschiedliche Qualitäten, doch durch die rein maschinelle Produktion sind nach oben klare Grenzen gesetzt.

Bekannte Anbauregionen in Indien: Darjeeling | Assam | Nilgiri

Darjeeling — *Dahtschieling*

Darjeeling (im Nordosten Indiens)

Um die Stadt Darjeeling – übersetzt «Platz des Donners» – liegt eines der berühmtesten Teeanbaugebiete der Welt. Von den etwa 200 Teegärten stammen die wertvollsten und feinsten indischen Hochlandtees.

Die Ernte der ersten Triebe beginnt im Hochland nach der Winterpause Ende März, Anfang April. Sie tragen die Bezeichnung **First Flush** oder **First Flush Darjeeling**. Die Tees sind hell im Aufguss, schmecken zart, frisch, blumig und haben ein feines, spritziges Aroma.

Ab Mai wird der **Inbetween** geerntet, der noch deutliche Züge des First Flush zeigt. Die zweite Ernte **Second Flush** findet von Juni bis Juli statt. Second Flush Darjeelings sind aromatische Tees höchster Qualität, die jedoch schwerer, kräftiger, würziger und dunkler im Aufguss sind.

Mit dem Beginn des Monsunregens ab Juli folgen die durch schnelles Wachstum aromatisch nicht so ausgeprägten **Bread-and-Butter-Teas** (Regentees). Nach dem Ende der Regenzeit ab Oktober können nochmals aromatisch anspruchsvolle Tees gepflückt werden. Von **Autumnal Qualities** (Herbstqualitäten) spricht man, wenn die Teeblätter durch die Herbstsonne eine bestimmte Farbe und Geschmacksrichtung annehmen. Im Dezember wird die Teeproduktion infolge der kühlen Witterung eingestellt.

> Die besten Teegärten befinden sich im Norden Indiens, in **Darjeeling** auf 1200 bis 2500 Meter Höhe an den Südhängen des Himalaja.

Darjeeling, Assam

Assam (im Nordosten Indiens)

Die etwa 660 Teegärten von Assam im Nordosten Indiens liegen zwischen 300 und 800 Metern Seehöhe zu beiden Seiten des Brahmaputra-Flusses. Mit etwa 200 000 Hektar ist Assam das grösste zusammenhängende Teeanbaugebiet der Welt. Relativ selten kommen Assam First Flush auf den Markt. Die besten und hochwertigsten Assams werden während der Second-Flush-Zeit zwischen Ende Mai und Ende Juni geerntet. Die Tees schmecken kräftig, würzig und malzig, die Aufgussfarbe ist kupferrot oder dunkelbraun.

Nilgiri (im Südwesten Indiens)

Das tropische Klima Nilgiris ist dem der benachbarten Insel Sri Lanka sehr ähnlich. Deshalb kommt der Geschmack der Nilgiri-Tees dem Geschmack der Ceylontees aus dem Hochland von Nuwara Eliya näher als Teesorten aus Darjeeling oder Assam. Nilgiri Tees sind sehr aromatisch, leicht und spritzig, oft mit ausgeprägten zitrusartigen Noten.

Indiens Südwesten, Sri Lanka

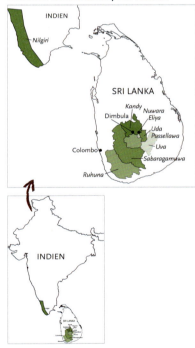

Sri Lanka (Inselstaat südöstlich von Indien)

Der Tee wird nach dem alten Landesnamen Ceylon benannt. Ganzjährig wechselnde Monsun- und Passatwinde verursachen auf Sri Lanka unterschiedlich ausgeprägte Qualitätsperioden. Die Anbaugebiete liegen im zentralen Hochland und werden in drei Kategorien eingeteilt.
- **Lowgrowns:** wachsen unter 600 Metern Seehöhe (Tee für Blends).
- **Mediumgrowns:** wachsen zwischen 600 und 1300 Metern (Lagen mit kraftvollen Sorten).
- **Highgrowns:** Tee bester Qualität wird zwischen 1300 und 2500 Metern geerntet. Die drei Highgrown-Gebiete sind Uva, Dimbula und Nuwara Eliya.

2.5 Teeproduktion in der Übersicht

Die fünf führenden Tee-Anbauländer China, Indien, Kenia, Sri Lanka und Indonesien sorgen zusammen für mehr als 80 Prozent der Weltproduktion. Die Schweiz liegt im internationalen Importvergleich von Tee auf Platz 47, was ca. 0,5 % der Weltproduktion ausmacht und einem Wert von ca. 35 Millionen Schweizer Franken entspricht.

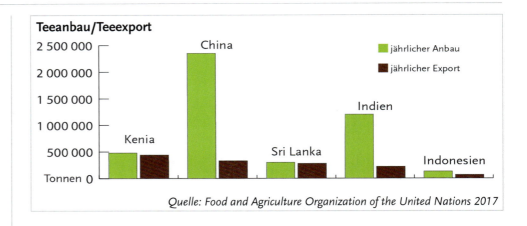

Quelle: Food and Agriculture Organization of the United Nations 2017

Übersicht nach Verarbeitungsart

Nicht jede Region oder jedes Land stellt alle Tees nach verschiedenen Verarbeitungsarten her. Nachfolgend werden die wichtigsten Länder und Regionen entsprechend aufgezeigt.

Verarbeitungsart	Land	Provinz/Region	Klassische Sorten	Ernte	Qualität
Weisser Tee	China	Fujian	Bai Mu Dan Yin Zhen (Silver Tips)	Frühling	Raritäten, Spezialitäten, Alltagstees
Gelber Tee	China	Sichuan, Anhui, Hunan	**Sichuan:** Meng Ding Yellow **Anhui:** Hvo Shan Huang Ya **Hunan:** Jun Shan Yin Zhen	Frühling	Raritäten, Spezialitäten
Grüner Tee	China, Japan, Korea	**China:** Zhejiang, Sichuan, Anhui **Japan:** Fukuoka, Kyoto **Korea:** Gyeongsangnam	**Zhejiang:** Long Jing, Bi Luo Chun **Sichuan:** Meng Ding Gan Lu **Anhui:** Lu'an Gua Pian, Tai Ping Hou Kui **Japan:** Sencha, Gyokuro **Korea:** Ha Dong Se Jak	Frühling, Sommer	Raritäten, Spezialitäten, Alltagstees
Oolong	China, Taiwan	**China:** Fujian, Guangdong **Taiwan:** Nantou, Xinbei	**Fujian:** Wuyi Rock Tea, Anxi Tie Guan Yin **Guangdong:** Phoenix Single Bush **Nantou:** Dong Ding, Ali Shan **Xinbei:** Oriental Beauty	Sommer, Herbst, Winter	Raritäten, Spezialitäten
Schwarzer Tee	China, Indien, Sri Lanka, Kenia	**China:** Fujian, Anhui, Yunnan **Indien:** Darjeeling, Assam, Nilgiri Sri **Lanka:** Uva **Kenia:** Nandi	**Fujian:** Tan Yang Gong Fu, Jin Jun Mei **Anhui:** Qimen **Yunnan:** Dian Hong **Darjeeling:** Teesta Valley, Singell, Gielle **Assam:** Halmari, Hatidubi, Jutlibari **Nilgiri:** Kairbetta **Uva:** Ceylon Adawatte, Ceylon Sarnia Plaiderie **Nandi:** Kenia CTC	Frühling, Sommer, Herbst	Raritäten, Spezialitäten, Alltagstees
Postfermentierter Tee	China	Yunnan, Guangxi, Hunan	**Yunnan:** Pu Erh roh, Pu Erh fermentiert **Guangxi:** Liu Bao **Cha Hunan:** Fu Zhuan Cha	Frühling, Sommer, Herbst	Raritäten, Spezialitäten, Alltagstees

Verarbeitungsarten von Tee

Grundsätzlich entstehen alle Tees aus der gleichen Pflanze. Nur die Verarbeitung des gepflückten Blattes entscheidet darüber, welcher Tee daraus resultiert:
- Weisser Tee
- Gelber Tee
- Grüner Tee
- Oolong
- Schwarzer Tee
- Postfermentierter Tee

Jeder Tee lässt sich auf eine der sechs genannten Verarbeitungsarten zurückführen. Die Vielfalt im Teeangebot entsteht zudem aufgrund geografischer und klimatischer Unterschiede, der Varietäten der Teepflanze sowie durch den steuernden Einfluss der Teeproduzenten beim jeweiligen Verarbeitungsprozess.

 Teeblätter werden in den Anbauländern bis zum fertigen Endprodukt aufbereitet. Dies läuft also anders als bei den meisten Kaffees.

Meine Ziele

Nach Bearbeitung dieses Kapitels kann ich
- die Eigenheiten der sechs Teeverarbeitungsarten beschreiben;
- weitere Verarbeitungsmethoden aufzeigen;
- über Teequalitäten Auskunft geben und Tees entsprechend beurteilen.

1 Teeverarbeitung im Überblick

«Two leaves and a bud» – die zwei obersten Blätter und die Knospe bilden die klassische Basis für sehr viele Tees.

> *In welcher Verarbeitungsart konsumieren Sie Ihren Tee am liebsten? Reihen Sie Ihren persönlichen Teekonsum. Entspricht er den in Europa üblichen Trinkgewohnheiten?*
> *In Europa wird am häufigsten*
> - *schwarzer Tee vor*
> - *grünem Tee,*
> - *weissem Tee,*
> - *Matcha,*
> - *Mate,*
> - *gelbem Tee,*
> - *selten Oolong und ganz selten Pu Erh getrunken.*
>
> *Ihre persönlichen Top 3 bei Tee:*

⚠️ **Schwarztee ist oxidiert, aber nicht fermentiert.** Der Begriff «fermentiert» geht zurück auf die Zeit, als die chemischen Prozesse der Teeverarbeitung noch nicht genau bekannt waren. Heute weiss man, dass in der Schwarztee- sowie in der Oolong-Verarbeitung die Blattinhaltsstoffe mit Sauerstoff reagieren, d. h. einen Oxidationsprozess durchlaufen. Der Begriff «Fermentation» wird demnach ausschliesslich für Tees verwendet, die tatsächlich mikrobiell verändert werden (durch Bakterien, Hefe, Pilze u. a.).

Es gibt grundsätzliche Verarbeitungsschritte bei der Aufbereitung von frischen grünen Teeblättern. Deshalb studieren Sie vorab die folgenden Grundbegriffe.

Mögliche Verarbeitungsschritte	Bearbeitung der Teeblätter im Detail
Auslegen	Kurzes Welken, damit die Blätter etwas Feuchtigkeit verlieren und geschmeidiger werden.
Welken	Durch langes Welken beginnt das Chlorophyll zu oxidieren, was auch Spontanoxidation genannt wird.
Auskühlen	Die Blätter «erholen» sich vom Welken, nehmen Luftfeuchtigkeit auf und werden wieder frisch.
Schütteln	Zellwände und sonstige Blattstrukturen brechen teilweise auf. Das Blatt bleibt intakt.
Rollen	Die Blätter werden gedreht, geknetet, gerollt, um alle Zellwände und sonstige Blattstrukturen zu brechen. Das Blatt bleibt intakt.
Oxidieren	Die Inhaltsstoffe der Teeblätter oxidieren durch die Blattenzyme mit dem Luftsauerstoff.
Befeuern	Die Blätter werden stark erhitzt, um die Blattenzyme zu deaktivieren und die Oxidation vorerst zu stoppen, die aber bei späteren Schritten wieder aufgenommen werden kann oder durch Lagerung von selbst weitergeht.
Gelben	Die nicht ganz trockenen Blätter werden zu Haufen geschichtet und eingepackt, um in einem stickig-schwülen Raum gelb zu werden. Hier passiert eine Art Spontanfermentation.
Formen	Die Blätter werden in Rollmaschinen und/oder Drehtrommeln gerollt, in Schüttelmaschinen hin- und her bewegt oder im Wok von Hand gerollt, angedrückt oder mit einem Besen hin und her bewegt. Häufig findet Formen und Trocknen gleichzeitig statt, da z. B. Woks, Drehtrommeln und Schüttelmaschinen beheizt werden.
Trocknen	Die Blätter werden im Wok, im Ofen, an der Sonne oder über Holzkohle endgetrocknet.

Verarbeitungsarten von Tee

Rösten	Der fertige Tee wird bei hohen Temperaturen im Ofen oder über Holzkohle geröstet, was den Tee länger haltbar bzw. lagerfähig macht und den Geschmack verändert.
Postfermentieren	Der Tee wird in einem kontrollierten feucht-heissen Raum aufgeschichtet und während ein bis zwei Monaten immer wieder umgeschichtet. Natürliche Mikroorganismen fermentieren den Tee und verändern dabei die chemische Struktur im Blatt komplett.
Lagern	Im Austausch mit der Umgebungsluft fermentieren und oxidieren die Tees langsam und natürlich weiter.

Im folgenden Diagramm ist die Verarbeitung der sechs Teearten zusammengefasst. Jeder einzelne Verarbeitungsschritt lässt Raum für Variationen. Innerhalb einer Kategorie können demnach grosse Unterschiede entstehen. So gibt es zum Beispiel Oolong, welcher wenig oxidiert wird und dadurch grün bleibt, andere werden stärker oxidiert und kommen optisch dem schwarzen Tee nahe.

Das Verbindende innerhalb einer Kategorie ist das Schema der Verarbeitung. Alle Tees, welche die gleichen Verarbeitungsschritte durchlaufen, gehören damit in eine Kategorie.

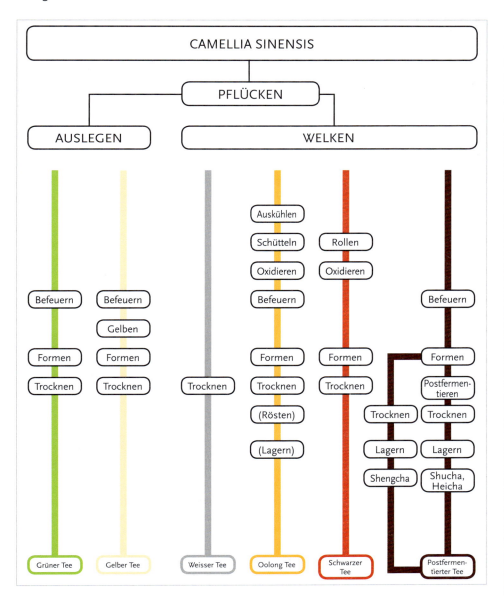

Auslegen ist immer der allererste Verarbeitungsschritt für Teeblätter.

1.1 Schwarzer Tee

Grundsätzlich zu unterscheiden sind schwarze Tees
- **indischer** (Assam, Darjeeling u. a.) **oder**
- **chinesischer** (Qimen, Dian Hong u. a.) **Art.**

In Indien werden Tees ausschliesslich industriell hergestellt, während in China neben der industriellen Grossproduktion eine handwerkliche Tradition gepflegt wird.

In Indien wird unterschieden zwischen
- der orthodoxen Verarbeitungsmethode und
- der CTC-Produktion.

Bei der **orthodoxen Methode** können Tees in beliebiger Blattgrösse hergestellt werden. Nach der Ernte der «two leaves and a bud» werden die Blätter in einem Raum zum Welken ausgelegt. In einem zweiten Schritt werden die Blätter gerollt und geknetet, um die Zellstruktur der Blätter aufzubrechen. Dadurch geraten die Blattenzyme in Bewegung und können mittels Sauerstoff die Inhaltsstoffe der Blätter oxidieren. Dieser Prozess findet in abgeschlossenen Kammern statt, wo ein kontrolliertes heiss-feuchtes Klima erzeugt wird, das die Oxidation beschleunigt und konstant hält. Zum Schluss werden die Tees geformt und getrocknet.

CTC-Methode (vollautomatisierte Produktionsmethode)
1. **C**rushing = Zermalmen
2. **T**earing = Zerreissen
3. **C**urling = Rollen

Gewelkte Teeblätter werden zermalmt, zerrissen und gerollt. Dadurch entstehen sehr kleine Blattteilchen, die rascher oxidieren und trocknen.

⚠️ Schwarze Tees können auch geräuchert werden.

💡 Die Teeanbauländer Afrikas erzeugen etwa 15 % des weltweiten Tees vorwiegend für den englischen Markt im CTC-Verfahren.

CTC-gefertigte Tees sind ergiebiger und ihr Aufguss hat eine intensivere Farbe.

Qi Men (Keemun): In Qimen (Provinz Anhui) wird seit 1875 Schwarztee hergestellt, also für China erst seit relativ kurzer Zeit (im Gegensatz zum grünen Tee). Dieser Tee ist sehr weich, leicht und fruchtig mit rauchigen Noten.

Grundsätzliche Aufbereitung von schwarzem Tee

Schritt 1

Welken
Die geernteten Blätter werden ausgebreitet und acht bis zwölf Stunden gewelkt. Während des Welkprozesses werden die Zellstrukturen langsam abgebaut. Dies ermöglicht die darauffolgende Oxidation.

Schritt 2

Rollen
Rollmaschinen brechen durch ihre kreisenden Bewegungen die Blattzellen auf.

Schritt 3

Oxidieren
Der beim Rollen austretende Zellsaft oxidiert durch den Kontakt mit Sauerstoff. Die Teeblätter färben sich zunächst kupferrot. Dabei bildet sich das typische Schwarzteearoma. Die Oxidationszeit bestimmt den Geschmack des Tees.
Kurze Oxidation: frischer, noch leicht bitterer Geschmack, heller Aufguss
Längere Oxidation: kräftiger Geschmack, dunkler Aufguss

Schritte 4 und 5

Formen, Trocknen und Sortieren
Die Blätter werden mit Heissluft getrocknet. Je nach Sorte wird das Blattgut durch Stufensiebe nach Blattgrösse sortiert.

Schritt 6

Verpacken
Meist werden Papiersäcke, die mit Folie ausgekleidet sind (gegen Aromaverlust), für den Transport verwendet.

Zheng Shan Xiao Zhong – ein geräucherter schwarzer Tee aus Wuyishan (Provinz Fujian). Klassische **Rauchtees** sind sehr weich, leicht fruchtig und nur sanft rauchig, da sie sorgfältig über Pinienholz geräuchert werden. Günstigere Export-Rauchtees sind einfacher, recht kräftig und sehr stark geräuchert.

Schwarze Tees und ihr Aroma
Schwarze Tees können einerseits schwer, kräftig und malzig sein, andererseits gibt es weiche, leichte Tees, die süsslich, fruchtig oder blumig schmecken.

1.2 Oolong

Oolong wird erst im Spätfrühling respektive im Herbst oder Winter geerntet. Die Blätter sind zu diesem Zeitpunkt ausgewachsen. Dementsprechend werden für Oolong **grösstenteils** nicht zwei Blätter und eine Knospe, sondern **einzelne Blätter oder ein Stengel mit mehreren Blättern gepflückt.** Die frischen Blätter werden draussen im Schatten oder an der Sonne zum Welken ausgelegt, später kühlen sie in einem dafür bestimmten Raum ab. Danach werden die Blätter in grossen Bambuskörben aufgeschüttelt, wodurch die Zellstruktur des Blattes teilweise gebrochen wird. Dies ermöglicht das Zusammentreffen der Inhaltsstoffe mit bestimmten Blattenzymen und führt zu einer Oxidation.

Oolong 🔊 *Wu-Long*

💡 Die Bezeichnung Oolong bedeutet «schwarzer Drache» oder «schwarze Schlange». Der Legende nach soll ein Bauer vor einer schwarzen Schlange so erschrocken sein, dass er seine Teeblätter fallen liess und erst nach einigen Tagen verfärbt, weil inzwischen oxidiert, wiedergefunden hat.

Über Nacht werden die Blätter aufgeschichtet, um zu oxidieren. Je nach Tee wird das Blattgut in unterschiedlicher Frequenz und Intensität erneut geschüttelt, wodurch der **Oxidationsgrad** bestimmt wird. So entstehen
- eher grüne Oolong (wenig oxidiert) und
- eher braune Oolong (stärker oxidiert).

Zum Abschluss werden die Blätter erhitzt, geformt, getrocknet und – je nach Sorte – zusätzlich geröstet.

Dong Ding ist ein grüner Oolong aus Taiwan vom Berg Dong Ding. Für diese Tees werden bis zu fünf Blätter gepflückt, die dann zu nahezu perfekten Kugeln geformt werden. Ein echter Dong Ding wird traditionell etwas dunkler produziert und schmeckt würzig mit blumigen und leicht fruchtigen Noten.

Wuyi Rock Tea ist ein brauner Oolong aus den Wuyi-Bergen in China. Die Pflanzen wachsen auf felsigem, mineralischen Grund. Diesem verdankt der Tee die typische mineralische Prägung. Durch eine verhältnismässig starke Röstung erhält der Tee einen brotigen und je nach Teepflanzenvarietät sehr fruchtigen Geschmack.

Grundsätzliche Aufbereitung von Oolong

Schritt 1

Welken (wie bei Schwarztee)
Die geernteten Blätter werden ausgebreitet und acht bis zwölf Stunden gewelkt. Während des Welkprozesses werden die Zellstrukturen langsam abgebaut. Dies ermöglicht die darauffolgende Oxidation.

Schritt 2

Auskühlen
Die Blätter «erholen» sich vom Welken, nehmen Luftfeuchtigkeit auf und werden wieder frisch.

Schritt 3

Schütteln
Zellwände und sonstige Blattstrukturen brechen teilweise auf. Das Blatt bleibt intakt.

Schritt 4

Oxidieren
Die Inhaltsstoffe der Teeblätter oxidieren durch die Blattenzyme mit dem Luftsauerstoff.

Schritt 5

Befeuern
Die Blätter werden stark erhitzt, um die Blattenzyme zu deaktivieren und die Oxidation zu stoppen.

Schritt 6

Formen
Die Blätter werden in Rollmaschinen und/oder Drehtrommeln gerollt.

Schritt 7

Trocknen
Die Blätter werden im Ofen oder über Holzkohle endgetrocknet.

Schritt 8

Rösten und Verpacken
Der fertige Tee wird bei hohen Temperaturen im Ofen oder über Holzkohle geröstet, was den Tee länger haltbar bzw. lagerfähig macht und den Geschmack verändert.

Oolong-Tees und ihr Aroma
Geschmacklich gibt es in der Welt der Oolong-Tees unendlich viel zu entdecken. Blumige und fruchtige Aromen werden unterstrichen durch Röstnoten, eine wunderbare Süsse oder herbe Nuancen.

1.3 Grüner Tee

Für grünen Tee werden die gepflückten Blätter nur kurz im Schatten oder einem Raum ausgelegt, um etwas Feuchtigkeit zu verlieren. Darauf wird das Blattgut mit hoher Temperatur behandelt, um die Blattenzyme zu deaktivieren und damit jegliche Oxidation zu verhindern. **Chinesische Tees** werden dafür im Ofen mit Heissluft gebacken oder im Wok geröstet. **Japanische Tees** werden im Wasserdampf erhitzt. Nach dem Auskühlen werden die Blätter geformt und getrocknet.

Grundsätzliche Aufbereitung von grünem Tee

Schritt 1

Auslegen
Beim kurzen Welken verlieren die Blätter etwas Feuchtigkeit und werden geschmeidiger.

Schritt 2

Befeuern
Die Blätter werden stark erhitzt, um die Blattenzyme zu deaktivieren und die Oxidation zu stoppen.

Mao Jian (zu deutsch «haarige Spitze») wird während der Wokbefeuerung von Hand hin- und herbewegt. Durch das Entziehen der Flüssigkeit krümmt sich das Blatt zur Schneckenform. Die starke Blattbehaarung lässt die Tees weisslich aussehen. Die herbe Grünteenote ist bei diesem Tee sehr ausgeprägt und wird durch eine aromatische Süsse ergänzt.

Der berühmte **Long Jing («Drachenbrunnentee»)** ist sowohl in China als auch weltweit sehr gefragt. Er wird beim Befeuern von Hand kurz an die heisse Wandung des Woks gepresst. Dadurch erhält er die typische flache Form. Long Jing ist ein intensiver, süsser Tee, geprägt durch seine charakteristische Nussnote und den klaren leicht herben Grünteegeschmack.

Matcha ist der sehr belebende, pulverisierte Grüntee, der für die japanische Teezeremonie verwendet wird. Mittlerweile wird er in Europa für vielerlei Getränke- und Küchentrends eingesetzt.

💡 Weisse Tees durchlaufen die kürzeste Aufbereitung.

Bai Mu Dan (auch Pai Mu Tan) ist die einfachere, günstigere Art weissen Tees. Gepflückt werden normalerweise «two leaves and a bud» oder für etwas bessere Qualitäten nur ein Blatt und die Knospe. Im Geschmack ist er weich und angenehm, für einen weissen Tee vergleichsweise kräftig.

Schritte 3 und 4

Formen und Trocknen

Die Blätter werden in Rollmaschinen und/oder Drehtrommeln gerollt, in Schüttelmaschinen hin- und her bewegt oder im Wok von Hand gerollt und dabei angedrückt oder mit dem Besen hin- und herbewegt. Häufig findet Formen und Trocknen gleichzeitig statt, da z. B. Woks, Drehtrommeln und Schüttelmaschinen beheizt werden.

Die Blätter werden im Wok, im Ofen, an der Sonne oder über Holzkohle endgetrocknet.

Grüne Tees und ihr Aroma

Die Aromenvielfalt der grünen Tees ist gross. Neben der häufig präsenten herben Note können unter anderem süssliche Fruchtnoten auftreten. Es gibt sehr kräftige, sehr feine und hocharomatische Grüntees.

1.4 Weisser Tee

Geerntet werden weisse Tees im Frühling (März/April). Die gepflückten Blätter werden zum Welken ausgelegt. Während des langen Welkens findet eine spontane Oxidation statt. Die Zellstruktur der Blätter wird jedoch nicht gebrochen, sodass nur das Chlorophyll oxidiert und das Blatt weisslich wird. Nach dem Welken wird das Blattgut mit Heissluft oder an der Sonne getrocknet.

Schritt 1

Welken
Die geernteten Blätter werden ausgebreitet und acht bis fünfzig Stunden gewelkt. Das Blattgut durchläuft dabei eine sogenannte Spontanoxidation.

Schritt 2

Trocknen
Die Blätter werden z. B. an der Sonne endgetrocknet.

Weisse Tees und ihr Aroma

Im Geschmack sind weisse Tees sehr fein, ohne Bitterstoffe und doch sehr aromatisch.

1.5 Gelber Tee

Die gepflückten Blätter werden kurz ausgelegt, um Feuchtigkeit zu verlieren, bevor das Blattgut im Wok oder mit Heissluft befeuert wird. Darauf werden die Blätter zum sogenannten «schwül/stickig Gelben» aufgeschichtet (siehe Schritt 3) und eingepackt, wobei eine Spontanfermentation stattfindet. Der Tee wird während dieses Prozesses in einem feucht-warmen Raum regelmässig aus- und wieder eingepackt.

Da dieser Vorgang sehr aufwendig und fehleranfällig ist, wird der gelbe Tee heute seltener auf diese traditionelle Art produziert. Dies bedeutet, dass die Phase des Gelbens **heute meist** sehr kurz gehalten und der Tee dementsprechend **dem grünen Tee sehr ähnlich** wird. Abschliessend wird das Blattgut geformt und im Wok, mit Heissluft und/oder auf Holzkohle getrocknet.

Schritt 1

Auslegen
Beim kurzen Welken verlieren die Blätter etwas Feuchtigkeit und werden geschmeidiger.

Schritt 2

Befeuern
Die Blätter werden stark erhitzt, um die Blattenzyme zu deaktivieren und die Oxidation zu stoppen.

Schritt 3

Gelben
Die nicht ganz trockenen Blätter werden zu Haufen geschichtet und portionsweise in spezielles Papier gepackt, um in einem stickig-schwülen Raum während fünfzehn Tagen gelb zu werden. Hier passiert eine Art Spontanfermentation. Alle halbe Stunde (auch nachts!) werden die Blätter ausgepackt und wieder eingewickelt.

Schritt 4

Formen und Trocknen
Die Blätter werden in Rollmaschinen und/oder Drehtrommeln gerollt, in Schüttelmaschinen hin- und herbewegt oder im Wok von Hand gerollt, angedrückt oder mit dem Besen hin- und herbewegt. Häufig findet Formen und Trocknen gleichzeitig statt, da z. B. Woks, Drehtrommeln und Schüttelmaschinen beheizt werden.

Bai Hao Yin Zhen: Die besten klassischen weissen Tees tragen diesen Namen, der übersetzt «Weisshaarsilbernadel» bedeutet. Es werden nur die Knospen gepflückt. Sie sind leicht und zart, doch sehr aromatisch.

Meng Ding Huang Ya: Heutzutage wird er meist sehr grün produziert und ist von grünen Tees kaum zu unterscheiden, doch vereinzelt wird er noch mit traditionellem Gelben in schwülem, stickigem Klima hergestellt. Der Tee schmeckt rauchig und fruchtig zugleich – sensorisch eine Herausforderung, die viele schöne Überraschungen bietet.

Jun Shan Yin Zhen: Unter diesem Namen werden unterschiedlichste Tees angeboten, selten ein wirklich originaler, nach traditioneller Art verarbeiteter gelber Tee. Die typischen Merkmale eines gelben Tees kommen in einem hochwertigen Jun Shan Yin Zhen besonders schön zur Geltung – der Tee ist von schwerer Süsse, riecht rauchig, nach Kuhstall und ist dennoch weich und lieblich.

Gelbe Tees und ihr Aroma

Gelbe Tees haben neben grünteeähnlichen Aromen eine leicht rauchige Note und sind je nach Sorte unterschiedlich kräftig.

1.6 Heicha (postfermentierter Tee) inkl. Pu Erh

Die gepflückten Blätter werden gewelkt und im Wok befeuert und gerollt. Viele postfermentierte Tees werden vor dem Endtrocknen in einem beschleunigten Verfahren fermentiert. Dieser Prozess dauert ein bis zwei Monate und ist mit jenem der Kompostierung zu vergleichen. Die fertig verarbeiteten Blätter werden traditionell zu runden Cakes à 357 Gramm oder zu anderen Formen gepresst.

Pu Erh · Pu Ar

💡 Hong Cha – chinesisch «roter Tee» – wird in Europa schwarzer Tee genannt.
Hei Cha – chinesisch «schwarzer Tee» – wird in Europa postfermentierter Tee respektive Pu-Erh-Tee genannt.

Schritt 1

Welken
Durch langes Welken beginnt das Chlorophyll zu oxidieren, was auch Spontanoxidation genannt wird.

Schritt 2

Befeuern
Die Blätter werden stark erhitzt, um die Blattenzyme zu deaktivieren und die Oxidation zu stoppen.

Schritte 3, 4 und 5

Bulangshan 2010 – ein Sheng Cha – ist ein roher Tee vom Berg Bulang in Yunnan, Südwestchina, aus dem Erntejahr 2010. Das Alter der verwendeten Teepflanzen spielt zudem eine charakterbildende Rolle. Obwohl unterschiedliche rohe Tees nach demselben Muster verarbeitet werden, schmecken sie dennoch verschieden, meist jedoch kräftig-herb. Der Bulangshan 2010 zeigt beispielsweise Aromen von Kampfer, Zitrus und wilder Birne mit Apfelnoten.

Formen und Trocknen
Die Blätter werden im Wok gerollt und anschliessend in der Sonne getrocknet. In einem weiteren Schritt werden die Blätter erneut befeuchtet und zu traditionellen Cakes à 357 Gramm gepresst.

Fermentation von «rohem Tee»: Während jahrelanger Lagerung reift der Tee langsam, mittels in der Luft enthaltenen Mikroorganismen.

Fermentierter Tee: Die sogenannten fermentierten Tees durchlaufen ein beschleunigtes Fermentationsverfahren. Der Tee wird in einem kontrolliert feucht-heissen Raum aufgeschichtet und während ein bis zwei Monaten immer wieder umgeschichtet. Natürliche Mikroorganismen fermentieren den Tee und verändern dabei die chemische Struktur im Blatt. Im Austausch mit der Umgebungsluft fermentieren und oxidieren die Tees langsam und natürlich weiter.

Schliesslich werden die Cakes in speziellem Papier verpackt und sind lange lagerfähig.

Postfermentierte Tees (Heicha, Pu Erh) und ihr Aroma

Postfermentierte Tees sind sehr ursprünglich und deren Entwicklung hängt vom Standort und der Art und Länge der Lagerung ab. Dementsprechend ist diese Teeart vielfältig und kaum zusammenfassend zu beschreiben. Durch das beschleunigte Fermentieren erhalten derartige Tees eine kennzeichnende erdige Note wie natürlich fermentierte Tees erst nach mehreren Jahren Lagerung. Jung schmecken sie wild, von bissig bis süss. Alt und gereift werden sie wie schottische Whiskys gehandelt.

Xia Guan Shu Tuo Cha 1998: Shu Cha bedeutet «gekochter Tee» oder auch fermentierter Tee. Auch diese Tees verändern sich mit der Lagerung und dem Alter, sie werden weicher, runder und angenehmer. Der Xia Guan Shu Tuo Cha 1998 zeigt dabei Noten von Sandelholz, Heu und Kampfer mit einem besonders süssen Abgang.

1.7 Spezielle Möglichkeiten der Endverarbeitung von aufbereitetem Tee

Nachdem die frisch gepflückten Teeblätter nach einem bestimmten Schema zu weissem, gelbem, grünen, Oolong, schwarzem oder postfermentiertem Tee verarbeitet wurden, kann das Blattgut zusätzlich weiterverarbeitet werden.

Beduften

Verarbeitete Teeblätter nehmen gerne den Duft der Umgebung in sich auf. Diese Eigenschaft wird genutzt, um Tee in einem weiteren Schritt zu veredeln. Klassisch beduftet wird beispielsweise ein **Jasmintee**. Dafür werden frisch geerntete Jasminblüten auf Sieben ausgelegt und über sowie unter entsprechende Siebe mit Teeblättern in einem geschlossenen Schrank abgelegt. So geht der Duft der Blüten auf den Tee über. In einem hochwertigen Jasmintee sind demnach keine Jasminblüten zu finden, der Tee hat das Aroma ganz in sich aufgenommen. Da das Beduften Sorgfalt und Erfahrung voraussetzt, werden die Tees direkt beim Hersteller weiterverarbeitet.

Hochwertiger Jasmintee enthält keine Blüten.

 WissensPlus

Beduftet werden traditionellerweise ausschliesslich grüne Tees. Mittlerweile werden auch Oolong-Tees beduftet.

Earl Grey   🔊 *Örl Grey*

Rauchtee wird oft auch als russischer Tee oder Karawanentee bezeichnet, da der Tee mit Karawanenzügen nach Russland gelangte, wo Rauchtee noch heute gern aus dem Samowar genossen wird.

Tarry Lapsang Souchong
🔊 *Tarry Lapsang Sutschong*
Zheng Shan Xioa Zhong
🔊 *Tseng Schan Schiao Tschong*

Für Formentees werden die Blätter von Hand zusammengebunden.

Aromatisieren

Im Unterschied zum Beduften muss das Aromatisieren nicht direkt beim Hersteller durchgeführt werden. So gibt es von Händler zu Händler unterschiedliche Kreationen.

Der Tee wird dabei mit einem bestimmten Aromaöl angereichert. Ein klassischer aromatisierter Tee ist der englische **Earl Grey,** ein einfacher Schwarztee aromatisiert mit dem ätherischen Öl der Bergamotte.

WissensPlus
Aromatisiert werden hauptsächlich schwarze und grüne Tees von einfacher Qualität.

Räuchern

Beim Räuchern des Tees wird wiederum dessen Eigenschaft genutzt, dass er Düfte der Umgebung in sich aufnimmt. Geräuchert wird ebenfalls direkt beim Produzenten in Räucherkammern.

Es gibt sehr **stark geräucherte** Tees, wie der englische Klassiker Tarry Lapsang Souchong oder sorgfältig und **zart geräucherte** schwarze Tees wie der chinesische Zheng Shan Xiao Zhong.

WissensPlus
Geräuchert werden ausschliesslich schwarze Tees.

Blenden

Der Begriff wird vom englischen «to blend» abgeleitet und bedeutet im Deutschen «mischen». Neben sortenreinen Tees sind im Handel sehr viele Blends erhältlich.

Tee wird aus verschiedenen Gründen gemischt:
- Einerseits um einen **gewünschten Geschmack** zu erreichen. Unter diese Kategorie fallen die bekannten **Breakfast Teas** oder die **Ostfriesen-Mischung.**
- Andererseits um einen konstant **gleichen Geschmack einer bestimmten Sorte** zu erhalten. Tee ist ein Naturprodukt, dessen Ernte und damit der Charakter nicht jedes Jahr gleich ausfallen. Um den Geschmack eines Tees über die Jahre einheitlich zu halten, werden unterschiedliche Qualitäten und/oder unterschiedliche Jahrgänge zusammengemischt (z. B. für grosse Teemarken und deren Basisprodukte).

WissensPlus
Gemischt werden eher einfache, hauptsächlich schwarze oder grüne Tees.

Formen

In China werden grüne oder schwarze Tees in bestimmten Regionen zu sogenannten **Formentees** weiterverarbeitet. Fertig verarbeitete Teeblätter werden von Hand zusammengebunden und zu Kugeln oder Blumen geformt. Oft werden auch dekorative Blüten mit eingebunden.

Ästhetik von Teeblumen und -kugeln

Übergiesst man die Blumen oder Kugeln mit heissem Wasser, öffnen sie sich, je nach Art der Bindung in unterschiedlichen Formen. Der Teeduft und der geschmackliche Teegenuss werden somit noch durch etwas Schönes für das Auge ergänzt.

2 Teequalitäten und spezielle Teeprodukte

Haben Sie sich schon einmal Gedanken darüber gemacht, welche Tees in der Gastronomie eingesetzt werden? Welche Qualität wird in der Regel serviert? Und welche Tageszeit, welcher Anlass, welche Gästegruppe passt zu welcher Teequalität in welcher Form?

Die Qualität eines Tees wird innerhalb seiner Verarbeitungsart nach spezifischen Regeln beurteilt.

2.1 Teequalitäten nach Blattgrössen

Früher liess sich bei Tees indischer Art aus den Teebezeichnungen die Stellung des gepflückten Blattes und somit die Qualität ableiten. Der weltweite Teehandel bedient sich heute noch der altbekannten Grössenbezeichnungen. Einen Rückschluss auf die **Qualität** kann man jedoch nicht mehr ziehen, da die Teequalität **nur bedingt etwas mit der Blattgrösse zu tun** hat.

Blatt-Tee (Leaf Tea)

Diese Blätter werden bei der Aufbereitung nur **geringfügig gebrochen.** Das Aufgusswasser kann die Teeblätter nur wenig auslaugen, deshalb sind Blatt-Tees **leicht und aromatisch.**

Früher wurde die Qualität von Blatt-Tees nach der Stellung der gepflückten Blätter am Ast (Spitze, 1. Blatt, 2. Blatt etc.) eingeteilt, heute wird jede Teequalität durch Verkostung beurteilt.

⚠️ Die Kategorisierung nach Blattgrösse gilt ausschliesslich für **Tees indischer Art.**

💡 **Chinesische Tees** werden nicht nach Blattgraden beurteilt, zudem sind viele Qualitäten über dem höchsten indischen Blattgrad einzuordnen, da schon günstige Tees oftmals im ganzen Blatt verarbeitet werden.

Leaf Tea 🔊 *Lief Tie*

Teequalitäten von Blatt-Tees (britisches System der Blattgrade)	
Flowery	Blumig (Duft/Aroma des Tees) mit kleinen Knospen im Tee.
Orange	Der Begriff wird mit dem niederländischen Fürstengeschlecht Oranien in Verbindung gebracht und steht für «königlich» bzw. «Tee von besonderer Güte».
Pekoe	Das chinesische Wort bedeutet übersetzt «weisser Flaum» (feine Härchen der zarten Blätter).
Fine	Der Begriff zeichnet besonders herausragende Teequalitäten aus.
Tipps/Tippy	Tipps sind die Spitzen der ganz jungen Blättern und Knospen, die bei der Fermentation hell (goldbraun) bleiben, da sie wenig Zellsaft enthalten. Tipps/Tippy bedeutet einen besonders hohen Anteil dieser Knospen.
Golden	Golden gibt einen Hinweis auf besonders viele helle, goldbraune Blattspitzen.

Abkürzungen auf Teepackungen

Meist werden diese Qualitätsbezeichnungen abgekürzt, wie beispielsweise:

Darjeeling-FTGFOP-Tee
(**F**ine **T**ippy **G**olden **F**lowery **O**range **P**ekoe) ist ein Tee von höchster Qualität mit vielen hellen und goldbraunen Spitzen von jungen Blättern und Knospen mit blumigem Duft und Aroma.

Broken Tea

Broken Tea ist die Bezeichnung für **mehrmals gebrochene** Teeblätter. Die Tees haben einen **kräftigeren Aufguss,** da wegen der grösseren Oberfläche mehr Geschmacks- und Aromastoffe im Teewasser gelöst werden können. Broken Teas werden durch ein zusätzliches B gekennzeichnet, wie etwa bei FBOP (Flowery Broken Orange Pekoe).

Fannings

Damit werden **kleine Blattteilchen** bezeichnet, die beim Sieben grösserer Sortierungen durchfallen. Sie färben den Aufguss sehr rasch und **kräftig** und werden **für Teebeutel** verwendet.

Dust

Mit Dust ist die **kleinstblättrige** Aussiebung gemeint, die hauptsächlich zur Teebeutelproduktion und zur Herstellung von Eistees verwendet wird.

💡 **Fluff** ist das englische Wort für Fussel und bezeichnet die allerfeinsten Teeteilchen, die nicht mehr in den Handel kommen.

Flowery	🔊 *Flaueri*
Orange	🔊 *Oränsch*
Pekoe	🔊 *Pikoh*
Fine	🔊 *Fein*
Broken Tea	🔊 *Brohken Tie*
Fannings	🔊 *Fännings*
Dust	🔊 *Dast*

2.2 Spezielle Teeprodukte

Die Industrie hat für heutige Anforderungen speziell aufbereitete Teeprodukte mit besonderen Eigenschaften erschaffen, z. B. für die einfache und schnellere Zubereitung von Tee.

Teeprodukte	
Entkoffeinierter Tee	Bei industriell entkoffeiniertem Tee wird der natürliche Koffeingehalt von ca. 3–5 % auf max. 0,4 % gesenkt.
Tee-Extrakt	Als Tee-Extrakt bezeichnet man in Wasser gut lösliche Auszüge aus Tee. Diese werden meistens als Pulverform auf dem Markt angeboten. Tee-Extrakte gibt es entkoffeiniert und auch aromatisiert.
Instant-Tee	Instant-Tee ist ein Halbfertigprodukt, das neben Tee-Extrakt auch Zucker oder Süssstoffe sowie Aromastoffe und Stabilisatoren enthält. Ein bekanntes Beispiel ist **Eistee.**

Teeinhaltsstoffe und Wirkung von Tee

 Es gibt zahlreiche Studien zum Thema Tee. Wenn auch nicht alle gleichermassen aussagekräftig sind, geht aus allen Untersuchungen hervor, dass Tee ein Genussmittel mit potenten Inhaltsstoffen ist.

Eine Legendenvariante zur Entdeckung des Tees besagt, dass Shennong, Kaiser und Urvater Chinas, verschiedene Kräuter auf ihre Heilwirkung testete. Unglücklicherweise war eine Kräuterart giftig. Durch Zufall fiel ein Teeblatt in Shennongs Wassertopf und wurde mitgekocht. Der Trank rettete ihm das Leben, da der Tee als Gegengift wirkte.

In der chinesischen Literatur findet man Hinweise darauf, dass Tee über Jahrtausende hinweg als Heilmittel oder zur Gesundheitsprävention verwendet wurde. Das ist bis heute der Fall. Erst durch die Weiterentwicklung der Verarbeitung wurde Tee auch zu einem Genussmittel. Seit der zweiten Hälfte des 20. Jahrhunderts wird Tee wissenschaftlich auf seine Inhaltsstoffe und deren Wirkung auf den menschlichen Organismus untersucht.

Meine Ziele

Nach Bearbeitung dieses Kapitels kann ich
- die Wirkung von Tee beschreiben;
- Auskunft zur Koffeinwirkung von Tee geben.

1 Teeinhaltsstoffe

Starten Sie einen Selbstversuch! Bereiten Sie am ersten Tag zu einer bestimmten Zeit Tee mit einer Ziehdauer von exakt drei Minuten. Notieren Sie nach einer Stunde jene Wirkungen, die Sie diesem Tee zuschreiben. Am nächsten Tag richten Sie sich zur selben Zeit einen Tee mit fünf Minuten Ziehzeit. Halten Sie Ihre Eindrücke wieder nach einer Stunde fest. Was können Sie für sich aus dieser Vergleichsverkostung und ihren Auswirkungen schliessen?

Tee – ein zartes Blatt mit grosser Wirkung

Betrachtet man Tee aus der Perspektive der Traditionellen Chinesischen Medizin (TCM), ist der Wirkungsbereich zu vielfältig und zu individuell, als dass er zusammenfassend beschrieben werden könnte. Wie Tee als Ganzes wirkt, ist eben auch eng verknüpft mit der Konstitution der Person, die den Tee trinkt.

Grundsätzlich gilt, dass **hochwertige Tees reicher an Inhaltsstoffen** und dementsprechend wirkungsvoller sind. Nur einige der vielen Inhaltsstoffe sind im Detail wissenschaftlich erforscht.

Wichtige Teeinhaltsstoffe	
Polyphenole	Polyphenole als Antioxidantien gelten als prophylaktischer Schutz vor Herz- und Gefässkrankheiten sowie vor Krebs. Dies gilt besonders für die Untergruppe der Catechine, die im grünen Tee in grösserer Menge als im Schwarztee vorkommen.
Fluor	Macht den Zahnschmelz widerstandsfähiger und kann Karies verhindern.
Ätherische Öle	Stimulieren Geruchs- und Geschmacksnerven und ergeben das Aroma.
Vitamine	Vitamine der Gruppe B und Vitamin C schützen und erhalten die Vitalität.
Koffein (auch Tein genannt)	Steigert die Konzentrationsfähigkeit, verbessert das Reaktionsvermögen und die Fähigkeit zu assoziieren. Belebt und erfrischt.

💡 Das Koffein im grünen Tee liegt gemäss Untersuchungen in besonders gebundener Form vor. Dadurch wirkt der Stoff anders auf unseren Organismus als bei Kaffee oder oxidierten Tees. **Grundsätzlich wirkt Koffein von Tee langsamer als von Kaffee, jedoch langanhaltender.**

2 Wirkung von Tee

Die Gesamtwirkung von grünem und schwarzem Tee ist gründlich untersucht. Allgemein bekannt ist zum Beispiel, dass **grüner Tee** gesund ist, weil er Vitamine liefert, freie Radikale bindet, den Stoffwechsel anregt oder den Blutdruck reguliert. **Schwarzer Tee** schneidet punkto Gesundheitsförderung oft schlechter ab. Dies liegt unter anderem daran, dass die Teequalität nicht mit einbezogen wird und oft einfache schwarze Tees mit hochwertigeren grünen Tees verglichen werden.

Zur Wirkung anderer Teearten (weisser, gelber, Oolong und postfermentierter Tee) gibt es bislang noch keine Untersuchungen. Unter Umständen können diese Tees für eine Person viel bekömmlicher sein als «gesunder» grüner Tee.

Freie Radikale = entstehen infolge der Stoffwechselprozesse und können wichtige Moleküle bei der Funktion einer Zelle schädigen.

Die Wirkung eines Tees wird aber nicht ausschliesslich von der Quantität an Inhaltsstoffen bestimmt. Die Frage sollte deshalb eher lauten: Wie sind die Inhaltsstoffe kombiniert und welche Konstitution hat die Person, die den Tee trinkt? Welcher Tee wie und wann auf jemanden wirkt, ist unterschiedlich und situationsabhängig. So favorisiert man am Morgen vielleicht einen anderen Tee als am Abend, im Winter einen anderen als im Sommer, jünger einen anderen als im Alter.

Tee – ein Getränk für gefühlvolle Momente

Für Tee nimmt man sich Zeit, mit Tee gönnt man sich eine Pause im schnellen Alltagsleben, Tee wird sorgfältig ausgewählt und in einem schönen Rahmen mit allen Sinnen genossen. Wer also grünen Tee nur aufgrund der ihm zugeschriebenen Wirkung auswählt, den Tee jedoch nicht gerne trinkt, lässt einen wichtigen, gesundheitsfördernden Aspekt des Teetrinkens aussen vor.

⚠️ Es gibt keinen Tee, der beruhigend wirkt, denn unabhängig davon, wie der Tee verarbeitet oder zubereitet wird, bleibt das Koffein bestehen. Da jedoch nicht alle Tees auf jeden gleich wirken, ist es dennoch möglich, einen passenden Tee für den Abend zu finden oder alternativ einen Kräuteraufguss zu trinken.

Das Märchen der Ziehdauer

«Nach drei Minuten Ziehzeit wirkt der Tee anregend, nach fünf Minuten Ziehzeit beruhigend.»

Diese Aussage ist schlicht falsch! Das in den Teeblättern enthaltene Koffein löst sich im heissen Wasser schon nach sehr kurzer Zeit. Daher ist verhältnismässig viel Koffein im Aufguss, wenn der Tee nur kurz zieht. Nach längerer Ziehzeit lösen sich weitere Stoffe, weshalb der prozentuale Koffeinanteil im Aufguss geringer ist. Das heisst: Nach längerer Ziehdauer befindet sich gleich viel Koffein im Aufguss wie nach kurzer Ziehdauer. Das Koffein wird einfach durch weitere Inhaltsstoffe ergänzt. Fazit: **Tee wirkt anregend.**

Der Mythos, dass Tee beruhigend wirkt, kann daher kommen, dass mit Teetrinken Teerituale verbunden werden, die zum Innehalten und Geniessen einladen. Der beruhigende Aspekt des Tees hängt allerdings nicht mit den Blattinhaltsstoffen und damit auch nicht mit der Ziehzeit zusammen.

Teekulturen, Zubereitung und Service von Tee

Tee ist ein Rohprodukt und wird vor dem Genuss zubereitet. Seit das Einflussgebiet des Tees sich nach und nach von China aus über die ganze Welt erstreckt hat, haben sich über die Jahrhunderte hinweg innerhalb verschiedener Kulturkreise unzählige, durch den Volkscharakter bestimmte Zubereitungsarten entwickelt.

Für viele Menschen ist Tee das wichtigste Getränk neben Wasser. Er gilt als rein, heilend und ist deshalb in vielen Kulturen das erste Getränk, das Gästen angeboten wird.

 Meine Ziele

Nach Bearbeitung dieses Kapitels kann ich
- über Ursprung und Eigenheiten verschiedener Teekulturen Auskunft geben;
- verschiedene Verpackungsarten von Tee sowie deren Lagerung beschreiben;
- die korrekte Zubereitung verschiedener Teearten beschreiben und begründen;
- die Eigenheiten verschiedener Teearten in meinen Verkaufsgesprächen einsetzen und Beispiele aufzeigen;
- wesentliche Merkpunkte beim Service aufzeigen und gezielt anwenden.

1 Teekulturen

Chinesische Teezeremonie, japanische Teezeremonie – für die meisten Menschen aus unserem Kulturkreis scheint die Ausführung traditioneller Teerituale ziemlich befremdlich. Doch schauen Sie sich einfach möglichst unvoreingenommen ein entsprechendes Video z. B. auf YouTube an. Nur wenn Sie einen solchen Vorgang gesehen haben, können Sie wirklich mitreden.

Schauen Sie sich den Film «Chinesische Teezeremonie» an.

Sie finden den Film auch in Ihrer DigiBox.

1.1 China – Gong Fu Cha

In China liegt der Ursprung des Tees. Tee als Kunstform wird dort seit Jahrtausenden zelebriert. In der chinesischen Teekultur können **drei historische Teeschulen** unterschieden werden.

Während der **Tang-Dynastie** wurde pulverisierter Tee verwendet. Er wurde zusammen mit Wasser, einer Prise Salz und manchmal auch noch mit anderen Ingredienzen wie Orangenschale, Ingwer und Zwiebeln aufgekocht, bis das Wasser die richtige Färbung hatte.

⚠ In der chinesischen Tradition bedeutet Gong Fu (Kung Fu) nicht nur die Kampfkunst, sondern jede Aktivität, die mit Zeit und Mühe zu einem meisterhaften Können führt – hier zu einer ausgefeilten Art der Teezubereitung.

Während der **Song-Dynastie** wurde die Teekunst verfeinert. Der Tee wurde mit heissem Wasser übergossen und danach mit einem Bambusbesen schaumig geschlagen. Diese Art der Zubereitung ist heute ein hoch veredelter Bestandteil der japanischen Teekultur.

Erst in der Zeit der **Ming** wurden ganze Teeblätter verwendet. Die als «Gong Fu Cha» bekannte Zeremonie des Teetrinkens entstand, wobei ein einzelner Tee mehrmals aufgegossen wird, um sich so seiner gesamten Aromenvielfalt bewusst zu werden.

«Der Geist des Tees ist ein Geist des Friedens und die Kultur des Tees ist eine Kultur der Gastfreundschaft.»
SEN SÔHITSU XV., GRÜNDER DER URASENKE-TEESCHULE IN KYOTO

1.2 Japan – Matcha

Auf einer Studienreise nach China im 12. Jahrhundert haben japanische Mönche des Zen-Buddhismus Tee entdeckt. Sie schätzten seine belebende Wirkung für den Geist, die ihnen während langer Meditationsperioden dienlich war, sowie seinen intensiven Geschmack. Sie brachten ihn in ihre Heimat, wo die ursprüngliche chinesische Form des **gemahlenen Tees bis heute perfektioniert** wird.

Matcha-Tee ist im heutigen Japan nicht von der japanischen Teezeremonie zu trennen. Die ästhetische Vorführung und der asiatische Schulungsweg sind miteinander verknüpft. Die Zubereitung des Tees stellt eine hoch ritualisierte Veredlung der Begegnung zwischen Gast und Gastgeber dar.

Schauen Sie sich den Film «Matcha-Zubereitung» an.

Sie finden den Film auch in Ihrer DigiBox.

In den letzten Jahren hat Matcha-Tee Eingang in etliche Formen der Teezubereitung des modernen Japan gefunden. Er wird im Sommer eisgekühlt getrunken oder als Shake gemixt sowie beim Backen von Pâtisserie und zum Kochen verwendet. Dieser Trend ist mittlerweile auch in der Gastronomie der restlichen Welt angekommen.

1.3 Arabische Halbinsel und Nordafrika – Thé à la Menthe

Im 16. Jahrhundert «reiste» der Tee auf der als Seidenstrasse bekannten Handelsroute von China durch Pakistan, den Iran bzw. die arabischen Halbinsel und gelangte, die Türkei durchquerend, bis nach Ägypten.

Da die Briten im 19. Jahrhundert ihren Tee in den Häfen von Mogador und Tanger (beide in Marokko) einschifften, verbreitete er sich zu dieser Zeit im gesamten Maghreb, also im heutigen Tunesien, in Algerien, in Marokko und in der Westsahara.

Dort ging er schnell eine Verbindung mit dem damals beliebtesten Getränk ein, einer Art Kräuteraufguss aus Minze (Thé à la Menthe) oder Wermut, und verbreitete sich durch die Nomaden rasch. **Das Anbieten von Tee ist bis heute im ganzen arabischen und nordafrikanischen Raum üblich.**

WissensPlus
Unter den Tuareg (Wüstennomaden in der Sahara) hat sich ein ganz besonderes Ritual der Teezubereitung entwickelt: Grüner Tee aus China wird dreimal über Holzkohle aufgekocht, erst beim dritten Aufkochen wird eine Prise marokkanische Minze, Lavendel oder Wermut dazugegeben. Den ersten Aufguss geniesst man «herb-bitter wie das Leben, den zweiten stark wie die Liebe und den dritten süss wie den Tod».

Bei Wüstennomaden wird der dritte Teeaufguss in einem kunstvollen Bogen in kleine Gläser mit viel Zucker gegossen.

1.4 Russland – Rauchtee

Tee ist in Russland seit Mitte des 15. Jahrhunderts bekannt. Erst eineinhalb Jahrhunderte später wird er regelmässig nach Moskau importiert. Ab Mitte des 18. Jahrhunderts kann man von einem das gesamte Imperium umspannenden Teegenuss sprechen, der alle sozialen Schichten gleichermassen umfasst.

Von seiner ursprünglichen Form im engen Familienkreis hat sich das Teetrinken zu einem gesellschaftlichen Akt entwickelt, der in der russischen Literatur des 19. und 20. Jahrhunderts eingehend und inspirierend beschrieben worden ist.

Samowar – Mittelpunkt der russischen Teezubereitung
Für Tee nimmt man sich in Russland Zeit. Der Samowar bzw. dessen ewig simmernder Bauch symbolisiert im Zentrum stehend das Teilen, das gesellschaftliche Miteinander und die soziale Wärme.

FILM AB!

Schauen Sie sich den Film «Rauchtee-Zubereitung» an.

Sie finden den Film auch in Ihrer DigiBox.

Bei der russischen Bevölkerung besonders beliebt ist der **Rauchtee**: ein klassischer chinesischer Schwarztee, der nach vollständiger Verarbeitung in einer Räucherkammer dem Rauch eines offenen Feuers ausgesetzt wird. Die Geschmacksvielfalt, die der Tee dabei aufnimmt, reicht von speckig-rauchig bis hin zu Aromen nach Kiefern- oder Pinienwald.

Afternoon Tea

FILM AB!

Schauen Sie sich den Film «Zubereitung eines Afternoon Tea» an.

Sie finden den Film auch in Ihrer DigiBox.

1.5 Grossbritannien – Afternoon Tea

England begann Mitte des 17. Jahrhunderts Tee aus China zu importieren. Zunächst war er nur für die Oberschicht erschwinglich und galt als Statussymbol. Als 1783 die hohen Teesteuern gesenkt wurden, konnte sich auch die Mittelschicht, die bis dahin ausschliesslich Kaffee getrunken hatte, Tee leisten. Im 18. Jahrhundert wurde England zum Zentrum des europäischen Teehandels.

Das Handelsmonopol besass die **Ostindien-Kompanie.** Erst im 19. Jahrhundert begann England Tee in seinen eigenen indischen Kolonien anzubauen, um den stetigen Devisenverlust durch den Tee-Import zu verhindern.

Grundsätzlich trinken die Briten kräftige Schwarztees, die gerne mit Milch verfeinert werden, was den Tee milder und rascher trinkbar macht. Der typisch englische **Five o'clock Tea (Afternoon Tea)** ist bis ins heutige Grossbritannien ein Ritual, das Teegenuss mit süssen und salzigen Häppchen verbindet.

WissensPlus

Die Anfänge des Afternoon Tea gehen zurück bis ins 19. Jahrhundert, auf die siebte Herzogin von Bedford. Zu dieser Zeit frühstückte man frühmorgens und ass abends sehr spät. Die Herzogin hatte es sich zur Gewohnheit gemacht, nachmittags zu einer leichten Mahlzeit eine Tasse Tee zu trinken. Sehr bald erweiterte sich dieses Ritual. Die Herzogin lud Freunde ein, liess kleine Köstlichkeiten servieren und schuf so eine Mode, die bis heute Inbegriff der englischen Teekultur ist.

1.6 Ostfriesland – Ostfriesen-Tee

Um 1610 brachten erstmals Schiffe der Niederländischen Ostindien-Kompanie Tee nach Europa. Schon bald darauf dürfte Tee durch ostfriesische Schiffer erstmals nach Ostfriesland (nordwestliche Region des heute deutschen Niedersachsens) gelangt sein. Der Teegenuss verbreitete sich im späten 18. Jahrhundert in ganz Ostfriesland und wurde zunächst auch von Friedrich II. gefördert. Nach dem Scheitern der Ostindien-Kompanie versuchte er, den Ostfriesen das inzwischen liebgewonnene Teetrinken wieder abzugewöhnen. Unter anderem wurde vorgeschlagen, mehr Bier zu brauen, da es dafür ausreichend Zutaten im eigenen Land gab. Auf das erlassene Gesetz wurde mit verstärktem Schmuggel, zivilem Ungehorsam und heimlichem Teetrinken reagiert.

Kluntje = grosses Stück weisser Kandiszucker.

Wolkje = Rahm, der auf die Oberfläche gelegt wurde.

Heute wird die Teetied, die sogenannte Teezeit, mit Kluntje, Wolkje und auserlesenem Geschirr zelebriert. Ein grosses Stück weisser Kandis wird mit der klassischen **Ostfriesen-Teemischung** übergossen. Dabei ist auf das charakteristische Knistern zu achten. Mit einem speziellen Löffel wird ein Wölkchen Rahm auf die Oberfläche gelegt. Der Tee wird traditionellerweise ohne Umrühren getrunken. So schmeckt man zuerst den weichen, warmen Rahm, danach das herbe Teearoma und zum Schluss die Süsse des gezuckerten Tees am Tassenboden.

Ostfriesen-Tee – unter drei Tassen geht's nicht!

Das oben beschriebene Zubereitungsverfahren rührt noch daher, dass man den teuren Kluntje, den Kandisbrocken, möglichst lange, also über mehrere Tassen Tee hinweg benutzen wollte. In einer Teerunde gelten drei Tassen noch heute als das gesellschaftliche Mindestmass. Alles andere gilt als unhöflich und respektlos.

FILM AB!

Schauen Sie sich den Film «Zubereitung von Ostfriesen-Tee» an.

Sie finden den Film auch in Ihrer DigiBox.

1.7 Indien – Chai

Chai stammt als «Chá» ursprünglich ebenso aus China wie der Begriff Tee. Auf seiner Verbreitung entlang der Seidenstrasse änderte sich nicht nur seine Bezeichnung, sondern er kam auch mit anderen Sitten und Zutaten wie Zucker und Gewürzen in Berührung.

Teeaufgüsse heissen im indischen **Hindi Chai** oder **Masala Chai,** wobei «Masala» Mischung bedeutet und meist eine Gewürzmischung bezeichnet, die zuerst mit Wasser aufgekocht wird. Danach können je nach Belieben ein starker Schwarztee, Milch und Zucker zugegeben und das Ganze nochmals aufgekocht werden.

Lesen Sie noch einmal über die geschichtliche Entwicklung der Begriffe «Tee/Cha» auf S. 122 nach.

Chai – ein Begriff, Millionen Varianten

Für Chai hat jede indische Familie, jeder Strassenverkäufer von Kalkutta über Mumbai, Delhi oder im Süden Indiens hat seine eigene Rezeptur und die Art der Zubereitung variiert entsprechend.

FILM AB!

Schauen Sie sich den Film «Zubereitung eines Chai» an.

Sie finden den Film auch in Ihrer DigiBox.

1.8 Tee in der Schweiz

Ab Ende des 19. Jahrhunderts brachten lange Zeit nur wohlhabende Wintergäste den Tee mit in ihren Urlaub in die Schweiz. Da die Schweiz selbst erst spät Handelsbeziehungen mit England begann, fehlte den meisten Schweizern bis dahin der Bezug zu den überbrühten verwelkten Blättern aus Asien. Traditionell kannte man dafür zahlreiche unterschiedliche **Kräuteraufgüsse** wie Kamille, Pfefferminze und andere Bergkräuter als beliebte Heilmittel.

Die spät einziehende Teekultur hat aber auch in der Schweiz Spuren hinterlassen. In einem einzigartigen Mikroklima im Kanton **Tessin** gedeihen auf dem Monte Verità in einem kleinen Teegarten etwa 1000 echte **Teepflanzen.**

Im Teegarten auf dem Monte Verità befindet sich die Casa del Tè, ein Zentrum zur Vermittlung der Teekultur mit Teerestaurant und japanischer Teezeremonie.

💬 Sprechen Sie mit Ihren Kollegen darüber, wie oft Sie selbst Tee einkaufen und wie Sie ihn lagern.

2 Umgang mit Tee

Viele Menschen haben Tee immer zu Hause. Manche Packungen liegen allerdings schon sehr lange im Vorratsschrank. Ist das in Ordnung? Hat Tee ein Ablaufdatum? Kann man «alten» Tee noch trinken?

2.1 Einkauf und Lagerung von Tee

Beim Einkauf von Tees muss bewusst auf Qualität geachtet werden. Selbst bei Tee in Teebeuteln gibt es qualitative Unterschiede. Tee kann **gut auf Vorrat** eingekauft werden, er muss jedoch **luftdicht** und **trocken** gelagert werden. Tee, der einmal Feuchtigkeit aufgenommen hat (z. B. durch den Dampf beim Milchaufschäumen in der Nähe der Kaffeemaschine), ist nicht mehr verwendbar. Um **grüne Tees, wenig oxidierte und nicht geröstete Oolong-Tees** frisch zu halten, können diese **im Kühlschrank** aufbewahrt werden.

Tee darf nicht in der Nähe von Dampfquellen aufbewahrt werden.

Schwarztees bzw. Früchte- und Kräutertees müssen getrennt gelagert werden, da Schwarztee leicht Fremdgerüche annimmt. Das eigene Aroma wird dann überlagert.

Tee als Blickfang
Ein (offen) angebotenes Teesortiment ist vor allem bei Frühstücksbuffets eine tolle Attraktion und wird von Gästen geschätzt. Stellen Sie jedoch nur eine kleine Menge zur Verfügung, die in absehbarer Zeit verbraucht wird, sonst leidet der Genuss.

2.2 Grundsätze der Teezubereitung

Tee gilt als Rohprodukt. Die trockenen Blätter der Teepflanze müssen für den Genuss erst zubereitet werden. Es gilt
- die Teemenge,
- die Wassertemperatur sowie
- die Ziehzeit

dem jeweiligen Tee anzupassen, um einen ausgewogenen, charaktertypischen und wohlschmeckenden Aufguss zu erhalten.

Kulturelle Einflüsse ermöglichen eine grosse Vielfalt an unterschiedlichen Arten der Teezubereitung. In Europa wird offener Tee üblicherweise einmal aufgegossen und in einer schönen Teekanne mit passendem Zubehör serviert.

Zu beachten: Nachfolgende Angaben gelten als allgemeine Richtlinien, sind jedoch nicht absolut. Es gibt Tees, die ganz genau nach Vorgabe zubereitet werden müssen, um einen guten Aufguss zu ergeben. Andere hingegen sind weniger empfindlich und gelingen, auch wenn sie, z. B. unter Zeitdruck, nicht optimal zubereitet werden können. Hierzu ist eine kompetente Fachberatung beim Einkauf sinnvoll.

Teemenge

Die ideale Teemenge – **12 Gramm auf einen Liter Wasser** – gilt für alle Teesorten. Die Teemenge bleibt grundsätzlich immer gleich. Was sich von Tee zu Tee unterscheidet, ist das Volumen der Blätter. Es gilt, die richtige Dosierung mit möglichst geringem Aufwand zu wählen.

Misst man die 12 Gramm in Teelöffeln ab, kann das Volumen von drei bis zu zwölf Teelöffeln variieren. Darum wird die benötigte Grammzahl idealerweise abgewogen. Um den Ablauf der Zubereitung zu vereinfachen, kann der Tee einmalig abgewogen und die entsprechende Teelöffelzahl notiert werden (falls sie nicht bereits auf der Verpackung vermerkt ist).

Wassertemperatur

Die Wassertemperatur hat den **grössten Einfluss auf den Geschmack** des Tees. Die Temperatur des Wassers bestimmt die Zusammensetzung der im Wasser gelösten Teeinhaltsstoffe, die den Aufguss massgeblich prägen.

> **Beispiel**
> Grüner Tee enthält verhältnismässig viele Bitterstoffe. Werden die Blätter von grünem Tee zu heiss aufgegossen, wird der bittere Anteil so aufdringlich, dass die feinen, süssen Aromen des Tees nicht mehr wahrgenommen werden können.

Das Teeblatt muss je nach Verarbeitung erst aufgehen, um seinen Geschmack zu entfalten. Dafür braucht das Blatt grundsätzlich hohe Temperaturen. Blätter, die sehr zart und fein sind, ergeben jedoch mit niedrigeren Temperaturen einen idealen Aufguss.

⚠️ Auch der **Kalkgehalt im Wasser** hat Einfluss auf den Charakter des Tees in der Tasse. Kalk gilt als Geschmacksträger. Grundsätzlich lässt sich sagen, dass die Wassertemperatur bei hohem Kalkgehalt tiefer angesetzt werden kann, hingegen bei sehr weichem Wasser höhere Temperaturen für Tee ideal sind.

Richtwerte für die Wassertemperatur

Weisser Tee	90 °C
Gelber Tee	80 °C
Grüner Tee	80 °C
Oolong	80–100 °C
Schwarzer Tee	90–100 °C
Postfermentierter Tee	100 °C

Ziehzeit

Die Ziehzeit ist von Tee zu Tee **unterschiedlich.** Faktoren wie die verwendeten Teepflanzenvarietäten, die Grösse der geernteten Blätter, deren Verarbeitung und der gewünschte Charakter eines Tees bestimmen die Ziehdauer. Daher lassen sich kaum grundsätzliche Angaben zur Ziehzeit der verschiedenen Teesorten machen.

Raum geben

Damit sich ein Tee ideal entfalten kann, wird er frei schwimmend aufgegossen. So kann der Tanz der Teeblätter beginnen und die Inhaltsstoffe können vollständig an das Wasser abgegeben werden. Wird der Tee zu eng zusammengepresst, z. B. in einem sogenannten Tee-Ei, bleiben die Blätter zusammengerollt und die gewünschten Inhaltsstoffe können sich nur in geringer Menge lösen.

Wählt man aus praktischen Gründen einen Siebeinsatz für eine Teekanne oder eine Tasse, empfiehlt es sich, einen möglichst weiten zu wählen, um dem Tee so viel Bewegungsspielraum wie möglich zu bieten.

2.3 Praktische Teezubereitung in der Gastronomie

Es ist eine Kunst, jeden Tee seinem Charakter entsprechend zuzubereiten. Dies erfordert Wissen um den Tee sowie in Folge die richtige Auswahl der Zubereitung.

Tee kann nicht immer und nicht überall als Kunstform zelebriert werden. Die Gastronomie steht in diesem Bereich vor grossen Herausforderungen: Wie kann Tee auch unter Zeitdruck so zubereitet werden, dass er die Gäste begeistert?

Am Anfang steht in diesem Zusammenhang die Frage, ob ein Betrieb gerne
- offenen Tee anbietet oder auf eine
- ausgewählte Beutellinie setzt.

Offener Tee

Wird offener Tee gewählt, gibt es einige Regeln zu beachten, welche die Zubereitung des Tees vereinfachen und zum Gelingen beitragen.

⚠ Die nachfolgenden Schritte werden mit der richtigen Teeauswahl deutlich vereinfacht. Findet man die richtigen Sorten in jeder Verarbeitungsart, so lässt sich eine breite Palette an unterschiedlichstem Tee nach denselben Regeln zubereiten.

Zubereitung von offenem Tee

Schritt 1

Sorgfältige Teeauswahl
Wählen Sie Tees aus, die in der Zubereitung eher unempfindlich sind und auch gelingen, wenn sie etwas länger ziehen, das Wasser etwas zu heiss oder zu kalt ist. So können Sie darauf vertrauen, dass der Tee, den Sie servieren, überzeugt.

Schritt 2

Dosierung in Teelöffeln angeben
Bei jedem neuen Tee ist die genau abgewogene Menge in Teelöffeln auszumessen und schriftlich festzuhalten. So kann die korrekte Teemenge stets einheitlich und in sehr kurzer Zeit bereitgestellt werden.

Schritt 3

Richtige Wassertemperatur – mit 85 °C im Gleichgewicht
Häufig entspricht die Wassertemperatur aus einer Kaffeemaschine sowie aus einem Samowar ungefähr 85 °C, was für ein breites Sortiment an unterschiedlichen Tees ideal ist.

Schritt 4

Ziehzeit anpassen – mit vier Minuten im Gleichgewicht
Vier Minuten in Kombination mit 85 °C Wassertemperatur passen für eine relativ breite Auswahl an unterschiedlichen Tees.

💡 Bei sorgfältiger Auswahl findet man sowohl grüne als auch schwarze, weisse, gelbe, Oolong und postfermentierte Tees, die mit 85 °C heissem Wasser gut gelingen.

Variante mit Teesieb

Kann der Tee nicht im Hintergrund zubereitet werden, gibt es die Möglichkeit, den offenen Tee in einem Sieb in die Kanne zu legen und den Tee so direkt zu servieren. Hierbei sind folgende Punkte zu beachten.

Teemenge: Auch bei der Verwendung des Teesiebes gilt die oben beschriebene Dosierung von 12 Gramm Tee pro Liter Wasser. Da der Gast die Blätter sieht, hat der Gastgeber häufig die Tendenz, grosszügig zu sein. Dies führt nicht selten zu einem viel zu kräftigen und dadurch ungeniessbaren Tee.

Wassertemperatur: Da der Gast den Tee nach eigenem Gutdünken ziehen lassen kann, empfiehlt es sich den Tee ebenfalls mit 85 °C aufzugiessen. Dies verhindert, dass zu viele Bitterstoffe gelöst werden und sorgt dafür, dass der Tee nach längerem Ziel immer noch angenehm weich ist.

Ziehzeit bzw. Teeauswahl: Zu wählen sind unempfindliche Tees, die bereits nach kurzem Ziehen Charakter zeigen und nach langem Ziehen nicht zu stark werden.

Entsprechende Sanduhren helfen dem Gast, die gewünschte Ziehzeit seines Tees einzuschätzen. Drehen Sie die Uhr um, sobald Sie die Teeblätter ins Wasser senken.

Tee im Beutel

Es gibt sehr unterschiedliche Teebeutel. Einige enthalten fast nur Staub, andere ganze Teeblätter. Eine wohlsortierte Beutellinie beinhaltet mindestens je einen Tee von jeder Verarbeitungsart (einzige Ausnahme: Gelbtee, da dieser rar ist und selten im grossen Mengen gehandelt werden kann) sowie englische Klassiker und eine Auswahl an gängigen Kräuteraufgüssen. Bei der Auswahl von **idealen Beuteltees für die Gastronomie** sind die Produkte auf folgende Kriterien zu prüfen:

- **Der Beutel hat keine Ziehzeit:** Werden Dosierung, Qualität und Art eines Tees ins Gleichgewicht gebracht, ist es möglich, einen Teebeutel ohne Ziehzeit zu kreieren. Der Tee schmeckt, sobald er trinkbereit ist, und zeigt auch nach längerem Stehen nach wie vor seine schönen Seiten.
- **Die Wassertemperatur kann variieren:** Ein sorgfältig ausgetüftelter Beuteltee gelingt, unabhängig davon, ob der Tee mit 80 °C oder mit kochendem Wasser aufgegossen wird.
- **Der Beutel ist pyramidenförmig:** Nur so haben auch grössere Teeblätter Raum, um sich zu entfalten.

Pyramidenförmige Teebeutel geben hochwertigem Tee den nötigen Raum, um sich zu entfalten.

3 Tee und Gäste

💬 Sammeln Sie in einem gemeinsamen Gespräch mit Ihren Kollegen Situationen und dazu passende Argumente für sinnvollen und gleichzeitig gästegerechten Verkauf von Tee.

*Nach chinesischer Tradition wird Tee serviert, um einem **Gast gegenüber Wertschätzung auszudrücken.** Diese Wertschätzung wird in der Gastronomie immer häufiger verlangt: Der Gast wünscht einen qualitativ hochstehenden Tee. Insbesondere Gäste aus China oder Japan schätzen ein schönes Teeangebot als ein hohes Gut der Gastfreundschaft.*

3.1 Wie verkaufe ich Tee?

Tee bietet eine grosse Geschmacks- und Aromenvielfalt, kann heiss oder mit Eiswürfeln getrunken werden und passt zu jeder Tages- und Jahreszeit.

In der Gastronomie zeichnet sich in den letzten Jahren eine Bewegung ab, welche mit Trend allein nicht erklärbar ist: Der Gast wünscht nach einem köstlichen Menu mit marktfrischen Zutaten und erlesenen Weinen einen gebührenden Abschluss. Ein einfacher Beuteltee wird diesem Anspruch oft nicht gerecht. Die Gäste erwarten und honorieren also zunehmend eine richtige «Teeberatung». Dies gibt einem Betrieb die Chance, sich zu profilieren. Aber auch Fachkräfte können mit Wissen und Fingerspitzengefühl den Gast (und damit gleichzeitig den Chef) begeistern.

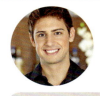

«Zum krönenden Abschluss und als Alternative zu einem Kaffee lohnt es sich, unseren Raritätentee aus der Provinz Anhui in China zu probieren. Der bekannte Keemun wird im ganzen Blatt verarbeitet und weist eine weiche, volle und edelbittere Note auf.»

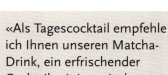

Von Gästen sehr gut angenommen werden eigene Teekarten.

«Als Tagescocktail empfehle ich Ihnen unseren Matcha-Drink, ein erfrischender Cocktail mit japanischem Grüntee-Pulver.»

«Heute kann ich Ihnen zur Erfrischung einen hausgemachten Eistee anbieten. Er wird direkt über Eis ins Glas gegossen, mit Holunderblütensirup, Zitronen- und Orangenschnitzen verfeinert.»

3.2 Wie serviere ich Tee?

Zu köstlichem Tee gehört ein entsprechender Teeservice, idealerweise mit zartem, dünnwandigem und in Europa meist weissem Porzellan mit einer Teekanne.

Der Tee wird auf alle Fälle in eine **vorgewärmte** Porzellan- oder Glaskanne bzw. entsprechende Tassen oder Gläser gegeben und mit richtig temperiertem Wasser aufgegossen.

Die Tassen werden von rechts beim Gast eingesetzt und ebenfalls von rechts wird der Tee, sofern schon genussbereit, beim Gast eingeschenkt. Ansonsten wird die Teekanne rechts neben der Tasse auf Unterteller oder einem kleinen Plateau platziert. In der Mitte des Tisches und für den Gast gut zugänglich wird dem Getränk entsprechend eine Auswahl an Zucker und Süssstoffen präsentiert.

Wird Beuteltee oder Tee mit Sieb serviert, wird ein kleiner Teller für das Ablegen des Beutels oder Siebs mitserviert.

Da Tee gerne eine Patina hinterlässt, müssen die Kannen gut auswaschbar sein – am besten maschinentauglich.

Beilagen zu Tee

Gäste freuen sich über eine kleine Geste wie Guetzli, Gebäck oder Friandise, die unaufgefordert zum Tee serviert werden. Diese lassen sich sehr gut an die Saison anpassen und spiegeln den Stil des Hauses wider.

Kräuter-, Gewürz- und Früchteaufgüsse

Wie Tee haben auch Kräuter, Gewürze und Früchte eine Wirkung auf unseren Körper (z. B. durch enthaltene Vitamine). Insbesondere Kräuteraufgüsse werden oftmals auf den gesundheitlichen Aspekt reduziert und man hört den Satz «Ich trinke Tee nur, wenn ich krank bin».

In der Gastronomie liegt der Schwerpunkt weniger auf der heilenden Wirkung der Pflanzen, sondern auf deren Geschmack und damit auf einem genussvollen Erlebnis mit einem schönen Kräuter-, Gewürz- oder Früchteaufguss.

 Nicht jeder Aufguss ist für jeden Gast passend: Die Säure mancher Früchtetees kann ebenso Probleme verursachen wie etwaige Allergien oder Unverträglichkeiten.

Meine Ziele

Nach Bearbeitung dieses Kapitels kann ich
- unterschiedliche Sorten von Kräuter-, Gewürz- oder Früchteaufgüssen mit Charakteristiken nennen;
- Auskunft über Qualitäten geben;
- die Zubereitung von Kräuter-, Gewürz- oder Früchteaufgüssen durchführen.

1 Sorten und Charakteristiken von Aufgüssen

> *Jede Kultur hat ihre eigenen Aufgüsse. Bei uns in Europa sind Pfefferminzblätter, Kamillenblüten und Fenchelsamen bekannte Klassiker. Doch treffen durch die Globalisierung immer wieder neue Aufgussarten bei uns ein.*
>
> **Kennen Sie beispielsweise Rooibos?**
> *Der Rotbuschstrauch wächst nur in Südafrika. Seine nadelartigen Blätter enthalten kein anregendes Koffein, sie sind tanninarm und enthalten damit keine Bitterstoffe, sind aber reich an Mineralstoffen und daher sehr begehrt.*

Sélection Grand Hotel Edelweiss ist eine traditionelle, frisch-würzige Mischung aus dem Schweizer Alpenkräutergarten und beinhaltet Zitronenthymian, Zitronenmelisse, Silbermänteli, Majoran und Edelweiss.

Früchte-, Gewürz- und Kräutertees sind im eigentlichen Sinne keine Tees, da ihre Basis nicht die Teepflanze, sondern getrocknete, stark aromatische **Rinden, Samen, Früchte, Blüten, Blätter, aber auch Wurzeln diverser Pflanzen** sind. Sie werden jedoch ähnlich wie Tee zubereitet und daher häufig vereinfacht als Tee bezeichnet.

Zahlreiche Früchte-, Kräuter- und Gewürztees haben eine anregende oder beruhigende sowie meist eine heilende Wirkung.

⚠️ Sie dürfen in der Gastronomie auf keinen Fall eine medizinische Beratung durchführen – Sie können Gästen lediglich die grundsätzlich wissenschaftlich erwiesene Wirkung eines Aufgusses vermitteln.

Beispiel zur gesundheitlichen Wirkung
Früchtetees enthalten kein Koffein und sind häufig reich an Vitaminen.

Früchte, Gewürze und Kräuter werden auch gerne zu Teemischungen zusammengestellt, auf bestimmte Tageszeiten oder eine Saison abgestimmt (z. B. Abendtee, Wintertee) oder für bestimmte «Anlässe» angeboten (z. B. Gute-Laune-Tee, Magenfreund).

Nachfolgend finden Sie eine alphabetische Übersicht zu den in unseren Breitengraden am häufigsten verwendeten Aufgüssen in der Gastronomie und deren Eigenschaften.

Aufgussart	Zusammensetzung	Charakteristik
Eisenkrauttee (Verveine)	Blätter der Zitronenverbene	Anregend, verdauungsfördernd, magenfreundlich, schmeckt erfrischend
Fencheltee	Samen des Fenchels	Blähungshemmend, hustenlindernd, schmeckt würzig nach Anis, leicht süsslich
Hagebuttentee	Früchte der wilden Heckenrose	Entzündungshemmend, verdauungsfördernd, harntreibend, Vitamin-C-haltig, schmeckt fruchtig, leicht säuerlich

Hagebuttentee hat ein fruchtiges Aroma, aber auch eine gewisse Säure.

Kamillentee sollte bei Magenschmerzen nur lauwarm genossen werden, da ansonsten Übelkeit entsteht.

💡 Relativ neu sind Aufgussmischungen, in denen sich auch Gemüse wie Rote Beete oder Karotten finden.

Eine gute Beratung beim Kräuter-, Gewürz- und Früchtesortiment lohnt sich.

Hibiskustee	Kelchblätter der Hibiskusblüte (Malve)	Vitaminreich, schmeckt leicht säuerlich, ähnlich wie Fuchsbeeren
Kamillentee	Blüten der römischen Kamille	Entzündungshemmend (im Magen-Darmtrakt), krampflösend, antibakteriell, schmeckt fein-blumig, leicht bitter
Lindenblütentee	Blüten des Lindenbaums	Schweisstreibend, krampflösend, schmeckt süsslich
Pfefferminztee	Blätter der Pfefferminze	Schmerzstillend, krampflösend (speziell bei Magen-Darm-Beschwerden bzw. gegen Übelkeit), schmeckt kräftig und erfrischend-pfeffrig
Matetee	Blätter des brasilianischen Matestrauchs (mehrmalig aufzugiessen)	Koffeinhaltig (daher besonders als erster, kurzer Aufguss anregend!), viele Gerbstoffe (Tannine), schmeckt kräftig, aromatisch bis erdig-rauchig, bei zu langem Ziehen jedoch stark bitter (besonders wenn er zu heiss aufgegossen wird – das Wasser darf nie kochen!)

Aufgussqualitäten

Ein qualitativ hochwertiger Aufguss zeichnet sich durch einen aromatischen, reichhaltigen und bekömmlichen Geschmack aus. Ein hochwertiges Produkt, das diese Ansprüche erfüllen kann, ist immer intakt – also **idealerweise im Ganzen.** Kräuter, Früchte, Blüten, Wurzeln, Rinden oder Samen sind im Ganzen reich an ätherischen Ölen und anderen Inhaltsstoffen. Wird das Grundprodukt zerstückelt, gehen wertvolle Wirk- und Aromastoffe verloren.

Zusätzlich haben **Anbaubedingungen** wie die Bewirtschaftung des Gartens, die Bodenbeschaffenheit, Klima und saisonales Wetter auf die Qualität der Pflanzen genauso Einfluss wie auf Tee oder andere Nahrungsmittel. Es ist daher darauf zu achten, dass diese Rahmenbedingungen für das Endprodukt möglichst optimal sind. Am allerbesten ist natürlich **Bioqualität.**

Qualität und benötigte Menge

Hohe Qualität spiegelt sich auch im Preis. Jedoch ist hierbei zu bedenken, dass hochwertige Kräuter ergiebiger sind als günstige Qualitäten. Das heisst: Für einen Aufguss von teureren, sehr hochwertigen Ausgangsprodukten können oder sollen weniger Kräuter, Früchte oder Gewürze verwendet werden.

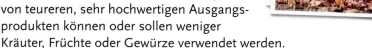

2 Zubereitung von Aufgüssen

Was kann bei der Zubereitung von Aufgüssen (z. B. einer Schale Apfeltee) variieren?

Apfeltee 1
2 TL getrocknete Apfelschalen und eventuell passende Gewürze mit kochendem Wasser übergiessen und 10 Minuten zugedeckt ziehen lassen.

Apfeltee 2
2 TL aromatisierte Apfelteemischung im Beutel mit 90 °C heissem Wasser übergiessen und 5–8 Minuten ziehen lassen.

Apfeltee 3
2 TL Instantpulver (bereits gesüsst!) mit kaltem oder heissem Wasser aufgiessen und umrühren.

Wie die Definition von Aufguss schon sagt, werden feste Teile (z. B. Kräuter, Samen) mit heissem oder kochendem Wasser übergossen und dann ausgelaugt.

Für Aufgüsse gibt es einfache Regeln der Zubereitung. Grundsätzlich gilt eine **längere Ziehzeit** als für richtige Teeblätter.

Zubereitung Kräuteraufguss, Blütenaufguss und (aromatisierter bzw. einfacher, stark zerkleinerter) Früchteaufguss

Schritt 1

Menge
ca. 1 Esslöffel Grundprodukt pro Liter Wasser

Schritt 2

Wassertemperatur
Mit aufgekochtem, kurz abgekühltem Wasser übergiessen.

Schritt 3

Ziehzeit
ca. 5 bis 10 Minuten

Viele Aufgüsse sind beliebte, trendige, kalorienfreie Durstlöscher. Warum versuchen Sie nicht einmal ein «Aufgussbuffet» im Betrieb zu integrieren?

Zubereitung Gewürzaufguss und natürlicher, grossstückiger Früchteaufguss

Schritt 1

Menge
ca. 1 Esslöffel Grundprodukt pro Liter Wasser

Schritt 2

Wassertemperatur
In kaltem Wasser ansetzen und dann aufkochen lassen.

Schritt 3

Ziehzeit
ca. 5 bis 10 Minuten

Empfehlenswert ist es, den Aufguss **abgedeckt ziehen** zu lassen. Die Kanne soll während der gesamten Ziehzeit mit dem Deckel verschlossen werden, um möglichst viele der wertvollen Inhaltsstoffe im Aufguss zu erhalten.

 WissensPlus
Unter Zeitdruck können Sie die Wartezeit für Ihre Gäste durch Zerkleinern der Ausgangsstoffe (z. B. in einem Mörser) vor dem Übergiessen verkürzen. Dies bietet sich insbesondere bei Gewürzen an.

Servieren Sie zu den fertigen Aufgüssen das obligate Zuckerangebot, aber auch Honig, Süssungssirupe (z. B. Agavendicksaft, Kokosblütensirup) oder Zitronenscheiben.

Tee- und Aufgussangebote in der Gastronomie

Die Grundlage für ein einladendes Teeangebot in einem gastronomischen Betrieb bildet ein gut durchdachtes Teekonzept. Je nach Betrieb unterscheiden sich die Bedürfnisse der Zielgruppen und die Möglichkeiten des Unternehmens.

In grösseren Betrieben gilt es zusätzlich zu bedenken, dass nicht in jedem Bereich der Einrichtung dieselbe Teeauswahl ideal ist. Während am Frühstücksbuffet beispielsweise ausgewählte Beuteltees passend sind, bieten sich abends eher ausgewählte Raritäten mit einhergehender Beratung an.

Als Teefachperson Profil zeigen

Die Welt des Tees entwickelt sich, auch in der Gastronomie. Tee wird als hochwertiges Genussmittel wahrgenommen und gewünscht. Wer über fundiertes Wissen rund um den Tee verfügt, kann

- ein funktionierendes Teekonzept erstellen,
- ein Kompetenz vermittelndes, genussvolles Teesortiment zusammenstellen,
- die Infrastruktur den Bedürfnissen anpassen,
- betriebsintern die Mitarbeiter schulen und
- Gäste ausführlich beraten.

Das Fachgebiet Tee bietet viel Potenzial – sowohl für Begeisterung als auch für Umsatzsteigerung.

Meine Ziele

Nach Bearbeitung dieses Kapitels kann ich
- den Aufbau eines Teekonzept beschreiben und begründen;
- Beispiele zu verschiedenen Angeboten in Gastronomiebetrieben und -bereichen aufzeigen;
- selbst ausarbeiten, wie Gästen wertvolle Empfehlungen und Hintergrundinformationen zu kalten und warmen Tees bzw. zu teeähnlichen Getränken wie Früchte-, Kräuter und Gewürztees in Angebotskarten gegeben werden können.

1 Teeangebot

Mit welchen Tees kann ich meine Gäste begeistern? Muss eine Karte das ganze Angebot für alle Bereiche in unserem Hotel aufzeigen oder lohnt es sich spezifische Angebote zu gestalten? Fragen über Fragen, bevor ein Teekonzept erfolgreich starten kann.

1.1 Konzeptbeispiel

Qualitativ hochwertige Tees werden im ganzen Haus angeboten. Die Auswahl passt sich aber den einzelnen Orten wie Bar, Frühstücksraum und den Bedürfnissen der Gäste an. Als Basis dient eine Edelbeutel-Linie. Diese Linie sollte alle Verarbeitungsarten der Teepflanze beinhalten. Eine gut ausgewählte Edelbeutel-Linie sollte mit hochwertigen Tees, einer straffen Auswahl des gesamten Teesortiments und einfacher Handhabung, eine ideale Basis für alle Bereiche bieten.

Für einzelne Bereiche gibt es ausserdem eine passende Spezialitätenkarte, die nach Bedarf angepasst und eingesetzt werden kann. Die nachfolgende Aufstellung zeigt die einzelnen Bereiche und Vorschläge zu den möglichen Angeboten.

Stilvolle Konzepte begeistern Gäste.

💡 In allen Bereichen wird der Tee dem Gast fertig serviert. Dadurch entfällt einerseits die aufwendige und teure Anschaffung von Sieben etc. Andererseits liegt die Teezubereitung, die einen wesentlichen Teil zur Qualität eines Tees beiträgt, in der Hand des Gastgebers.

Lokalität	Teeangebot	Zubehör
Frühstücksraum (Selbstbedienung)	Edelbeutel-Linie	■ Tassen ■ Samowar (Heisswasserbehälter)
Frühstücksraum (bedient)	Frühstücksspezialitäten offen oder Edelbeutel-Linie	■ Teekannen ■ Tassen
Restaurants	Edelbeutel-Linie und/oder Raritäten	■ Tassen ■ Teekannen ■ Eventuell besonderes Degustationsgeschirr
Seminarraum	Edelbeutel-Linie	■ Tassen oder Gläser ■ Samowar (Heisswasserbehälter)
Bar	Edelbeutel-Linie und/oder Tee-Drinks (Tee als Trendgetränk)	■ Tassen ■ Teekannen ■ Entsprechende Gläser
Wellness	Jasmintee-Kugeln	■ Tassen ■ Samowar (Heisswasserbehälter)
Suiten	Auswahl der Edelbeutel-Linie (z. B. ein weisser Tee und/oder ein Oolong)	■ Tassen ■ Wasserkocher

Frühstück

Als Frühstücksspezialitäten gelten einerseits **Klassiker** wie English Breakfast, Earl Grey, andererseits werden zum Frühstück auch **grüne Tees** sowie **süsse Aufgüsse** wie z. B. Vanille Rooibos oder Früchteaufgüsse geschätzt.

Restaurants und Afternoon-Tea-Lokale

Im Restaurant bildet die gewählte **Edelbeutel-Linie** die Basis, die durch eine Auswahl an Raritäten ergänzt wird. Die **Raritäten** werden **sorgfältig zubereitet,** nach Möglichkeit nach traditionell chinesischer Art (Gong Fu Cha). Für dieses Angebot ist eine Schulung des Personals erforderlich. Wie bei der Auswahl eines passenden Weines sollte der Gast auf Wunsch ausführlich **beraten** werden können.

Seminarraum

Die Edelbeutel-Linie ist die Basis. Eine Spezialitätenkarte entfällt. Je nach Thema des Seminars kann eine spezielle Auswahl angeboten werden.

Bar

Die **Edelbeutel-Linie als Basis** wird entweder in der Tasse oder in der Teekanne serviert. Zusätzlich gibt es hier ausgewählte **Spezialitäten wie Teedrinks** (Eistee, Tee-Punsch oder Matcha-Drink). Diese Drinks werden direkt an der Bar zubereitet und fertig serviert. Ideal für die Bar ist alles, was in der Küche als Konzentrat vorbereitet oder **in effektvoller Weise zubereitet** werden kann.

Wellness und Suiten

In diesen Bereichen stehen das Wohlbefinden und die Entspannung der Gäste im Vordergrund. Hierfür empfehlen sich kunstvolle Teeblumen (Jasmintee-Kugeln), die besonders im Wellness-Bereich praktisch sind: Es wird kein Sieb benötigt und die **Teeblume** kann mehrmals mit heissem Wasser übergossen werden. Zusätzlich eignen sich ausgewählte Tees aus der Beutel-Linie.

Tee und Wellness sind ein perfektes Paar.

1.2 Die Teekarte

Sobald das Teekonzept steht, lassen sich mit ausgewählten Tees eine oder mehrere Teekarten zusammenstellen. Die Teekarte lässt auf den ersten Blick erkennen, ob ein Betrieb sich mit dem Produkt auseinandergesetzt hat oder nicht. Ein wohlsortiertes Sortiment steht für Kompetenz und die Wertschätzung des Produktes, berücksichtigt aber ebenso die Gästebedürfnisse.

Tee ist ein facettenreiches Produkt. Dem gilt es mit der richtigen Teeauswahl gerecht zu werden. Wählt man als Grundlage eine Edelbeutel-Linie, sollte gewährleistet sein, dass **alle Verarbeitungsarten der Teepflanze** vertreten sind. Gleichzeitig muss eine Linie neben sortenreinen Tees auch Klassiker wie z. B. einen Earl Grey oder Trendiges wie z. B. einen Indian Chai beinhalten, um den Ansprüchen möglichst vieler Gäste gerecht zu werden.

Im **Offenausschank** kann das durch die Edelbeutel-Linie abgedeckte Basissortiment durch Spezialitäten oder Raritäten ergänzt werden. Da diese in der Zubereitung aufwendiger sind, ist es sinnvoll, eine Spezialitäten- resp. Raritätenkarte zusätzlich zu führen.

💡 Da das Zielpublikum und die Bedürfnisse der hauseigenen Gäste in den unterschiedlichen Bereichen variieren, ist es sinnvoll, zusätzlich zum Basissortiment bereichsspezifisch ein Spezialsortiment anzubieten.

Einfache und nützliche Boards für kleinere Angebote

💡 Gestalten Sie Ihre Karten übersichtlich und optisch ansprechend, damit Ihre Gäste Freude haben beim Lesen und in der Folge Lust auf eine Bestellung.

Nachfolgende Beispielkarten untermalen das oben vorgestellte Teekonzept.

Frühstücksraum: Spezialitäten

Sunday-Morning-Tea	Der klassische Schwarztee zum Frühstück: malzig, dunkel, gut mit Milch
Darjeeling Selimbong	Der helle spritzige Schwarztee aus dem Himalaya: anregend und frisch
Tian Mu	Chinesischer Grüntee: leicht und blumig
Earl Green	Japanischer Grüntee mit dem Duft der Bergamotte
Lady Grey	Bergamotte und Jasmin geben dieser Teemischung aus schwarzen und grünen Tees die besondere Note
Rooibos-Vanille	Südafrikanischer Kräutertee mit Vanille: weich und süss

Bar: Teedrinks

Eistee	Der Echte: heisser, dunkler, konzentrierter Schwarztee direkt über Eis ins Glas gegossen, verfeinert mit Holunderblütensirup, Zitronen und Orangenschnitzen
Ginger & Lemon	Lemongras mit Ingwer und Zitronenthymian: erfrischend zitronig, durchsetzt mit der leichten Schärfe des Ingwers
Russischer Tee	Rauchtee mit oder ohne Rum
Abendstern	Ein Rooibos-Punsch mit Kardamom, Koriander, Zimt, Ingwer, Vanille und Sternanis
Matcha-Drink	Cocktail mit japanischem Grüntee-Pulver

Restaurant: Raritätenkarte

Feinste Auswahl aller Verarbeitungsarten der Teepflanze Camellia sinensis

Yin Zhen	Weisser Tee, Provinz Fujian, China	*Für diesen Tee wird nur das vorderste noch geschlossene, flaumige Teeblatt gepflückt und getrocknet. Sehr weiche, hellgelbe, zart-blumige Tasse*

Tischtafel als Blickfang

Long Jing	Grüner Tee, Provinz Zhejiang, China	*Einer der berühmtesten Grüntees überhaupt, auch bekannt als Drachenbrunnentee. Süss-herbe, sehr aromatische Tasse*
Da Hong Pao	Oolong-Tee, Provinz Fujian, China	*Berühmter Wu Yi Rock Tea aus Wuyishan, wörtlich übersetzt Grosse Rote Robe. Auf felsigem Untergrund gewachsen, über Holzkohle geröstet. Volle, rote, mineralisch-fruchtige Tasse*
Mi Lan Xiang	Oolong-Tee, Provinz Guangdong, China	*Ein Phoenix Single Bush, der den einladenden Namen Mi Lan Xiang (Honigorchideenduft) trägt. An der Sonne gewelkt und traditionell verarbeitet. Bernsteinfarbene, leicht herbe, honigsüsse Tasse*
Qi Men Xiang Luo	Schwarzer Tee, Provinz Anhui, China	*Der bekannte Keemun-Schwarztee in unbekannter Top-Qualität. Im ganzen Blatt verarbeitet. Weiche, volle, edelbittere Tasse*
Pu Erh Zhen Nian 2002	Postfermentierter Tee, Provinz Yunnan, China	*Ein gelagerter, sehr dunkler Pu Erh in Klümpchenform. Intensiv schwarze, süssliche Tasse*

Klassische, edle, gebundene Karten

Tea-Food-Pairing

Im Gespräch mit dem Gast lassen sich letztlich die hauseigenen Tees und Aufgüsse mit den angebotenen Speisen kombinieren. Beispielsweise passen

- Aufgüsse von Fenchel zu deftigen Speisen,
- Aufgüsse von Minze zu Salaten, orientalischen Gerichten oder leichten Desserts,
- intensiv-würzige Kräuteraufgüsse zum Zvieri,
- fruchtiger Beerenaufguss zu Fruchtfladen,
- grüne Tees zu asiatischen Gerichten, Currys oder Fischgerichten mit Reis oder
- Gewürztees zu süssen Hauptspeisen oder Desserts.

Derartige Getränkeempfehlungen überraschen Gäste und bieten Alternativen zu klassischen Begleitern wie Bier oder Wein.

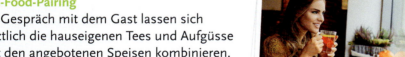

> 💡 Alle «gesunden» Aufgüsse (z. B. Kamille, Lindenblüten, Fenchel) werden nicht aufgelistet. Sie werden auf Verlangen oder bei passender Empfehlung im Gästegespräch angeboten.

1.3 Kräuter-, Gewürz- und Früchteaufgüsse in der Getränkekarte

Wie Tee ist auch das Fachgebiet der Aufgüsse komplex und vielfältig. Nicht alle Kräuter, Früchte und Gewürze passen auf eine Getränkekarte im Restaurant. Einige davon gelten jedoch als **Klassiker** und werden von den Gästen auf einer Karte erwartet.

Die bewährten Standardaufgüsse können jedoch angepasst an den Betrieb durch innovativ-trendige Mischungen oder lokale Spezialitäten ergänzt werden.

Beispiel eines Aufgussangebotes in einer Getränkekarte

Unsere heissen Aufgüsse		
Unsere Klassiker	Marokkanische Minze	*Erfrischend, weich-würzig, lieblich*
	Verveine (Eisenkraut)	*Zitronig-frisch*
Unser Neuer	Rooibos (fermentierter Kräuteraufguss)	*Dunkel, weich, mild*
Unsere Mischungen	Alpenkräuter (gemischte alpine Kräuterspezialitäten)	*Zart duftend, leicht, würzig*
	Berner Rosen (traditionelle Früchte- und Blütenmischung aus den Berner Bauerngärten)	*Zart rot, weich und süss*
	Ginger Lemon (Kräuter- und Früchtemischung aus Ingwer und Zitronengras)	*Wärmend und zugleich erfrischend*
	Mélange Rouge (Mischung rund um die Karkade/den Hibiskus)	*Intensiv rot, spritzig, erfrischend*
Unsere Würzigen	Ingwer (als Alternative zu heissem Zitronenwasser)	*Leicht scharf, erfrischend*
	Chai (Gewürzsud kombiniert mit Tee)	*Sehr würzig, aromatisch, wärmend*

III Kakao und Milch

Milch ist neben Wasser das wohl älteste Getränk der Menschheit und enthält eine Reihe von wichtigen Nährstoffen in einem ausgewogenen Verhältnis. Sie kann aus den Eutern verschiedener Tiere gewonnen werden, heutzutage sind das vor allem Kühe und teilweise Ziegen sowie Pferdestuten.

Das wahrscheinlich bekannteste Milchgetränk ist Kakao. Ob dampfend heiss oder kalt serviert: Kakao verspricht in jeder Lage Genuss, vorausgesetzt das Rohmaterial und die Zubereitung stimmen.

- **Kakao und Schoggi-Getränke** .... Seite 172
- **Milch und Milchmischgetränke** .... Seite 178

Kakao und Schoggi-Getränke

💡 Die Azteken, Ureinwohner Mexikos, bereiteten ein würziges Getränk aus Wasser, Pfeffer und gemahlenen Kakaobohnen zu und nannten es «Xocolatl».

⚠️ Kakao enthält **Theobromin**, das dem anregenden Koffein im Kaffee ähnlich ist, aber den Kreislauf nicht belastet.

Kakao ist ein Aufgussgetränk aus den aufbereiteten Samen der Kakaofrucht. Von Süd- und Mittelamerika kam der Kakao nach der Eroberung des Aztekenreichs durch die Spanier 1519 nach Europa.

Aus Südeuropa stammt der **Trend zu immer dickflüssigeren Schokoladen**, die es teilweise in unterschiedlichen Geschmacksrichtungen wie z. B. Nuss-Nougat oder Orange-Zimt gibt.

Neu sind auch **Varianten in der Produktpräsentation.** Es gibt Trinkschokolade am Stiel oder Kakaogranulate im Trinkhalm – frei nach dem Motto: Spass muss es machen. Auch der Service lenkt den Blick der Gäste auf diese Produktgruppe: Häufig werden Kakao und Schokoladen-Getränke in ungewöhnlichen Tassen oder Gläsern serviert.

Damit ändert sich auch das Bild vom Kakao als Kinder- und Jugendgetränk: Er gilt zunehmend als passendes Heiss- oder Kaltgetränk für jedermann.

 Meine Ziele

Nach Bearbeitung dieses Kapitels kann ich
- die Herkunft und die Aufbereitung von Kakao erklären;
- unterschiedliche Kakaoprodukte und deren Zubereitung erklären und einen korrekten Kakaoservice durchführen;
- Gästen die Eigenheiten von Kakao je nach Herkunft erklären und ihnen entsprechende Schoggi-Getränke empfehlen.

1 Herkunft und Aufbereitung

Lukas kennt Kakao vor allem als Pulver für sein tägliches Frühstücksgetränk. Aber wie schaut die Frucht aus, die für die Herstellung dieses Pulvers benötigt wird? Und wo wächst Kakao eigentlich?

Jede Kakaofrucht enthält durchschnittlich zwischen 25 und 50 Kakaobohnen.

1.1 Herkunft

Kakaobäume werden in Plantagen zwei bis fünf Meter hoch. Sie blühen ganzjährig und bilden pro Jahr bis zu 10 000 Blüten. Die Früchte sind gurken-oder melonenähnlich.

Wichtige Kakaoproduzenten: Elfenbeinküste (40 % der Weltproduktion), Nigeria, Ghana, Indonesien

💡 Alle Kakaoanbauländer befinden sich in Äquatornähe. Ein Grossteil des im Handel erhältlichen Kakaos stammt aus Afrika.

1.2 Aufbereitung

Schritt 1

Zuerst werden die Früchte **geerntet**.

Schritt 2

Dann werden die Samen **ausgelöst**.

Schritt 3

Nun folgt die **Fermentation**. Sie findet in Holzkisten mit Lochboden statt, damit der ätzende Saft abfliessen kann, der bei der Gärung entsteht. Nach ein bis zwei Tagen bildet sich das Aroma und die Bohnen werden braun.

Schritt 4

Das anschliessende **Waschen** und **Trocknen** der Bohnen erhöht ihre Haltbarkeit. Ausserdem entwickelt sich das Aroma weiter.

Fermentieren oder Gären hilft die Bitter- und Gerbstoffe (ähnlich wie Tannine in Weintrauben) in Grundprodukten wie Kakao, Tee oder Weintrauben abzubauen. Dadurch werden die Produkte **milder**.

💡 Die getrockneten Bohnen sind auf die halbe Grösse geschrumpft. Sie werden in Säcken zu 60 kg in Länder verschifft, wo sie verarbeitet werden.

III Kakao und Milch

Die Namen der Kakaosorten beziehen sich auf die Namen der Kakaobäume:
- **Forastero:** liefert rund 90 % der Weltproduktion. Ihr kräftiger Kakaogeschmack ist leicht bitter und säuerlich.
- **Criollo:** Edelkakao
- **Trinitario:** Kreuzung der oben genannten Sorten

💡 Kakaobruchstücke werden auch **Nibs** oder **Kakaonibs** genannt.

Fair-Trade-Produkte verhelfen Kindern, Frauen und Kleinbauern zu menschenwürdigen Arbeits- und Lebensbedingungen.

Aufbereitung im Verarbeitungsland

Schritt 1

Die Kakaobohnen werden von Fremdkörpern (z. B. Staub, Metall, Sand oder Jutefasern) **gesäubert.**

Schritt 2

Die Kakaobohnen werden **geröstet** und dann rasch abgekühlt. Dabei entwickeln sich Aromastoffe, bittere Geschmacksstoffe werden weiter abgebaut.

Schritt 3

Beim **Brechen** werden Schalen, Samenhäutchen und Keime entfernt und die Bohnen in kleine Stücke zerbrochen – es entsteht der Kakaobruch.

Schritt 4

Der Kakaobruch wird **gemahlen** und auf 70 °C erhitzt. Die braune, dicke Kakaomasse wird abgekühlt und erstarrt.

Schritt 5

Ein Teil der Kakaomasse wird als **Kakaobutter** abgepresst und z. B. bei der Schokolade-Produktion weiterverwendet.

Schritt 6

Übrig bleibt der Kakaopresskuchen, der zu **Kakaopulver** verarbeitet wird.

Das Kakaopulver besteht also vor allem aus trockenen Bestandteilen, enthält jedoch noch Kakaobutter. Je nach Butteranteil gibt es daher Voll- und Magerkakao.

2 Kakaoprodukte und ihre Zubereitung

In Emmas Betrieb werden den Gästen Trinkschokolade, aber auch heisse und kalte Schoggi-Getränke angeboten. Deshalb informiert sie sich bei einer Kollegin genau über die Unterschiede, bevor sie diese Produkte empfiehlt und serviert.

Edel- oder Vollkakaopulver (reinste Form)

Das Kakaopulver ist nur schwach entölt. Es ist dunkel und mild im Geschmack und enthält keinen Zucker. Pro Portion benötigt man etwa 20 g. Da sich reines Kakaopulver in einer Flüssigkeit nur schwer löst, ist es ratsam, das Pulver mit etwas heissem Wasser in einer Tasse anzurühren. Anschliessend kann es gut in heisses Wasser oder heisse Milch eingerührt werden. Gesüsst wird nach Wunsch.

Bekannte Marken
Bovetti, Bensdorp, Cailler

«Ovomaltine Original» ist ein Klassiker. Das Pulver kann mit warmer oder kalter Milch zubereitet werden. Es besteht unter anderem aus Gerstenmalzextrakt, Magermilch- und Kakaopulver. Die Original-Ovomaltine kommt im Gegensatz zur international verkauften Version ohne zusätzlichen Zucker aus, ihre Süsse stammt hauptsächlich vom Malz und der Milch.

Trinkschokoladenpulver

Enthält mindestens 25 % Kakao. Das Trinkschokoladenpulver wird mit heisser oder kalter Milch angerührt und hat einen intensiven Schokoladengeschmack.

Bekannte Marken
Caotina Noir, Cailler

Stellen Sie eine heisse Schokolade selbst her:
Dunkle Schokolade fein reiben und in wenig heisser Milch auflösen. Diese Mischung mit Zucker in einen Topf mit warmer Milch (sie darf nicht kochen!) mit einem Schneebesen einrühren. In vorgewärmte Tassen füllen und geniessen.

Kakaohaltige Getränkepulver

Enthält unter anderem Kakaopulver, Zucker und Milchpulver. Kakaohaltige Getränkepulver sind meistens als fertige Pulver, Granulate oder Konzentrate erhältlich und werden üblicherweise für die Zubereitung von heisser oder kalter Schoggi verwendet. Für eine Portion werden ca. 15 g Pulver mit heisser oder kalter Milch angerührt. Es muss nicht mehr gesüsst werden.

Bekannte Marken
Caotina, Nesquik, Suchard, Cailler

3 Einkauf, Lagerung und Service

Besonders dickflüssige Schoggi-Getränke, wie sie etwa in Italien serviert werden, löffelt Emma am liebsten. Kalte Schoggi schmeckt ihr aber am besten mit einem Trinkhalm. Über kleine Zugaben, wie z. B. ein Guetzli, freut sie sich immer.

3.1 Einkauf und Lagerung von Kakaoprodukten

Je nach Umsatz und Stil des Betriebes werden die Produkte eher in Grosspackungen oder in Einzelportionen verpackt gekauft. Kakao und Schokoladenpulver soll aromageschützt, d. h. kühl, trocken, dunkel und verschlossen gelagert werden.

Durch Feuchtigkeit und Fremdgerüche (z. B. durch in unmittelbarer Nachbarschaft gelagerte Gewürze) leidet das Aroma des Kakaos.

Schoggi-Getränk mit Guetzli und Marshmallows

3.2 Verkauf und Service von Kakao und Schoggi-Getränken

Wie verkaufe ich Schoggi-Getränke?

Kreative Zugaben steigern den Umsatz beim Kakaoverkauf. Beliebt sind z. B. Marshmallows, hausgemachte Guetzli oder edle Pralinen zu ausgesuchten Schoggi-Getränken.

«Wenn Sie keinen Kaffee zum Abschluss Ihres Menüs möchten, kann ich Ihnen einen heissen Edelkakao – eventuell mit einem Schuss Likör verfeinert – anbieten.»

An ein Kind adressiert:
«Möchtest du vielleicht eine heisse Schoggi mit Schlagrahm oder eine Ovomaltine?»

«Darf ich Ihnen zum Aufwärmen eine heisse Schoggi empfehlen – vielleicht mit etwas Schlagrahm?»

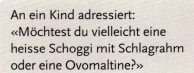

Auf Wunsch können vor allem Getränke aus Edel- bzw. Vollkakao schon beim Zubereiten mit Schlagrahm verfeinert werden.

Wie serviere ich heisse/kalte Schoggi-Getränke?

Servieren Sie die heissen Varianten immer in **vorgewärmten** Tassen bzw. Gläsern.

Denken Sie auch an passende Unterteller (mit Underlinern), entsprechende Löffel und eventuell Trinkhalme oder auch kleine Quirle (für Schokolade zum Selbsteinrühren). Bei Edel- oder Vollkakao freut sich der Gast über ein vielfältiges Zuckerangebot.

WissensPlus
Kalte Schoggi-Getränke können in einem **Blender** aufgeschäumt werden.

Gläser und Tassen für Schoggi-Getränke

Milchglas mit Eichung für kalte Schoggi- und Ovomaltine-Getränke	Milchbecher	Milchtasse mit Untertasse	Milchmug

 Die Zubereitung von Milch wird auf S. 183 behandelt.

Klassische Blender für das Aufschäumen kalter Schoggi- und Ovomaltine-Getränke

Milch und Milchmischgetränke

 In der Gastronomie spielt fast ausschliesslich Kuhmilch eine Rolle – lediglich Betriebe mit speziellem Schwerpunkt (z. B. für Menschen mit Allergien) bieten auch Schaf-, Ziegen- oder Stutenmilch an.

Milch zählt – neben Wasser – zu den ältesten Getränken der Menschheit. Ihr Wert als leicht verdauliches und ideal zusammengesetztes **Grundnahrungsmittel** war schon vor Jahrtausenden bekannt. Unter Milch als Handelsware versteht man im Allgemeinen immer **Kuhmilch**.

Meine Ziele

Nach Bearbeitung dieses Kapitels kann ich
- einen Überblick über die im Handel erhältlichen Milchprodukte zur Herstellung von Milchmischgetränken geben;
- erklären, wie Milch richtig gelagert wird;
- den Service von Milch und Milchmischgetränken durchführen;
- Hinweise zur Gästebetreuung geben;
- den Stellenwert von Milch und Milchmischgetränken in der Gastronomie einschätzen und beschreiben, wie sich der Umsatz dieser Gruppe mit neuen Trends bei Milchmischgetränken und verbesserter Gästeberatung ausbauen lässt.

Milch und Milchmischgetränke

1 Trends bei Milch

Beim Konsum von Trinkmilch gibt es verschiedene Trends und Vorlieben. Am verbreitetsten ist weiterhin die Vollmilch: Sie konnte ihren Vorsprung gegenüber den fettreduzierten Varianten (Drink-Milch und Magermilch) in den letzten Jahren weiter ausbauen. Eine Erklärung dafür ist, dass sich der Ruf des Fetts bzw. Milchfetts stark verbessert hat.

Auch andere Ernährungstrends machen vor Milch keinen Halt:
- Natürliche (Bio) und laktosefreie Erzeugnisse werden ebenfalls stärker nachgefragt, und zwar von immer mehr Menschen mit Laktoseintoleranz, einer Unverträglichkeit von Milchzucker.
- Zudem gibt es die Nische der Fitnessfans, die auf einen hohen Proteingehalt und einen möglichst geringen Fett- und Zuckeranteil achten.
- Auch der Konsum von pflanzlicher Milch – z. B. Soja- oder Nussmilch, Mandel-, Hafer- oder Reismilch – nimmt zu. Als Ersatz für Kuhmilch eignet sie sich vor allem für die vegetarische und vegane Ernährung.

Vegan = Ernährung ohne Tierprodukte – also bewusster Verzicht auf Fleisch, Fisch, Eier, Milch und andere tierische Produkte.

2 Milch in der Gastronomie

Auch bei McDonald's gibt es für Kinder Milch statt Cola. Tatsächlich verpflichten sich manche Fast-Food-Ketten zu gesunden Alternativen und stellen sogar ihre Werbung zugunsten von Milch um.

Im ersten Moment fällt Ihnen bei Milch in der Gastronomie wahrscheinlich die unerlässliche Zutat für Kaffee ein, z. B. für den beliebten Latte macchiato.

Wenn Sie nun ein bisschen weiterdenken, z. B. an Bio-Hotels, Alphütten oder «Urlaub am Bauernhof», wird klar, dass ein Glas Milch häufiger als gedacht als Begleiter zu einem kalten Imbiss oder zu warmen Süssspeisen angeboten werden kann.

Milch aus der Schweiz ist top!
Vor allem von ausländischen Gästen wird die Schweiz als Land mit einer intakten Umwelt – der Bergwelt, kristallklaren Bächen und grünen Wiesen – wahrgenommen. Frische, Natürlichkeit, aber auch die schweizerische Herkunft sind daher wichtige Argumente beim Verkauf von Milchprodukten.

Kuhmilch und Kuhmilchprodukte gehören zu den 14 kennzeichnungspflichtigen Allergenen. Näheres dazu finden Sie im Buch «Ernährung und Lebensmittel».

Vollmilch

Milch mit einem natürlichen Fettgehalt zwischen 3,9 und 4,2 %. Als standardisierte Vollmilch wird eine industriell verarbeitete Milch mit einheitlichem Fettgehalt von ca. 3,5 % bezeichnet.

Teil- oder halbentrahmte Milch

Teilentrahmte Milch enthält in der Regel zwischen 0,5 und 2,7 % Fett. Die beliebteste fettreduzierte Milch ist die standardisierte Drink-Milch mit einem Fettgehalt von 2,7 %. Daneben gibt es eine halb-entrahmte Milch mit 1,8 % Fett.

Magermilch

Dieser Milch wurde der grösste Fettanteil entnommen. Sie darf höchstens 0,5 % Fett enthalten und gilt deshalb als idealer Durstlöscher.

Joghurtdrinks

Mischungen aus Joghurt und Wasser, denen zum Teil auch Milch zugesetzt wird. Sie werden häufig mit Zucker, Salz, Pfeffer, Kardamom bis hin zu pürierten Früchten, Gemüse, getrockneten Hanfblättern oder Rosenwasser verfeinert. Sie können auch Kohlensäure enthalten.

Milchdrinks

Sogenannte Milchmischgetränke oder Milchdrinks werden in unterschiedlichen Geschmacksrichtungen (z. B. Schokolade, Früchte) oder mit speziellem Energie- oder Proteingehalt angeboten.

Buttermilch

Die Milch, die bei der Produktion von Butter übrig bleibt, ist ihrem Namen zum Trotz sehr fettarm.

Milch und Milchmischgetränke

Wichtige Begriffe bei Milch	
Bio-Vollmilch	Die Grundlage dazu bilden Bio-Futter und eine tiergerechte Haltung.
Pasteurisieren (PAST)	Die Milch wird für einige Sekunden oder mehrere Minuten auf 65–90 °C erhitzt und sofort wieder abgekühlt. Man unterscheidet zwischen Dauererhitzung (62–65 °C für 30 Minuten), Kurzerhitzung (72–75 °C für 15–30 Sekunden) oder Hocherhitzung (85 °C für vier Sekunden).
Ultrahocherhitzung (UHT)	Die Milch wird für 2–3 Sekunden auf 135–155 °C erhitzt und sofort wieder auf 4–5 °C heruntergekühlt. Alle lebenden Keime werden so abgetötet. Durch die hohen Temperaturen gehen aber auch mehr wertvolle Vitamine und Geschmacksstoffe verloren als beim Pasteurisieren.
Produkte für den Notvorrat	Produkte wie Kondensmilch oder auch Trockenmilchpulver werden meist durch Wasserentzug hergestellt und sind originalverschlossen mehrere Monate lang haltbar.

In der Getränkekarte haben Milchmischgetränke oft Fantasiebezeichnungen, die Sie Ihren Gästen bei Bedarf erklären müssen.

Milchmischgetränke

Milchmischgetränke oder Milchdrinks kombinieren ein **Milchprodukt mit anderen Produktgruppen.**

Milchmischgetränke

Milchshakes/Frappés

- Für die Herstellung eines Milchshakes oder eines Frappés, wird Milch mit Früchten, Sirup, verschiedenen Pulvern, Konzentraten und/oder mit Glace gemischt und üblicherweise im Blender oder Mixer zur Verfeinerung gemixt.
- Shakes oder Frappés werden in einem hohen Glas auf einem flachen Teller mit Papierunterlage serviert. Dazu gibt es einen Trinkhalm und selbstverständlich auch eine Papierserviette.

Cocktails mit Milch

- Milchcocktails werden aus Milch und einem Aromageber, wie z. B. Früchten, Likören, Spirituosen, im Shaker, Blender oder Mixer hergestellt.
- Sie können alkoholfrei oder alkoholhaltig sein.
- Cocktails mit Alkohol (Spirituosen/Liköre) dürfen nicht an Jugendliche unter 18 Jahre ausgeschenkt werden.

Kreieren Sie selbst ein Milchmischgetränk und schreiben Sie Ihre Kreation auf. Denken Sie auch an exotische Früchte wie Physalis oder Zutaten wie Matcha (Grünteepulver).

Der Klassiker für kalte Tage: Heisse Schokolade oder Ovomaltine «Mélange» mit Schlagrahmhaube.

Beispiele für bekannte warme Milchmischgetränke:
Ovomaltine
Heisse Schokolade

3 Einkauf, Lagerung und Service

🖍 Lassen Sie sich mindestens drei Situationen einfallen, in denen die Empfehlung von Milch oder Milchmischgetränken gelingen kann.

«Darf ich Ihnen Milch oder ein Milchmischgetränk empfehlen?», wird ein sehr elegant gekleidetes Paar gefragt. Warum könnte diese Gästeberatung nicht so erfolgreich verlaufen?

3.1 Einkauf und Lagerung von Milch

Die Milchverpackung gibt viele Hinweise, mit denen Sie spätere Gästefragen problemlos beantworten können.

💡 UHT-Milch kann in geschlossenen Packungen bei Zimmertemperatur gelagert werden. Geöffnete Packungen von UHT-Milch müssten gekühlt aufbewahrt und innerhalb weniger Tage verbraucht werden.

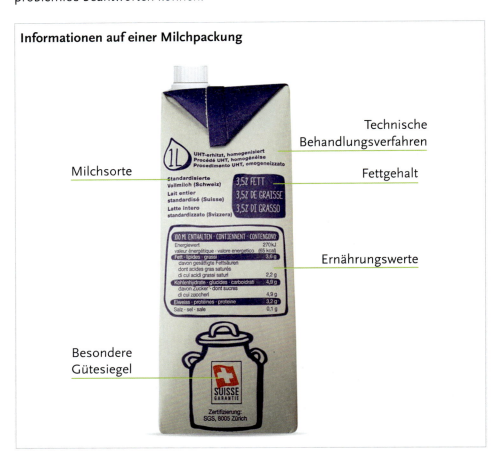

Informationen auf einer Milchpackung

- Technische Behandlungsverfahren
- Milchsorte
- Fettgehalt
- Ernährungswerte
- Besondere Gütesiegel

So sieht eine originelle Präsentationsmöglichkeit von Milch beim Frühstücksbuffet aus.

Milch ist ein sehr empfindliches Produkt. Sie darf nicht bei Temperaturen höher als 6 °C gelagert werden, sonst wird sie sauer oder bricht. Ausserdem muss sie vor Licht und Fremdgerüchen geschützt werden.

Als Grundsatz gilt: Milch wird **täglich frisch eingekauft** und **möglichst kurz aufbewahrt**. Für die längere Aufbewahrung eignet sich die keimfreie UHT-Milch, die geschlossen und ungekühlt bis zu drei Monate haltbar ist.

3.2 Verkauf und Service von Milch

Wie verkaufe ich Milch?

Milch wird selten vom Gast nachgefragt. Darum empfehlen Sie in einem Betrieb mit Milchangeboten diese am besten ganz bewusst in passenden Situationen.

An ein Kind adressiert:
«Möchtest du vielleicht ein Glas Milch oder einen Joghurtdrink?»

«Als erfrischendes Dessert kann ich Ihnen unsere hausgemachten Milchshakes empfehlen.»

«Als alternative Erfrischung kann ich Ihnen Buttermilch, mit Mineralwasser gespritzt, anbieten.»

Falls Sie in einem Betrieb arbeiten, der Milch vom eigenen oder einem benachbarten Hof anbietet, scheuen Sie sich nicht, dies zu erwähnen.

Wie serviere ich Milch?

Die **ideale Trinktemperatur** für kalte Milch bzw. Milchgetränke ist 6 °C. Fragen Sie Ihre Gäste jedoch bei Vollmilch besser, ob sie sie **kalt** oder **warm** möchten – damit vermeiden Sie Missverständnisse.

Wird kalte Milch serviert, müssen die Gläser oder Milchbecher entsprechend geeicht sein und das Ausschankmass muss mit der deklarierten Menge in der Getränkekarte übereinstimmen. Bei warmer Milch ist dies hinfällig, da sich das Volumen beim Erwärmen verändert.

Erhitzen von Milch mit der Dampflanze

Wie erhitze ich Milch?

In der Gastronomie wird Milch üblicherweise mit der Dampflanze der Kaffeemaschine erhitzt. Beachten Sie, dass beim Erhitzen die maximale Temperatur von 65 °C nicht überschritten wird.

WissensPlus

Beim Erhitzen über 65 °C würde die Milch ihre natürliche Süsse verlieren und einen Kochgeschmack erhalten.

III Kakao und Milch

💡 Denken Sie immer an einen Trinkhalm und servieren Sie bei dickflüssigeren Getränken das Glas auf einem Unterteller mit Serviette und mit einem passenden Löffel.

So wird der Milch richtig Dampf gemacht
Vor dem Erwärmen den Dampf ablassen, sodass nicht zu viel Kondenswasser in die Milch gelangt. Vergessen Sie nicht, die Dampflanze aus hygienischen Gründen nach Gebrauch sofort wieder zu reinigen.

Gläser und Tassen für Milchgetränke

Milchglas mit Eichung	Milchbecher	Milchtasse mit Untertasse	Milchmug

Stichwortverzeichnis

A

Abfüllung, Kaffee 50
Abstreifmethode, Kaffee 29
AC 73
Achillle Gaggia 86
Acrylamid 64
Adenosin 67
Adstringierend 25
AeroPress 85
AeroPress-Zubereitung 85
Afrika, Produktionsländer, Kaffee 40
Afternoon Tea 152
Aged Sumatra 43, 59
Aggregatform 75
Alcides Carvalho 73
Alkaloide 65
Amerikanische Kaffeekultur 105
Amerikanischer Eiskaffee-Flip 106
Analytik, hedonische 112
Analytik, sensorische 112
Anbau, Tee 123
Anbauarten, Kaffee- 19
Anbaulagen, Kaffee 24
Anbauländer, Kaffee 16
Anbauländer, Tee 125
Anbaurichtlinien, Tee 124
Anhui 126
Anpresser 91
Antioxidantien 65
Apfeltee 163
Arabica 24
Arabica, Blüte 17
Arabica-Bohnen 22, 25
Arabicas 32
Arabica-Sorten 65
Arabien, Produktionsländer, Kaffee 40
Arabinose 63
Arabische Halbinsel, Tee 151
Aromastoffe, Kaffee 66
Aromatisieren, Tee 142
Aromatisierte Kaffees 76
Artisanal 122
Asien, Produktionsländer, Kaffee 42
Assam 128, 129
Ätherische Öle 147
Äthiopien 40
Äthiopischer Waldkaffee 59
Auditive Wahrnehmung 113
Aufbereitung, Kaffee 26, 31, 32
Aufbereitung, Kakao 173
Aufbereitung, schwarzer Tee 134
Aufbereitung, grüner Tee 137
Aufgussangebote, Gastronomie 165
Aufgüsse, Sorten 161
Aufgüsse, Tee 160
Aufgüsse, Ziehzeit 163
Aufgüsse, Zubereitung 163
Aufgussqualitäten, Tee 162
Aufputscheffekt 67
Australia Queensland Skyburry 44
Australien 44
Australien, Produktionsländer, Kaffee 42, 44
Australische Kaffeekultur 104

B

Bai Hao Yin Zhen 139
Bai Mu Dan 138
Bailey's Kaffeeshake 106
Barista 12
Beduften, Tee 141
Beethoven 11
Bekömmlichkeit, Kaffee 72
Bestandteile, Rohkaffee 63
Beurteilung, Kaffee- 107
Bio-Anbau, Kaffee 21
Bio-Vollmilch 181
Bitterkeit, Kaffee 34
Blattrost 20
Blatt-Tee 143
Blend 71
Blends 70, 71
Blenden, Tee 142
Blooming 79
Blutdruck 67
Blüte, Arabica 17
Blüte, Robusta 17
Blütenaufguss, Zubereitung 163
Bohnen, Kaffee 25
Boiler 89
Botanik, Kaffee 16
Brasilien 45
Brasilian Fortaleza 59
Bräunungsprodukte 64
Breakfast Teas 142
Broken Tea 144
Brühdruck 86
Bulangshan 2010 140
Burundi 42
Buttermilch 180

C

Café allongé 102
Café au lait 102
Café crème 57, 102
Café Crème 101
Café filtre 102
Café granité 102
Café Melange 101
Cafestol 65
Caffè Americano 104
Caffè corretto 104
Caffè doppio 103
Caffè lungo 104
Caffè macchiato 104
Camellia sinensis 123
Canephora 22
Cappuccino 103, 104
Carving 98, 99
Celebes Kalossi 43
Cha 122
Chai 153
Chai Latte 120
Chambord 84
Charge 35
Chargenröstung, Kaffee 55
China, Tee 150
China, Teeanbaugebiete 125
Chlorogensäure 25, 65
Chromosomen 25
Clemens VIII. 11
Cocktails, Milch 181
CoE 71
Coffea charrieriana 23
Coffea excelsia 23
Coffea liberica 23
Coffea 15
Coffee Diploma System 12
Coffee to go 105
Coffee, monsooned 44
Coffee, natural, unwashed 31
Coffee, semi-dried 34
Coffee, semi-washed 34
Coffee, washed 32
Cold Brew 105
Costa Rica 48
Crema 86
Criollo 174
Crushing 134
CTC-Methode 134
Cup of Excellence 71
Cupping 38, 111, 114
Curling 134

D

Darjeeling 128
Deutsche Kaffeekultur 101
Dominikanische Republik 48
Dosiermühlen 90, 91
Dosierung, Tee 156
Drachenbrunnentee 127, 136
Dust 144

E

Ecuador 46
Edelbauer, Leopold 65
Edelkakaopulver 175

EGCG 128
Einbrandverlust 64
Einkauf, Kaffee 51, 70
Einkauf, Kakao 176
Einkauf, Milch 182
Einkauf, Tee 154
Eisenkrauttee 161
Eiskaffee 101
Eiskaffee-Flip, amerikanischer 106
Eistee 145
Eiweissstoffe, Kaffee 64
El Salvador 48
Elfenbeinküste 40
Endverpackung, Kaffee 58
Entkoffeinierter Kaffee 72
Entkoffeinierter Tee 145
Entkoffeinierung 73
Entpulper 32
Epigallocatechingallat 128
Erhitzen, Milch 183
Ernte, Kaffee 26, 27
Ernte, maschinelle, Kaffee 29, 30
Ernte, Tee 124
Ernteerträge, Kaffee 30
Erntemethoden, Kaffee 28
Erntezeiten, Kaffee 27, 28
Ersatzstoffe, Kaffee 71
Ertrag, Kaffee 16
Espresso 103, 104
Espresso con panna 104
Espresso doppio con latte 104
Espresso macchiato 104
Espresso, Fehler 95
Espresso, Zubereitung 86, 93, 94
Espressokanne 85
Espressokocher 85
Espressomaschine 86, 89
Espressozubereitung 86
Etching 98, 99
Excelsa 23
Extraktionsmittel 73

F

Fair-Trade-Anbau, Kaffee 21
Fair-Trade-Produkte, Kakao 174
Fannings 144
Farnblatt, Latte-Art 98
Fehler, Espresso 95
Fencheltee 161
Ferdinand Runge 63
Fermentation 32
Fermentation, Kaffee 30
Fermentierter Tee 141
Fettstoffe, Kaffee 64
Filterkaffee 101
Filterkaffee-Zubereitung 82
Filtermethode 82
Fine 144
Five o'clock Tea 152
Flat White 104

Flowery 144
Fluff 144
Fluor 147
Forastero 174
Formen, Tee 142
Formentees 142
Formosa 126
Francesco Illy 59
Französische Kaffeekultur 102
Frappés 181
Freestyle 98, 99
Freie Radikale 147
French Press 84
French-Press-Kaffee 84
Früchte, Kaffee 18
Früchteaufguss, Zubereitung 163, 164
Früchteaufgüsse 160
FTGFOP 144
Fujian 126
Fünf Sinne 113

G

Gaggia, Achille 86
Galapagosinseln 46
Galapagos-Kaffee 59
Gartenanbau, Kaffee 19
Gaschromatografie 54
Gäste, Tee 158
Gästebetreuung 108
Gastronomie, Aufgussangebote 165
Gastronomie, Milch 179
Gastronomie, Tee 165
Gastronomie, Teezubereitung 156
Gattierungswaage 58
Gefriertrocknung 75
Geisha 14, 59
Gelber Tee 130, 139
Georg Franz Kolschitzky 102
Geruch 114
Geschmack 114
Getränke, Kaffee 100
Getränke, Milchmisch- 181
Getränkekarte, Tee 170
Getränkepulver, kakaohaltige 175
Gewürzaufguss, Zubereitung 164
Gewürzaufgüsse 160
Gewürzkaffee 106
Gläser, Milch- 184
Gläser, Schoggi-Getränke 177
Golden 144
Gong Fu Cha 150
Grading 36
Gran Café de Caldas 46
Grand Lares 47
Grind-on-Demand-Mühlen 70
Grossbritannien, Tee 152
Grosser Brauner 103
Grossproduktionen, Kaffee 20
Grüner Tee 130, 137
Guangdong 127

Guatemala 47
Gustatorische Wahrnehmung 113, 114
Gyokuro 127, 128

H

Hagebuttentee 161
Hainan 127
Haitian Bleu 48
Halbautomat 86–89
Halbentrahmte Milch 180
Haltbarkeit, Kaffee 70
Hand picking 29
Handel, Kaffee 49, 50
Handhebelmaschine 89
Handpflückung, selektive, Kaffee 29
Härtegrade 80
Hawaii Kona Extra Fancy 60
Hedonische Analytik 112
Heicha 140
Heissluftröstung, Kaffee 56
Henan 127
Herkunft, Kakao 173
Herstellung, Milchschaum 96
Herzform, Latte-Art 98
Herz-Kreislauf-System 67
Hibiskustee 162
Highgrowns 129
Hochlandkaffee 24
Honduras 47
Honey-Processed 34
Huixtla 47
Hygroskopisch 79
Hypothenemus hampei 21

I

Ibn Sina 9
ICO 51
Illy, Francesco 59
Indian Monsooned Malabar 60
Indien 464
Indien, Tee 128, 153
Indonesien 43
Inhaltsstoffe, Kaffee 63
Inhaltsstoffe, Tee- 146, 147
Instant-Tee 145
Ionenaustauscher 81
Irish Coffee 106
Irrtümer über Kaffee 109
Italienische Kaffeekultur 103

J

Jamaica 47
Jamaica Blue Mountain 60
Jamaica Blue Mountain Coffee 44
Japan, Tee 148
Japan, Teeanbaugebiete 127
Jasmintee 141

Java 43
Jemen 42
Jet-Zonen-Röstung, Kaffee 56
Joghurtdrinks 180
Jun Shan Yin Zhen 139
Juncalito 48

K

Kaffa 9
Kaffee 7
–, Abfüllung 50
–, Abstreifmethode 29
–, Anbaulage 24
–, Aromastoffe 66
–, Aufbereitung 26, 31
–, Bekömmlichkeit 72
–, Bio-Anbau 21
–, Bitterkeit 34
–, Botanik 16
–, Chargenröstung 55
–, Einkauf 51, 70
–, Eis- 101
–, Eiweissstoffe 64
–, Endverpackung 58
–, entkoffeinierter 72
–, Ernte 26, 27
–, Ernteerträge 30
–, Erntemethoden 28
–, Erntezeiten 27
–, Erntezeiten nach Ländern 28
–, Ersatzstoffe 71
–, Ertrag 16
–, Fair-Trade-Anbau 21
–, Fermentation 30
–, Fettstoffe 64
–, Filter- 101
–, Geschichte 8
–, Getränke 100
–, Handel 49, 50
–, Handelswege 10
–, Heissluftröstung 56
–, Hochland- 24
–, Inhaltsstoffe 63
–, Irrtümer 109
–, Jet-Zonen-Röstung 56
–, Kalkulation 116
–, kalter 105
–, Kartenpreis 117
–, Kohlenhydrate 63
–, Kontaktröstung 55
–, kontinuierliche Röstung 55
–, Konvektionsröstung 56
–, Kooperativen 30
–, Krankheiten 20
–, Lagerung 70
–, Lipide 64
–, löslicher 74
–, Mahlung 78
–, Mängel 35, 37
–, Milch- 101

–, Mindesthaltbarkeit 70
–, Mineralstoffe 65
–, Nachhaltigkeit 47
–, nasse Aufbereitung 32
–, Naturals 31
–, naturmilder 71
–, Pflege der Pflanze 20
–, Produktionsländer 23
–, Produktionsländer, Afrika 40
–, Produktionsländer, Arabien 40
–, Produktionsländer, Asien 42
–, Produktionsländer,
    Australien 42, 44
–, Produktionsländer, Karibik 45
–, Produktionsländer, Süd- und
    Mittelamerika 45
–, Prüfmittel 111
–, Qualität 16
–, Reifeprozess 28
–, reinigen 35
–, Reizstoffe 72
–, Roh-, Bestandteile 63
–, Roh-, Klassifizierung 36
–, Röstablauf 52
–, rösten 52
–, Röstgrade 56
–, Röststufen 56
–, Röstverfahren 55
–, Rüdesheimer 101
–, Same 17
–, Säure 34
–, Säure-Arten 115
–, Säuren 65, 72
–, Schäden 20
–, Schädlinge 20
–, Schon- 72
–, Screening 35
–, selektive Handpflückung 29
–, Sensorik 114
–, Sensorik, nasse Aufbereitung 33
–, Sensorik, trockene Aufbereitung 32
–, sensorische Analyse 111, 114
–, sensorische Prüfung 38
–, Servicetipps 108
–, Setzling 17
–, Sortieren 35
–, Spezialitäten 100
–, Spitzensorten 59
–, Süsse 34
–, Terroir 27
–, Tiefland- 24
–, Transport 51
–, trockene Aufbereitung 31
–, Trommelröstung 55
–, Türkische Zubereitung 84
–, Ursprung 9
–, Verarbeitung 49, 52
–, Verbreitung 10
–, Verkaufspreis 116
–, Wasser 64
–, Wasser, Zubereitung 80

–, Wirkung 62, 66
–, Zubereitungsarten 78
–, Zubereitungsverfahren 82
–, Zucker 100
Kaffee und Speisen 109
Kaffee und Spirituosen 109
Kaffeeanbau 14, 22
Kaffeeanbauarten 19
Kaffeeanbauländer 16
Kaffeebaum 15
Kaffeebeurteilung 107
Kaffeeblüte 17
Kaffeebohnen 18, 25
Kaffeecocktails 108
Kaffee-Ersatzmittel 75
Kaffeefrüchte 18
Kaffeegetränke, Koffeinanteile 67
Kaffeegürtel 15
Kaffeehauskultur, Wiener 11, 102
Kaffeekapseln 76
Kaffeekirschenkäfer 21
Kaffeekonsum 68
Kaffeekultur, amerikanische 105
Kaffeekultur, australische 104
Kaffeekultur, deutsche 101
Kaffeekultur, französische 102
Kaffeekultur, italienische 103
Kaffeekultur, österreichische 102
Kaffeekultur, Schweizer 101
Kaffeekulturen 100
Kaffeemenge 80
Kaffeemischungen 71
Kaffeemühlen 90
Kaffeepads 76, 77
Kaffeepreis-Entwicklung 27
Kaffeeprodukte 69, 71
Kaffeeprodukte, Zubereitung 69
Kaffeeprüfung 39
Kaffees, aromatisierte 76
Kaffee-Sensorik 111
Kaffeeservice 107, 108
Kaffeesorten 22, 39
Kaffeesorten, weitere 23
Kafi fertig 101
Kafi Luz 101
Kafi Zwetschgen 101
Kahlúa-Shake 106
Kahweol 65
Kaisertee 127
Kakao 171, 172
–, Aufbereitung 173
–, Einkauf 176
–, Fair-Trade-Produkte 174
–, Herkunft 173
–, Lagerung 176
–, Service 176
Kakaohaltige Getränkepulver 175
Kakaoprodukte, Zubereitung 175
Kakaoproduzenten 173
Kalkgehalt, Wasser 155
Kalkulation, Kaffee 116

Kalter Kaffee 105
Kamillentee 162
Kapuziner 103
Karibik, Produktionsländer, Kaffee 45
Karlsbader Kanne 83
Karlsbader Methode 83
Kartenpreis, Kaffee 117
Kegelmahlwerk 91
Kenia AA 60
Kenia 40
Klassifizierung, Rohkaffee 36
Kleiner Brauner 103
Kleiner Mokka 103
Kleiner Schwarzer 103
Koffein 65, 147
Koffeinanteile, Kaffeegetränke 67
Koffeingehalt, Kaffeebohnen 25
Kohlenhydrate, Kaffee 63
Kolschitzky, Georg Franz 102
Kolumbien 46
Konsum, Kaffee- 68
Kontaktröstung, Kaffee 55
Kontaminiert 35
Kontinuierliche Röstung, Kaffee 55
Konvektionsröstung, Kaffee 56
Konzeptbeispiel, Teeangebot 166
Kooperativen, Kaffee 30
Kopi Luwak 43, 61
Kopi Tongkonan 43, 61
Krankheiten, Kaffee 20
Krankheiten, Kaffeebohnen 25
Kräuteraufguss, Zubereitung 163
Kräuteraufgüsse 160

L

Lagerung, Kaffee 70
–, Kakao 176
–, Milch 182
–, Tee 154
Latte macchiato 104
Latte-Art 98
Latte-Art-Besteck 98
Leaf Tea 143
Leopold Edelbauer 65
Liberica-Sorten 23
Lindenblütentee 162
Lipide, Kaffee 64
Long Black 104
Long Jing 136
Long-Jing-Tee 127
Löslicher Kaffee 74
Lowgrowns 129
Luzerner Kafi 101

M

Macchinetta 85
Madagaskar 41
Magermilch 180

Mahlgrad, Einstellung 92
Mahlgrad, Kaffee 78, 79
Mahlung, Kaffee 78
Mahlvorgang, Kaffee 78
Mahlwerke 91
Mandheling 43
Mängel, Kaffee 35, 37
Mao Jian 137
Maragogype 47, 61
Marcala 47
Marokkaner 106
Matcha 137, 150
Matetee 162
Mediumgrowns 129
Meng Ding Huang Ya 139
Mexiko 47
Milch 171, 178
–, Cocktails 181
–, Einkauf 182
–, erhitzen 183
–, Gastronomie 179
–, Gläser 184
–, halbentrahmte 180
–, Lagerung 182
–, Mager- 180
–, Schweiz 179
–, Service 182, 183
–, teilentrahmte 180
–, Trends 179
–, Verkauf 183
–, Voll- 180
Milchdrinks 180
Milchkaffee 101
Milchmischgetränke 178, 181
Milchpackung 182
Milchschaum 96
Milchschaum, Herstellung 96
Milchschaumtechniken 98
Milchshakes 181
Mindesthaltbarkeit, Kaffee 70
Mineralstoffe, Kaffee 65
Mischkultur, Kaffee 19
MMe Pompadour 11
Mocha 10
Mokka-Zubereitung 85
Monsooned coffee 44
Monsooning 72
Mountain Top 44
Muntermacher 66

N

Nachhaltigkeit, Kaffee 47
Nasse Aufbereitung, Kaffee 32
Natural coffee, unwashed 31
Naturals, Kaffee 31
Naturmilder Kaffee 71
Nematoden 20
Nilgiri 128, 129
Nordafrika, Tee 151

O

Ocoa 48
Offener Tee 156
Okzident 11
Öle, ätherische 147
Olfaktorische Wahrnehmung 113, 114
Oolong 130, 135
Oolong-Tees 126
Orange 144
Organoleptisch 24, 38
Orient 11
Orthonasale Wahrnehmung 115
Österreichische Kaffeekultur 102
Ostfriesen-Mischung 142
Ostfriesen-Tee 152
Ostfriesland, Tee 152
Ovomaltine 175

P

Pacamara-Bohne 48
Pai Mu Tan 138
Papua-Neuguinea 43
PAST 181
Pasteurisieren 181
Peaberry-Perlbohne 18
Pekoe 144
Pergaminos 32
Perlbohnen 18, 37
Peru 46
Pfefferminztee 166
Philippinen 43
Phoenix-Dancong-Tee 127
Picking 29
Plantagenanbau, Kaffee 20
Pneumatische 51
Polyphenole 147
Pompadour, MMe 11
Portionenkaffee 76, 108
Postfermentierter Tee 130, 140
Preinfusion 79
Preisentwicklung, Kaffee- 27
Pressstempelkanne 84
Produktionsländer, Kaffee 23
–, Afrika 40
–, Arabien 40
–, Asien 42
–, Australien 42, 44
–, Karibik 45
–, Süd- und Mittelamerika 45
Prüfmittel, Kaffee 111
Prüfung, sensorische, Kaffee 38
Pruning, selektives 20
Pu Erh 125, 140
Puerto Rico 47
Pulped Naturals 34
Puls 67

Stichwortverzeichnis

Q

qahwa 12
Qualität, Kaffee 16
Qualität, Tee 162
Qualitäten, Tee- 124, 143

R

Radikale, freie 147
Räuchern, Tee 142
Rauchtee 151
Reifeprozess, Kaffee 28
Reinigen, Kaffee 35
Reizstoffe, Kaffee 72
Republik China 126
Retronasale Wahrnehmung 115
Ristretto 104
Robusta 24
Robusta, Blüte 17
Robusta-Bohnen 22, 25
Robustas 32
Robusta-Sorten 65
Rohkaffee 38
Rohkaffee, Bestandteile 63
Rohkaffee, Klassifizierung 36
Rooibos 161
Röstablauf, Kaffee 52
Rösten, Kaffee 52
Röstgrade, Kaffee 56
Röststufen, Kaffee 56
Röstverfahren, Kaffee 55
Ruanda 41
Rüdesheimer Kaffee 101
Runge, Ferdinand 63
Russland, Tee 151

S

Samowar 151
Santo Domingo 48
Säure, Kaffee 34
Säure-Arten, Kaffee 115
Säuren, Kaffee 65, 72
Schäden, Kaffee 20
Schädlinge, Kaffee 20
Schale 101
Schälmaschinen 32
Schattenanbau, Kaffee 19
Schattenbäume 19
Schattentees 128
Scheibenmahlwerk 91
Schnitzen 98, 99
Schoggi-Getränke 172
–, Service 176, 177
–, Verkauf 176
Schonkaffee 72
Schümli-Kafi 101
Schwarzer Tee 130, 134
Schwarzer Tee, Aufbereitung 134
Schweiz, Milch 179

Schweiz, Tee 153
Schweizer Kaffeekultur 101
Screening, Kaffee 35
Selektive Handpflückung, Kaffee 29
Selektives Pruning 20
Semi-dried coffee 34
Semi-washed coffee 34
Sencha 128
Senchas 127
Sensorik, Kaffee 114
–, nasse Aufbereitung 33
–, trockene Aufbereitung 32
Sensorische Analyse, Kaffee 111, 114
Sensorische Analytik 112
Sensorische Prüfung, Kaffee 38
Service, Kaffee- 107, 108
–, Kakao 176
–, Milch 182, 183
–, Tee 149, 159
Servicetipps, Kaffee 108
Sheng Cha 140
Shizuoka 127
Sichuan 126
Siebträgermaschine 86–89
Sina, Ibn 9
Single Origins 70, 71
Sinne, fünf 113
Sinnesorgane 113
Sorten, Arabica- 65
–, Aufgüsse 161
–, Kaffee- 39
–, Robusta- 65
–, Spitzen-, Kaffee 59
Sortieren, Kaffee 35
Speisen und Kaffee 109
Spezialitäten, Kaffee 100
Spirituosen und Kaffee 109
Spitzensorten, Kaffee 59
Sprühtrocknung 75
Sri Lanka 129
St. Helena 42
Stampfer 91
Stenophylla-Kaffeepflanze 23
Stinkerbohnen 30
Strip picking 29
Stripping 29
Sublimieren 65
Süd- und Mittelamerika, Produktionsländer, Kaffee 45
Sulawesi Toraja 61
Sumatra 43
Süsse, Kaffee 34

T

Taiwan 126
Tamper 93
Tampermatte 93
Tamperstation 93
Tansania 41
Tapachula 47

Tarrazú 48
Tassen, Milch 184
Tassen, Schoggi-Getränke 177
Tea-Food-Pairing 169
Tearing 134
Tee 119
–, Anbau 120, 123
–, Anbaurichtlinien 124
–, Apfel- 163
–, arabische Halbinsel 151
–, aromatisieren 142
–, Aufgüsse 160
–, Aufgussqualitäten 162
–, beduften 141
–, blenden 142
–, China 150
–, Dosierung 156
–, Einkauf 154
–, Eis- 145
–, Eisenkraut- 161
–, Endverarbeitung 141
–, entkoffeinierter 145
–, Ernte 124
–, Fenchel- 161
–, fermentierter 141
–, formen 142
–, Gäste 158
–, Gastronomie 165
–, gelber 130, 139
–, Geschichte 120
–, Grossbritannien 152
–, grüner 130, 137
–, Hagebutten- 161
–, Hibiskus- 162
–, Indien 128, 153
–, Instant- 145
–, Japan 150
–, Kamillen- 162
–, Lagerung 154
–, Lindenblüten- 162
–, Mate- 162
–, Nordafrika 151
–, offener 156
–, Ostfriesen- 152
–, Ostfriesland 152
–, Pfefferminz- 162
–, postfermentierter 130, 140
–, Qualität 162
–, räuchern 142
–, Russland 151
–, Schweiz 153
–, Service 149, 159
–, Umgang 154
–, Ursprung 121
–, Verarbeitungsarten 131
–, Verbreitung 121
–, Verkauf 158
–, weisser 130, 138
–, Wirkung 147
–, Ziehdauer 148
–, Ziehzeit 155

–, Zubereitung 149
Teeanbaugebiete, China 125
Teeanbaugebiete, Japan 127
Teeanbauländer 125
Teeangebot 166
Teeangebot, Konzeptbeispiel 166
Teebeutel 157
Teeblumen 143
Tee-Extrakt 145
Teefachperson 165
Teein 147
Teeinhaltsstoffe 146, 147
Teekarte 167
Teekugeln 143
Teekulturen 149, 150
Teemenge 155
Teepflanze 123, 124
Teeprodukte, spezielle 143, 145
Teequalitäten 124, 143
Teesieb 157
Teesorten 123
Teeverarbeitung 132
Teezubereitung 154
Teezubereitung, Gastronomie 156
Teezubereitung, Wassertemperatur 155
Teilentrahmte Milch 180
Terrassenanbau, Kaffee 19
Terroir, Kaffee 27
Thé à la Menthe 151
Tieflandkaffee 24
Tipps 144
Tippy 144
Transport, Kaffee 51
Tres Ríos 48
Trigeminale Wahrnehmung 113
Trigonellin 65
Trinitario 174
Trinkschokoladenpulver 175
Trockene Aufbereitung, Kaffee 31
Trommelröstung, Kaffee 55
Türkische Zubereitung, Kaffee 84

U

Überstürzter Neumann 103
Uganda 41
UHT 181
Ultrahocherhitzung 181
Umrechnung, Härtegrade Wasser 80
Unwashed, natural coffee 31

V

Vegan 179
Venezuela 46
Verarbeitung, Kaffee 49, 52
Verarbeitungsarten, Tee 131
Verkauf, Milch 183
Verkauf, Tee 158
Verkaufspreis, Kaffee 116
Verlängerter Brauner 103
Verlängerter Schwarzer 103
Verpackung, Kaffee 58
Vestibuläre Wahrnehmung 113
Vietnam 44
Visuelle Wahrnehmung 113
Vitamine 147
Vollautomatische Espressomaschine 89
Vollautomatische Kaffeemaschine 89
Vollautomat 89
Vollkakaopulver 175
Vollmilch 180
Voltaire 11

W

Wahrnehmung, auditive 113
–, gustatorische 113, 114
–, olfaktorische 113, 114
–, orthonasale 115
–, retronasale 115
–, trigeminale 113
–, vestibuläre 113
–, visuelle 113
Waldkaffee, äthiopischer 59
Walzenmahlwerk 92
Washed coffee 32
Wasser, Kaffee 64
–, Kaffee, Zubereitung 80
–, Kalkgehalt 155
–, Umrechnung Härtegrade 80
Wasserenthärter 81
Wasserhärte 80
Wassertemperatur, Teezubereitung 155
Weisse Tees 126
Weisser Tee 130, 138
WHO 68
Wiener Kaffeehauskultur 11, 102
Wiener Melange 103
Wirkung, Kaffee 62, 66
Wirkung, Tee 147
Worm Bitten Menados 43, 61

Y

Yauco Selecto 47
Yoija 47
Yunnan 126

Z

Zhejiang 127
Zheng Shan Xiao Zhong 135
Ziehdauer, Tee 148
Ziehen 98, 99
Ziehzeit, Aufgüsse 163
Ziehzeit, Tee 155
Zubereitung, Aufgüsse 163
–, Espresso 93, 94
–, Kaffee, Wasser 80
–, Kaffeeprodukte 69
–, Kakaoprodukte 175
–, Tee 149
Zubereitungsarten, Kaffee 78
Zubereitungsverfahren, Kaffee 82
Zucker, Kaffee 100

Literaturverzeichnis

Erlacher, M. u. a. (2013). Restaurant-Service Skills-Training-Book. Bern: ReNovium.
Gutmayer, W. u. a. (2013). Die Kaffeekenner. Linz: Trauner Verlag.
Gutmayer, W. u. a. (2011), Service – Die Grundlagen. Linz: Trauner Verlag.
Gutmayer, W. u. a. (2014). Service – Die Meisterklasse. Linz: Trauner Verlag.
Wechselberger u. a. (2009). Das Kaffeebuch für Anfänger, Profis und Freaks, Wien: lesethek verlag/Braumüller GmbH.
Edelbauer, L. J. (2000), Kaffee. Wien: Pichler Verlag.

Bildnachweis

S. 14, Geisha, © Christian Caprez
S. 16, Kaffeebohnen werden sorgfältig in die Erde gelegt, © Christian Caprez
S. 17, Vom Samen zum Sätzling, Arabica-Blüte, © Christian Caprez
S. 18, Entwicklung der Kaffeefrüchte, Arabica-Kaffeekirsche und deren Bohnen, © Christian Caprez
S. 19, gelbe Sorten, © Christian Caprez
S. 20, selektives Pruning, Nematoden, © Christian Caprez
S. 21, Fairtrade, © peacepix / Shutterstock.com; Decaff, © Linda Bestwick / Shutterstock.com
S. 28, reife Arabica-Kaffeekirschen, © Christian Caprez
S. 29, Kaffeepflücker, © Christian Caprez
S. 30, Erntemaschine, © Alf Ribeiro / Shutterstock.com
S. 31, trockene Aufbereitung, © Christian Caprez
S. 32, Dry Mill Cafetos de Segovia in Nicaragua, © Christian Caprez
S. 33, Dry Mill Cafetos de Segovia in Nicaragua, Spezialitätenkaffees, © Christian Caprez; Fermentation, © Sirintra Pumsopa / Shutterstock.com
S. 34, gepulpte Kaffeekirschen, Black Honey Processed Arabica, © Christian Caprez
S. 35, Robusta- und Arabica-Bohnen, © Christian Caprez
S. 36, Screens, Qualitätskontrolle, © Christian Caprez
S. 37, Kontrolle der Muster (Samples), © Christian Caprez
S. 38, Cupping Bowls, © Christian Caprez
S. 39, Kaffeeprüfung, © Christian Caprez
S. 49, Kaffeebohnensäcke, © Christian Caprez
S. 53, Trommelröster, © Lerner Vadim / Shutterstock.com
S. 54, Phasen eines Röstprozesses, © Kaffeemacher GmbH, Münchenstein
S. 58, 500-Gramm-Standbodenbeutel, © Christian Caprez
S. 60, Jamaica Blue Montain, Lano Lan / Shutterstock.com
S. 61, Kopi Tongkonan Kaffeefässer, @ Petra Wegner / Alamy Stock Photo
S. 71, sortenreine Spezialitäten-Kaffees, © Christian Caprez
S. 78, frisch gemahlener Kaffee im Siebträger, © Christian Caprez
S. 85, Zubereitung mit der French Press, © Christian Caprez
S. 86, Siebträgermaschine, © la Marzocco, KIALOA GmbH
S. 87, Siebträgermaschinen, © la Marzocco, KIALOA GmbH; perfekte Espresso-Brühung, © Christian Caprez
S. 91, Dosiermühlen, © la Marzocco, KIALOA GmbH
S. 92, Mahlscheiben, © Christian Caprez
S. 94, Channeling, © Christian Caprez
S. 101, Schweizer Café Crème, Kafi Luz, © Christian Caprez
S. 102, französisches Café, Rrrainbow / Shutterstock.com; Wiener Kaffeehaus, Mojmir Fotografie / Shutterstock.com
S. 105, Starbucks Coffeeshop, Helen89 / Shutterstock.com
S. 111, Vorbereitung eines Cupping, © Christian Caprez
S. 114, Cupping, © Christian Caprez
S. 115, Le Nez du Café, Aufgiessen von Cupping Bowls, © Christian Caprez
S. 121, Bild von Kaiser Shennong, © Tina Wagner Lange – Länggass-Tee in Bern
S. 122, Teeplantage mit Varietätengarten, © Tina Wagner Lange – Länggass-Tee in Bern
S. 124, wertvolles Pflückgut, einfaches Pflückgut, © Tina Wagner Lange – Länggass-Tee in Bern
S. 125, Teebüsche im Yunnan-Gebiet, © Tina Wagner Lange – Länggass-Tee in Bern; Karte unten, © Martin Erlacher
S. 126, alle Fotos, © Tina Wagner Lange – Länggass-Tee in Bern
S. 127, Guangdong, © Tina Wagner Lange – Länggass-Tee in Bern; Karte, © Martin Erlacher
S. 128, Assam, © Tina Wagner Lange – Länggass-Tee in Bern
S. 131, © Tina Wagner Lange – Länggass-Tee in Bern
S. 134, Qi Men, © Tina Wagner Lange – Länggass-Tee in Bern
S. 135, Zheng Shan Xiao Zhong, © Tina Wagner Lange – Länggass-Tee in Bern
S. 136, alle Fotos, © Tina Wagner Lange – Länggass-Tee in Bern
S. 137, Trocknen, Rösten und Verpacken, Mao Jian, Auslegen, Befeuern, © Tina Wagner Lange – Länggass-Tee in Bern
S. 138, alle Fotos ausser grünem Tee, © Tina Wagner Lange – Länggass-Tee in Bern
S. 139, alle Fotos ausser weissem Tee, © Tina Wagner Lange – Länggass-Tee in Bern
S. 140, alle Fotos ausser gelbem Tee, © Tina Wagner Lange – Länggass-Tee in Bern
S. 141, Xia Guan Shu Tuo Cha, © Tina Wagner Lange – Länggass-Tee in Bern
S. 142, Formentee, © Tina Wagner Lange – Länggass-Tee in Bern
S. 161, Sélection Grand Hotel Ede lweiss, © Tina Wagner Lange – Länggass-Tee in Bern
S. 165, © Tina Wagner Lange – Länggass-Tee in Bern
S. 174, Dairy Milk, © chrisdorney / Shutterstock
S. 175, Caotina, Ovomaltine, Wander AG; Cailler, Nestlé
S. 180, Milchprodukte, Emmi AG

Alle weiteren Abbildungen wurden entweder vom TRAUNER Verlag eigens erstellt oder über die Bildagenturen Adobe Stock und Shutterstock erworben.

Unsere komplette Lehrbuch-Reihe:

- **Band 1:** Grundlagen im Service
- **Band 2:** Ernährung und Lebensmittel
- **Band 3:** Sommelier
- **Band 4:** Barkeeper
- **Band 5:** Barista
- **Band 6:** Chef de Rang

 Deckt den Grundstoff für die neuen Ausbildungen Restaurantfachfrau/Restaurantfachmann EFZ und Restaurantangestellte/Restaurantangestellter EBA modular und umfassend gemäss den neuen Berufsbildern ab – in gedruckter Form wie auch digital.

 Handlungsorientierter Lernaufbau mit enormem Praxisbezug – so macht Lernen Spass, eröffnet neue Sichtweisen und weckt berufliches Interesse.